# Taschenbücherei
Texte & Materialien

Herausgegeben von
Klaus-Ulrich Pech und Rainer Siegle

Thomas Brinx und Anja Kömmerling

## Alles Machos – außer Tim!
## Alles Hühner – außer Ruby!

mit Materialien,
zusammengestellt von
Gabriela Künne und Ursula Weis

Ernst Klett Schulbuchverlag Leipzig
Leipzig  Stuttgart  Düsseldorf

Die Originaltitel sind in der Reihe »Freche Mädchen – freche Brüder« bzw. »Für Mädchen verboten« im Thienemann Verlag erschienen und im Buchhandel erhältlich.

Im Internet unter **www.klett.de/online** finden Sie zu dem Titel *Alles Machos – außer Tim!/Alles Hühner – außer Ruby!* einen Lektürekommentar, der methodisch-didaktische Hilfen und Anregungen enthält: Stundenplanungen, Lernzielvorschläge, Projektanregungen.
Geben Sie dort in das Feld »**Online-Link**« folgende Nummer ein: **262470-0000**

1. Auflage          1 10 9 8 7 | 2015 2014 2013

Alle Drucke dieser Auflage können im Unterricht nebeneinander benutzt werden, sie sind untereinander unverändert. Die letzte Zahl bezeichnet das Jahr dieses Druckes.

Lizenzausgabe mit freundlicher Genehmigung der Thienemann Verlag GmbH, Stuttgart–Wien.

© für die Materialien: Ernst Klett Schulbuchverlag Leipzig GmbH, Leipzig 2004.
Internetadresse: www.klett.de
Alle Rechte vorbehalten.

Das Werk und seine Teile sind urheberrechtlich geschützt. Jede Nutzung in anderen als den gesetzlich zugelassenen Fällen bedarf der vorherigen schriftlichen Einwilligung des Verlages. Hinweis zu § 52 a UrhG: Weder das Werk noch seine Teile dürfen ohne eine solche Einwilligung eingescannt und in ein Netzwerk eingestellt werden. Dies gilt auch für Intranets von Schulen und sonstigen Bildungseinrichtungen.

Redaktion: Veronika Roller
Umschlaggestaltung und Layout: Sandra Schneider
Satz: Annett Semmler
Umschlagillustration: © Corbis (RF), Düsseldorf
Reproduktion: Meyle + Müller,
Medien-Management, Pforzheim
Druck: Beltz Druckpartner, Hemsbach

Printed in Germany

ISBN 978-3-12-262470-5

**Alles Machos – außer Tim!**

# Inhalt

**Alles Machos – außer Tim!**

| | |
|---|---|
| Im Fußballgefängniss | 7 |
| Bubiduselei | 16 |
| Was sagen die Karten? | 24 |
| Wen haben wir denn da? | 26 |
| Hauptsache, man kann was | 33 |
| Vielleicht kommt Bubi doch noch vorbei | 38 |
| Der Löweneffekt | 45 |
| Was sagen die Karten? | 49 |
| Zickenverein | 51 |
| Der große Tag | 60 |
| Hallo, Sonne! | 66 |
| Freiheit | 73 |
| Puff, weg die Liebe | 80 |
| Was sagen die Karten? | 88 |
| Verräter | 90 |
| Liebe ist Kinderkram | 98 |
| Die Tänzerin und der Baum | 102 |

**Alles Hühner – außer Ruby!** 107

Materialien 195

*Für Alina*

## Im Fußballgefängnis

Als meine beste Freundin Alina und ich uns heute Nachmittag an der langen Schlange bei *Frenz & Biedenkopf* vorbeizwängten, wusste ich noch nicht, dass dieser Tag alles verändern würde. Vielmehr nicht der Tag, sondern Tim Bubeck. Bubi. Ein Fußballer, ausgerechnet.
Alina und ich hassen Fußball wie die Pest. Fußball und alles, was damit zusammenhängt, also auch Fußballer.
»Die haben nichts anderes im Kopf, als dem Ball hinterherzulaufen und zu gewinnen«, sagt Alina.
»Und wenn sie dann gewonnen haben, denken sie nur noch an Geld, dicke Autos und blonde Mädels, die auch nur an Geld und dicke Autos denken«, sage ich.
»Pratzbirnen!«
»Hohlköpfe!«
»Machos!«
Und Machos hassen wir fast noch mehr als Fußballer, wobei das ja, wie gesagt, ein und dasselbe ist.
*Frenz & Biedenkopf* ist das größte Sportgeschäft der Stadt und Alina und ich wollten uns neue Sachen fürs Ballett kaufen. Wir sind vollkommen verrückt auf Ballett. Bald haben wir eine Aufführung, in der Alina die Primaballerina ist, die wichtigste Tänzerin im Stück. Natürlich zeigen die anderen Klassen auch, was sie können, aber wir sind der Höhepunkt, bitte sehr!
Heute hat Frau Tiebel uns das erste Mal den großen Saal gezeigt. Er liegt hinter unserem Ballettübungsraum und wir haben bis zu diesem Tag nicht gewusst, dass es ihn gibt. Eine riesige Bühne, Vorhänge aus Samt und richtige Garderoben mit einem Spiegel mit lauter kleinen Lampen dran. Und so eine Faltwand gibt es auch, hinter der man sich umziehen kann und mit dem Kopf noch drüberschaut, so dass alle Männer im Raum vollkommen wahnsinnig werden, weil sie dir beim Umziehen zuschauen, aber nichts sehen. Ich hab das gleich mal ausprobiert und total sexy meine Jeansjacke und meine kaputte Ballettstrumpfhose über

die Faltwand geschleudert, mit den Augen geklimpert und Alina ein Küsschen zugehaucht. Weiter kam ich nicht, weil ich dann vor Lachen hinter der Faltwand zusammengebrochen bin, Alina sich vor der Faltwand auch nicht mehr halten konnte und Frau Tiebel ein strenges Gesicht gemacht hat.
»Kinder, das ist aber nicht zum Spaßen!«, hat sie gesagt.
Sie hat alles renovieren lassen und ist natürlich mächtig stolz. Jetzt soll der Saal eingeweiht werden, und zwar mit Aufführungen von *Tiebels Ballettschule*. Unsere erste große Ballettaufführung in so einem Saal!
»Das Licht ist aus, alles dunkel, auch im Zuschauerraum. Leises Murmeln und Gehüstel, erwartungsvolle Spannung!« Alina stand mitten auf der leeren Bühne. »Dann die Ouvertüre. Langsam hebt sich der Vorhang, dämmriges Licht verschafft dem Publikum eine Andeutung von dem Baum, der sich im Wind wiegt.«
In unserem Stück geht es um die Liebe eines Baumes zu einer Tänzerin. Das ist irgendwie sinnbildlich gemeint, weil die Liebe des armen Baumes unmöglich scheint. Da kann er sich bis zum jüngsten Tag hin- und herwiegen, denkt man. Aber nicht so in unserem Stück. Alina ist die Tänzerin und natürlich war sie fürchterlich aufgeregt, als sie zum ersten Mal auf der großen Bühne stand. Klar, wer wäre das nicht? Aber wir schaffen das, Alina und ich, weil wir alles schaffen, weil wir zusammenhalten wie Pech und Schwefel. Unzertrennlich. Und deswegen stark!
Alinas Eltern haben unglaublich viel Geld, sagt sie selber. Man sieht es aber auch, weil sie in dem Viertel wohnen, wo nur Reiche leben, in eigenen großen Häusern und Villen. In dem Viertel, in dem einem frühmorgens die Brötchen vor die Tür gelegt werden. Ihr Vater macht irgendwas mit Öl und ist nie da. Er reist von Bohrinsel zu Bohrinsel, wo viele Männer mit gelben Helmen einsam im Meer hocken, und passt auf, dass die auch arbeiten. Oder er macht neue Pläne für neue Bohrinseln, damit er noch reicher wird.
Es ist toll bei denen im Haus, schön und alles da, aber eben kein Papa für Alina, und da bin ich schon froh, dass ich Ronny habe, meinen Vater. Sicher, der schraubt nur an Motorrädern rum,

doch seine Werkstatt ist eben gleich nebenan und ich kann ihn immer besuchen. O. k., er ist total stehen geblieben, liebt die Rolling Stones. Das sind fünf uralte Männer, die immer noch Konzerte geben und auf der Bühne voll abrocken. Dann ist Ronny immer dabei, flippt von vorne bis hinten aus und meine Mutter Line tanzt barfuß im Schlamm. Außerdem ist er Fan von den Weißen, Bubis Fußballmannschaft, was mich bis vor kurzem natürlich unheimlich aufgeregt hat. Jetzt ist das was anderes, seit heute bei *Frenz & Biedenkopf*.

Nachdem Alina und ich den Saal gesehen hatten, waren wir richtig berauscht und konnten es kaum noch erwarten, endlich dort auftreten zu können. Also sind wir zu *Frenz & Biedenkopf*. Ich brauchte eine neue Strumpfhose und Alina war auf der Suche nach einem passenden Tutu. Da musste ein neues her. Alina hat natürlich schon jede Menge Tutus, in allen Farben, in zwei Lagen, drei und vier. Aber für die Aufführung wollte sie ein ganz besonderes, und zwar sofort. Sie hat eine eigene Karte mit einer bestimmten Summe Geld drauf im Monat. Ich weiß nicht, wie viel. Doch immerhin so viel, dass da schon mal eben ein neues Tutu drin ist.

Bei mir ist das anders, ich muss immer ein bisschen um meine Ballettausstattung kämpfen. Nicht weil wir arm sind oder so. Eher weil Ronny die Sache mit dem Ballett nicht versteht und deswegen auch nicht will für seine Tochter.

»Ich weiß wirklich nicht, von wem du das hast«, jammert er, wenn ich mal Geld für eine neue Strumpfhose brauche. Dann wühlt er in seiner Hosentasche, weil er natürlich als alter Hippie keinen Geldbeutel besitzt, und nörgelt vor sich hin. »Das ist doch so steif!«

O.k., Ballett ist nicht Ronnys Ding, aber dann gibt er mir doch das Geld, weil ich sage: »Ich denke, bei uns darf jeder machen, was er will«, und dagegen kann er nichts einwenden. Das ist oberstes Hippiegesetz.

Ja, und dann war da bei *Frenz & Biedenkopf* diese lange Schlange, durch den ganzen Laden, bis auf die Straße und immer weiter.

Jede Menge Jungs reckten die Hälse, waren nervös und versuchten irgendwas im Laden zu entdecken. Und die, die rauskamen, wedelten mit einer Postkarte und strahlten wie die Honigkuchenpferde.

»Weißt du eigentlich, wieso das Honigkuchenpferd heißt?«, hat Alina mich gefragt, weil sie im selben Moment dasselbe gedacht hat wie ich. Wie immer.

»Keine Ahnung. Vielleicht ist es ein Ausdruck aus dem Mittelalter, als die Frauen ihren Rittern grinsende Honigkuchenpferde gebacken haben, die denen dann wiederum Glück in der großen Schlacht gebracht haben.« Oder so. »Verrat mir lieber mal, was hier los ist.«

Weil Alina es auch nicht wusste, fragte sie gleich den Nächstbesten in der Schlange.

»Weißt du denn nicht, dass Bubi heute hier Autogramme gibt?« Der Typ war echt fassungslos über so viel Ignoranz.

Alina zog in ihrer typischen Art die Augenbrauen hoch. Wenn sie das macht, dann wirkt sie total über allem, und das weiß sie auch genau. »Bubi? Kenn ich nicht!«, sagte sie zu dem Typen, der natürlich aus allen Wolken fiel, und es war auch noch gelogen. Natürlich kennt Alina Bubi. Alle kennen Bubi, sogar zwei Vonganzem-Herzen-Fußball-Hasserinnen. Bubi ist der Star von den Weißen, der, der die Tore macht, die Nummer 1.

Wir haben uns also an den Jungs vorbeigezwängt und, als wir endlich im Laden waren, eine Horde Mädchen entdeckt, die an der Rolltreppe anstanden, rote Flecken im Gesicht hatten vor lauter Aufregung und »Bubi, Bubi!« kreischten. Nicht zu fassen. Sofort nahmen Alina und ich die Glöckner-von-Notre-Dame-Stellung ein – Buckel, Hände schleifen auf dem Boden, Zunge hängt lechzend aus dem Mund. »Bubi, Bubi!«, lallten wir und schlurften an den Mädels vorbei Richtung Aufzug, weil die Ballettabteilung bei *Frenz & Biedenkopf* im ersten Stock ist und die Rolltreppe leider von hysterischen Weibern und hechelnden Jungs verstopft war. Wegen Überfüllung geschlossen. Für uns zumindest!

»Da hast du es wieder.« Ich war echt genervt. »Fußball bestimmt unser Leben, obwohl wir ihn nicht leiden können! Er wird uns aufgezwungen, wir müssen ihn sehen, uns nach ihm richten, unmöglich!«
Alina nickte nachdenklich und drückte die Eins. »Es ist zum Kotzen!«
»Wir sind fremdbestimmt, das ist das Schlimme daran«, zeterte ich auf dem Weg zur Ballettabteilung weiter, wieder vorbei an unzähligen verklärt dreinblickenden Jungs und knallroten Mädels. »Wir können nicht Nein sagen. Keine Entscheidungsfreiheit. Wir sitzen im Fußballgefängnis!«
Alina und ich schauten uns grimmig an und waren vollständig einer Meinung. Noch! Bis heute wusste Alina, was ich denke, und umgekehrt. Bis heute waren wir eigentlich eine Person. Wir finden die gleichen Dinge gut, Ballett natürlich – wir wollen beide Tänzerin werden –, aber auch Bücher, möglichst dicke. Die lesen wir uns vor, oft wochenlang jeden Nachmittag. Im Moment sind wir Hermann-Hesse-Fans. Wir hören die gleiche Musik, klassische natürlich – das ist eben so, wenn man Tänzerin werden will, da hat man da einen Draht zu. Und wir träumen zusammen, stundenlang. Davon, wie alles mal werden wird. Wir waren uns auch immer einig über die Männer. Keine Machos für Alina und Ruby, die haben wir alle abblitzen lassen.
»Am Ende ist dein Alter in der Kneipe – wohlgemerkt *dein Alter*, so nennst du den dann«, hatte mir Alina erklärt, »und du sitzt zu Hause und stickst Gobelins!«
Das haben wir in den alten Russenschinken gelesen. Die Männer haben Schnaps getrunken und über Politik geredet und die Frauen saßen an ebenjenen Gobelins oder Kissenbezügen und haben über andere geredet, die nicht dabei waren. Oder darüber, was man tun kann, wenn Kinder Zähne kriegen, und wie man die Schnecken von den Rabatten fern hält. Nein, danke, nichts für uns. Wir wollten einen sensiblen Mann, einen, der uns zuhört, mit dem WIR über Politik reden können, einen, der Ballett mag, oder am besten einen Tänzer.

»Tänzer sind immer schwul«, seufzte ich. »Ich kenne keinen unschwulen Tänzer!«
Weil Alina auch keiner eingefallen ist, haben wir dann einfach beschlossen, die Männer wegzulassen und für immer zusammenzubleiben. Wozu braucht man schon Männer? Dachten wir und stolzierten an der Schlange begeisterter Machos vorbei Richtung Ballettabteilung. *Frenz & Biedenkopf* ist zwar der teuerste Laden, aber dafür haben sie auch die beste Auswahl. Wir suchten die schönsten Tutus für Alina raus und sie verschwand damit in der Umkleide.
»Warte auf mich«, sagte sie hinter dem Vorhang. »Du musst mir sagen, welches am schönsten ist. Aber die Wahrheit, o.k.?«
»O.k.!« Ich stand vor der Umkleide und hörte Alina beim Rascheln und Knistern zu. Dann habe ich mich einfach mal so umgedreht zu den Jungs. Ich weiß nicht, wieso, ehrlich nicht, Schicksal vielleicht. Jedenfalls hab ich da direkt in Bubis schöne Augen geguckt. Er saß ein Stück weiter weg, in der angrenzenden Fußballabteilung, hinter einem Tisch. Auf dem lag ein riesiger Stapel Autogrammkarten und davor stand die lange Schlange mit Jungs und Mädels, die diese Autogrammkarten unterschrieben haben wollten. O.k., ich weiß nicht, warum ich hingeguckt habe, und ich weiß auch nicht, warum Bubi genau in diesem Moment zu mir geschaut hat. Warum sollte ein Fußballstar in die Ballettabteilung rüberschauen? Und ich stand da wie vom Donner gerührt, wie vom Blitz getroffen und wie zu Stein geworden und starrte ihn an. Bubi wendete sich wieder seinen Unterschriften zu, plauderte mal mit diesem, mal mit jenem und ich guckte und guckte und war verliebt bis über beide Ohren.
Man sagt ja, dass es das gibt, Liebe auf den ersten Blick. Wie oft haben Alina und ich darüber geredet, weil wir das eigentlich nicht geglaubt haben.
»Zumindest ist es dann nicht gleich Liebe«, meinte ich. »Da gefällt einem dann halt einer.«
Denkste. Heute habe ich aus Versehen in Bubis Augen geschaut. Seit heute weiß ich, dass es anders ist. Es ist Liebe. Liebe auf den ersten Blick, genau so und wortwörtlich.

»Und?« Alina baute sich in einem blassrosa Tutu in Tänzerinnenpose genau zwischen mir und Bubi auf. Ich nickte, weil ich nicht sprechen konnte, und Alina zog die Augenbrauen hoch. »Also nicht? Warte, das nächste!«
Sie verschwand in die Umkleide und die Sicht war wieder frei. Die Sicht auf Bubi. Da saß er, winkte mir mit einer Autogrammkarte zu und lächelte. Unendlich süß. Zucker! Ich bin hin, wie ferngesteuert, eins, zwei, eins, zwei, gerade Beine, keine Knie, Ruby-Roboter, und hab zurückgelächelt.
»Willst du?«, fragte Bubi und meinte die Autogrammkarte.
Natürlich wollte ich. Ich hab sie genommen und genau angeschaut. *Tim Bubeck, 17 Jahre, Stürmer bei den Weißen*, stand hinten drauf.
Bubi musste weiter unterschreiben, mit den Jungs reden und konnte sich nicht mehr um mich kümmern. Und ich hab auf sein Bild gestarrt und innerlich gejubelt, weil ich eins von ihm hatte, weil ich mir das jetzt immer anschauen konnte und unters Kopfkissen legen oder aufstellen und eine Kerze davor anzünden oder einrahmen und genau ins Blickfeld hängen. Noch dazu ein Bild, das er leibhaftig angefasst und unterschrieben hat. Ein Stück von ihm, quasi.
Plötzlich hat mir jemand von hinten auf die Schulter getippt. »Was ist denn in dich gefahren?« Fassungslos stand Alina da, diesmal in Blassblau. »Ich such dich schon überall!«
Da hab ich mich endlich losgerissen und mir mit der Autogrammkarte Luft zugefächelt, als wäre sie nichts, bloß ein wertloses Stück Pappe, und als wäre es heiß bei *Frenz & Biedenkopf*, obwohl es hier natürlich eine Klimaanlage gibt.
»Bloß weg hier«, hab ich gesagt und Alina mitgenommen, zurück in die Ballettabteilung. »Die ist für Ronny. Weißt doch, der steht doch so auf die Weißen!« Das war das erste Mal, dass ich Alina angelogen habe.
»Wie hast du das denn wieder hingekriegt? Ohne dich anzustellen.« Das klang ein bisschen misstrauisch, aber auch beeindruckt.

Ich bin nämlich bekannt dafür. Irgendwie krieg ich es immer hin, als Erste dranzukommen. Irgendwie schaffe ich es immer, das zu bekommen, was ich will. Wenn im Zirkus jemand aus dem Publikum in die Manege geholt wird, weil der Clown Walzer tanzen will, dann bin ich das, garantiert.

Ich weiß nicht, warum. Ich starrte Alina an und Alina mich und mir fiel überhaupt nichts ein, was ich jetzt antworten sollte.

*Er hat mich angelächelt und zu sich gewinkt und da bin ich gleich hingegangen!* Das konnte ich nicht sagen, war doch eigentlich voll die Machoart und ich dackle auch noch hin.

»Wollen Sie das?« Gott sei Dank, die Verkäuferin.

Ich nahm mir fest vor, einen Antrag auf ihre Heiligsprechung zu stellen, weil Alina sich jetzt beraten ließ und ihre Frage an mich vollkommen vergaß.

Sie war beschäftigt und ich hatte Zeit, mich zu sammeln, meine Gedanken zu ordnen und mich vierhundertmal zu Bubi umzudrehen, der aber voll im Autogrammstress war und mich nicht mehr beachtete.

Alina hat dann doch das rosa Tutu genommen und eine Strumpfhose für mich. Ich habe die ganze Zeit versucht mir nichts anmerken zu lassen, dass es nicht geklappt hat mit dem Sammeln und Ordnen und ich vollkommen neben mir stand. Wenn man nicht in sich drin ist, sondern irgendwie außerhalb und alles auch von da betrachtet, vor allem sich selbst, dann ist es verdammt schwer, so zu tun, als wäre es nicht so. Ich hab mir zugeschaut, wie ich neben Alina an der Kasse stand und versucht habe, ein normales Gesicht zu machen, teilzunehmen am Kaufvorgang, der mich nicht im Geringsten interessierte. Ich hab mir zugeschaut, wie ich mich ganz kurz, ganz schnell und zum vierhunderteinsten Mal zu Bubi umgedreht habe, genau in dem Moment, als Alina mit ihrer Karte und der Verkäuferin beschäftigt war, um zu gucken, ob er vielleicht doch noch einmal schaut. Dann habe ich ein ganz enttäuschtes Gesicht gemacht, weil dem nicht so war. Und ich habe mir zugeguckt, wie ich hinter Alina her zur Rolltreppe gegangen bin, raus aus *Frenz & Biedenkopf*, weg von Bubi.

»Kann das sein, dass du mir überhaupt nicht zuhörst?«, hat Alina draußen gefragt.
Es war höchste Zeit, wieder in mich hineinzutreten. Alina kennt mich zu gut. Die merkt das. Wir haben dann die ganze Zeit von der Aufführung geredet und es war das erste Mal, dass ich mir gewünscht habe ohne Alina zu sein. Allein, allein mit meiner Autogrammkarte, allein mit Bubi und meinen Gedanken an ihn. Ich musste nachdenken. Ich musste dringend überlegen, wie es jetzt weitergehen sollte. Denn eines war mir klar: Dieses Lächeln würde ich nicht mehr vergessen. Ich würde es nicht schaffen, Bubi einfach zu verdrängen. Ich hatte mich in einen Fußballer verliebt und deswegen auch meinen Rucksack bei *Frenz & Biedenkopf* stehen lassen, was mir noch nicht mal selber aufgefallen war.
»Wo ist eigentlich dein Rucksack?«, hat Alina plötzlich gefragt.
Da stand ich, schon fast zu Hause, die Autogrammkarte in der Hand, ohne meinen Rucksack. Und das Beste war: Es hat mir gar nichts ausgemacht, weil ich noch mal zurückkonnte, zurück zu Bubi.
Alina ist mit, beste Freundinnen machen das so, aber Bubi war nicht mehr da, nur noch der leere Stuhl, auf dem er gesessen hatte. Er war noch ein bisschen warm. Und mein Rucksack spurlos verschwunden.

## Bubiduselei

Endlich! Allein in meinem Zimmer. Allein mit Bubis Autogrammkarte. Allein mit Bubi. Da steht er, ein Fußballer, angelehnt an das Bild vom großen Nurejew, dem berühmtesten, besten und schönsten Tänzer der Welt, und lächelt mich mit seinem Zauberlächeln an. Ich stehe vor ihm, die Arme vor dem Körper verschränkt und schaue ernst zurück.

»So. Und jetzt?«, frage ich laut in den stillen Raum. *Und jetzt, und jetzt, und jetzt,* hallt es in meinem Kopf nach. Ich setze mich hin, genau vor Bubis Karte, und denke, denke darüber nach, wie ich Bubi, den Fußballer, kennen lernen könnte. Es ist ja nun mal so, dass es nicht ausreicht, sich nur zu verlieben. Wenn man sich einmal verliebt hat, dann will man mehr, dann will man alles und ich will Bubi kennen lernen, küssen, ihn dann heiraten und tausend Kinder von ihm kriegen. Ruby Bubeck! Klingt doch perfetto!
Also beschließe ich erst mal mit dem Kennenlernen anzufangen. Aber wie?
Erstens ist Bubi ein Star, da kommt man nicht so einfach ran. Andererseits, heute bei *Frenz & Biedenkopf* war es ganz leicht. Ich muss dauernd daran denken. Wie er gewinkt hat! Mir! Ich stelle mir vor, er wäre einfach aufgestanden. »Sorry, Jungs und Mädels, aber ich kann jetzt nicht weitermachen. Wie ihr seht, ist soeben meine Traumfrau hier aufgetaucht und mit der muss ich jetzt zum Küssen in den Park!« Und dann hätte er mich bei der Hand genommen und wir wären die Rolltreppe runtergeschwebt. Alle hätten uns Platz gemacht, weil so eine Aura um uns rum gewesen wäre, eine Liebesaura …
Zweitens laufen ihm Millionen kreischende Mädels hinterher, die ihn wahrscheinlich alle sofort heiraten würden.
Ich schaue Bubi finster an, weil mir auffällt, dass ich jetzt eine von diesen Millionen bin. Die Millioneneinste. Na und? Muss ich mich eben abheben von denen! Aber wie?
Normalerweise würde ich jetzt Alina anrufen und stundenlang mit ihr telefonieren. Wir würden zusammen eine Strategie

ausarbeiten, einen Plan, und der würde auf jeden Fall klappen. Wenn Alina und ich was zusammen machen, dann klappt das immer. Aber Bubi ist nun mal Fußballer. Wir hassen Fußballer! Wie soll ich ihr erklären, dass ausgerechnet ich mich in so einen Macho verliebt habe? Obwohl ich überzeugt bin, dass Bubi kein Macho ist! Das sieht man doch! So kann man doch nicht lächeln als Macho! Ich weiß das, aber Alina nicht, und da werde ich sie auch nicht überzeugen können.
Zweite Möglichkeit: Ich vertraue mich meinem Tagebuch an. Oft fällt einem was ein, wenn man das Problem aufgeschrieben hat. Aber das Tagebuch liegt in meinem Rucksack und den habe ich vor lauter Bubiduselei bei *Frenz & Biedenkopf* stehen lassen. Da waren noch andere Sachen drin, zum Beispiel der Rubali. Das ist unser Freundschaftstier, so ein kleiner, hässlicher Gnom mit ein bisschen zu wenig zauseligem Fell. Alina hat ihn mal an einer Losbude gewonnen und mir geschenkt, als Beweis für ewige Freundschaft und zur Unterstützung von minderwertigen, hässlichen kleinen Stofftieren. Dann haben wir unser ganzes Geld für Lose ausgegeben, damit Alina auch so einen bekommt.
Mein Rubali ist weg. Ein Zeichen? Er ist genau an dem Tag verschwunden, an dem ich Alina zum ersten Mal anlügen musste.
Und mein Tagebuch ist auch futsch, das ist genauso schlimm. Da steht alles drin, meine allertiefsten Geheimnisse, und nur Alina durfte sie lesen. Einmal hat sie mir auch was geschrieben, als Überraschung, ungefähr so:

*3. 1. 2002*
*Liebe Ruby,*
*jetzt fängt ein neues Jahr an, in dem hoffentlich alles beim Alten bleibt, zumindest was dich und mich betrifft. Ich bin sehr froh, dass ich dich habe.*
*Ein 2002er-Küsschen von deiner Alina – with love*

Ungefähr. Zum Glück ist es ein Tagebuch zum Abschließen und ich hoffe, dass nicht irgendein blöder Rucksackklauer auf die Idee

kommt, es zu knacken und meine Gedanken zu lesen. Vielleicht bekomme ich es sogar irgendwann wieder. Ich kann nicht einfach ein neues anfangen, das wäre untreu dem alten gegenüber.
Alina! Natürlich bleibt alles beim Alten. Wir haben uns geschworen, uns immer alles zu sagen und alles zu verstehen, alles. Wozu hat man denn sonst eine allerbeste Freundin? Ich rufe sie jetzt an!
»Alina Weißenstein.«
Ich muss was sagen. Aber was? Gleich mit der Tür ins Haus? Oder erst mal ein bisschen Hin-und-Her-Geplänkel?
»Hallo?«, fragt Alina nach und ich antworte: »Hallo.«
»Ruby, bist du's?«
»Ja.«
»Dich wollte ich auch gleich anrufen. Stell dir vor, mein Vater ist nach Hause gekommen ...!«
»Das ist doch super!« Sehr begeistert.
»Schon«, redet Alina weiter und ich weiß, wie sehr sie sich immer freut, wenn ihr Vater mal von den Bohrinseln heimkommt. »Aber da fängt der doch glatt gerade beim Abendessen vom Fußball an, von den Weißen. Mein Vater! Der Fußballer sonst auch immer unmöglich findet! Als hätte mir das heute bei *Frenz & Biedenkopf* nicht schon gereicht!«
O.k., das war's, Alina hat meinen Mut im Keim erstickt.
»Ruby? Bist du noch dran?«
Ich nicke und hab ganz vergessen, dass man Nicken nicht hören kann, und dann ist das Telefongespräch ziemlich bald zu Ende.
Vielleicht gibt es ein Gedicht von Hermann Hesse, das mir weiterhelfen könnte, aber das Hermann-Hesse-Buch liegt zusammen mit dem Tagebuch und dem Rubali in meinem verschwundenen Rucksack.
Ich starre Bubi an und werde irgendwie sauer. Was fällt dem eigentlich ein? Sitzt da einfach bei *Frenz & Biedenkopf*, lächelt mich an und zerstört alles, was bis jetzt vollkommen in Ordnung war. Egosau. »Warte mal ab, du wirst mich kennen lernen«, beschimpfe ich ihn. »Und ich dich auch!« Da kann er Gift drauf nehmen, Ruby kriegt immer, was sie will!

»Essen, essen, essen! Essen nicht vergessen!« Line singt ihren Abendessensong und da muss ich runter.
In der Küche riecht es nach frisch gebackenem Brot, und Ronny und ich werfen uns einen verzweifelten Blick zu. Line backt manchmal das Brot selber und ist dann immer unheimlich stolz.
»Damit erkläre ich uns für komplett unabhängig!«, verkündet sie.
Aber Ronny und ich wären lieber komplett abhängig und könnten dafür eine Scheibe Brot essen, die nicht sofort in alle ihre Einzelteile zerfällt. Todesmutig greift Ronny zum Brotmesser, versucht den gebackenen Teigbatzen in Scheiben zu schneiden. Dann verteilt er an jeden von uns einen Haufen Krümel, die man in mühevoller Kleinarbeit einzeln mit Butter bestreichen muss.
»Da stimmt doch schon wieder was nicht mit der Konsistenz«, jammert Line.
Aber Ronny und ich glauben, dass sie das Brot meistens zu kurz oder zu lang im Ofen lässt, weil ihr zwischendrin noch tausend andere Sachen einfallen, die sie machen könnte. Wie zum Beispiel irgendeinen Raum neu streichen. Line hat einen Streichfimmel.
»Ich halte das nicht aus, immer die gleiche Farbe, das ist eine Beleidigung fürs Auge«, sagt sie, wenn die Küche ihr eine Woche in Gelb entgegengestrahlt hat. Dann geht sie neue Farbe kaufen und Ronny gibt ihr ein Küsschen und sagt: »Das ist eine gute Idee, Sternchen. Pink passt viel besser zu uns!«
Und so pinselt sie eben und vergisst das Brot im Ofen und den Wasserschlauch in den Rosen und so weiter.
Während wir unsere Krümel bestreichen, erzählt Ronny von den Weißen. Er redet meistens vom Fußball und ich höre ihm nie zu, aber heute ist das was anderes.
»Das bedeutet, die Weißen können es zum ersten Mal schaffen, ins Halbfinale zu kommen. Und weiter. Am Ende gewinnen sie noch den Pokal! Ich sage euch eins: Dieser Bubi ist ein Teufelskerl …« Es klingelt in meinen Ohren. Bubi!

»… der macht das schon. Hartes Training, keine Sperenzchen …!«
Achtung! Idee! »Wo trainieren die denn?«, frage ich, möglichst unbeteiligt.
Line und Ronny starren mich an.
»Kann man vielleicht mal 'ne ganz normale Frage stellen?«, raunze ich sie an, obwohl ich natürlich weiß, dass eine Fußballfrage eben keine ganz normale Frage ist, wenn ich sie stelle.
»Im Stadion, die trainieren im Stadion, wo sonst?«, antwortet Ronny und zuckt mit den Schultern. Für ihn wäre es das Schönste, wenn ich mich für Fußball interessieren würde und nicht für Ballett. Jetzt schöpft er Hoffnung, das sehe ich schon. Früher haben wir oft was zusammen gemacht, die ganze Familie. Das war heilig und bedeutete: Rauf auf die Motorräder, die kleine Ruby mit einem riesigen Helm bei Ronny hintendrauf, und ab ging die Tour, oft tagelang. Bis wir zu irgendeinem Open-Air-Konzert gekommen sind. Da haben wir dann ein Zelt aufgebaut. Ronny und Line haben drei Tage lang barfuß im Schlamm getanzt, zur Musik von uralten Männern, die sich nicht von der Bühne und ihrem angestaubten Ruhm trennen können und den Punkt verpasst haben, an dem sie hätten abtreten müssen. Das Paradebeispiel dafür ist die Lieblingsband von Ronny und Line, die Rolling Stones. Ihr Lieblingslied ist *Ruby Tuesday* und deswegen heiße ich so.
Damals hat mir das alles Spaß gemacht, weil da noch viele andere Kinder waren. Aber irgendwann hatte ich keine Lust mehr, irgendwann hältst du das nicht mehr aus. Dann sind Ronny und Line auch nicht mehr hingefahren, wegen mir und auch weil Ronny die eigene Werkstatt aufgemacht hat.
»Puh, sind wir spießig geworden«, jammert Line immer.
Doch ich finde, das kann man nicht unbedingt sagen, bloß weil sie sich nicht mehr im Schlamm wälzen.
»Ruby Tuesday, sag bloß, du denkst auf einmal in die richtige Richtung?«, fragt mich Ronny. Er hebt die Hand hoch, damit ich sie abklatschen kann, so wie er es mit seinen Fußballkollegen macht. »Fußball ist unser Leben?« Er grinst mich an.

Ich werde den Teufel tun und mich auf so was einlassen. »Auf keinen Fall.«
Soll er bloß nicht denken, ich würde jetzt nur noch mit ihm Fußball gucken und so. Ich bin Tänzerin, und das bleibe ich, Bubi hin oder her. Das ist mein A und O, der große Traum, auch wenn ich niemals so perfekt aussehen werde wie Alina mit ihren streng zurückgekämmten Haaren und den langen Beinen. Es ist einfach nicht möglich, meine Locken streng zurückzukämmen. Was habe ich nicht schon alles versucht! Ich hasse sie, diese Haare.
»Du spinnst ja, Ruby«, sagt Line immer. Sie hat genau die gleichen Haare wie ich – oder vielmehr umgekehrt. »Diese Haare sind ein Kapital!«
Na toll. Kann ich bitte ein anderes haben? Und wo wir gerade dabei sind, bitte auch neue Beine! Ich hab nämlich zu kurze. Die sind wiederum von Ronny.
»Sternchen, kannst du das verstehen? Was ist bloß los mit diesem Kind?«, jammert er über seine Fußball hassende Tochter.
»Lass sie doch! Jedem Tierchen sein Pläsierchen, oder?« Line wischt mit ihrem langen Ärmel die restlichen Krümel vom Tisch und packt die Tarotkarten aus, ihr großes Heiligtum. »Ich sag dir jetzt, ob deine Weißen ins Halbfinale kommen oder nicht. Und dann wollen wir nichts mehr hören vom Fußball, stimmt's, Ruby?«
Stimmt genau, denke ich. Aber als Line ihre Kartenformation fertig gelegt und mit Hilfe von irgendwelchen Narren, Magiern, Schwertern und Stäben rausgekriegt hat, dass die Weißen es schaffen werden, fällt mir doch noch was ein. »Und wann?«
Line und Ronny starren mich an.
»Wann trainieren die?« Ich tripple genervt mit den Fingern auf den Tisch. Das soll so viel heißen wie: *Antworte einfach, frag nicht!*
So erfahre ich, dass Bubi immer vormittags trainiert, ab neun, dann Mittagspause macht, in der er viele, viele Kohlenhydrate zu sich nehmen muss, und um zwei wieder zum Training im Stadion auftaucht. Da weiß ich doch schon, wessen holde Gestalt sich da morgen Nachmittag auch herumtreiben wird …!

Alina geht wie selbstverständlich davon aus, dass wir den Nachmittag zusammen verbringen. Kann sie ja auch, ist ja immer so, seit wir uns kennen. Nur heute geht's nicht. Heute treffe ich Bubi vor dem Stadion und da kann ich sie unmöglich mitnehmen, weil sie aus allen Wolken fallen und mir für immer die Freundschaft kündigen würde. Das will ich nicht. Also lüge ich sie an. Schon wieder.
»Ich bin mit Line und Ronny in der Stadt verabredet. Familytag!«
Dagegen kann sie nichts sagen, Küsschen links, Küsschen rechts, und zieht ab. Ich schaue ihr hinterher und habe ein schlechtes Gewissen, auch wegen der Art der Ausrede. Alina hat nie Familytag, weil ihr Vater meistens nach Öl bohrt, und wenn er da ist, verbraucht er die meiste Zeit dafür, sich zu erholen. Sehr nett von mir, sie daran zu erinnern. Aber zu spät.
Ich steige in den Bus, der Richtung Stadion fährt. Die Strecke ist mir total fremd, weil das bis jetzt verbotener Weg für uns war. Zum Stadion sind wir nie gefahren – warum auch? Ich bin aufgeregt. Das merke ich in mir drin und wer mich kennt, der merkt das auch außen, weil meine schrecklichen Haare dann noch unbändiger sind als sonst. Sie tun so, als könnten sie auch aufgeregt sein, dabei sind es nur Haare. Ich will sie in das Gummi zwängen. Doch das ist unmöglich, sie springen überallhin und eine Sekunde lang glaube ich, sie schadenfroh kichern zu hören.
»Nächster Halt: Stadion!«
O. k., los geht's, Haare hin, Haare her, ich steige jetzt aus und treffe Bubi.
Vor dem Stadion steht eine Traube Mädels, alle vollkommen aus dem Häuschen. Ich versuche mir einzureden, dass ich nicht weiß, warum die da sind.
»Auf was wartet ihr denn?«, frage ich eine.
Die schaut mich an und die Tränen schießen ihr in die Augen.
»Bubi!«, presst sie hervor und plinkert ganz gerührt.
Ich frage mich erstens, was es da zu heulen gibt, und zweitens, warum ich nicht auf eine bessere Idee gekommen bin als diese

hysterischen Weiber hier. Lange kann ich nicht überlegen, weil der Mannschaftsbus vorfährt. Die Mädels kreischen und winken mit Stofftierchen und Blumen der Liebe. Ich probier erst gar nicht mich nach vorne zu drängeln – in dem hysterischen Haufen droht Lebensgefahr –, sondern versuche von hinten so viel wie möglich zu sehen. Auf Zehenspitzen.
Zuerst steigen vier bullige Typen aus, sehr hoch, sehr breit, und schlagen eine Schneise durch die Mädels. Sie stellen sich breitbeinig hin und strecken die Arme von ihren mächtigen Körpern ab. Soll heißen: Stop, keinen Schritt weiter! Dann kommen die Spieler und als Bubi aussteigt, wird das Gekreische noch tausendmal lauter, auch wenn man sich das nicht vorstellen kann, dass das geht. Er schreitet den Gang zwischen seinen Fans entlang und schaut auf die Erde, schaut nicht ein Mal auf. Das liegt vielleicht daran, dass er nicht will, dass ihm die ganzen Stofftierchen und Blumen der Liebe mitten ins Gesicht fliegen. Vielleicht ist es aber auch cool. Jedenfalls machen sie es alle so, die Fußballspieler.
Jetzt müsste ich ganz vorne stehen. Und dann müsste ich in Ohnmacht fallen. Vor lauter Liebe. Bubi würde mich sehen, weil er ja eh nach unten guckt und ich ihm genau vor die Füße falle.
»Das ist ja meine Traumfrau!«, würde er ausrufen und die Mädels außen rum würden aufstöhnen vor Enttäuschung und Neid. Dann würde er sich über mich beugen und Mund-zu-Mund-Beatmung machen.
»Du musst ihr nur eine runterhauen, Mund-zu-Mund ist nicht nötig«, würde einer von den rohen Aufpassern sagen.
Aber Bubi würde ihn keines Blickes würdigen, weil nur er weiß, was nötig ist, um seine Traumfrau zu wecken …
Bubi verschwindet im Stadion.
So geht das nicht! So komme ich nicht weiter! Mist, verdammter!

## Was sagen die Karten?

Ich bin ziemlich ratlos. Deswegen frage ich die Karten. Wen sonst? Alina? Geht nicht wegen Fußballerhass! Tagebuch? Geht nicht wegen Diebstahl! Ronny und Line? Geht gar nicht wegen ... weil sie halt meine Eltern sind.
Also schnappe ich mir in der halb pinken Küche Lines Karten und nehme sie mit hoch in mein Zimmer. Eigentlich glaube ich nicht an so ein Zeug. Line legt sich das immer so aus, wie sie es gerade braucht. Aber in der Not frisst der Teufel Fliegen und da muss ich wohl in den sauren Apfel beißen.
Als Erstes lege ich Bubis Autogrammkarte auf den Boden in die Mitte. Um den geht es schließlich, was soll ich da lange mit irgendwelchen Rittern oder Königen aus dem Kartenspiel rummachen? Dann alle Karten mit dem Bild nach unten ausbreiten, Augen zu und mystisch mit den Händen darüber hin- und hergleiten, so wie Line es macht.
»Du merkst die Hitze der Wahrheit!«, behauptet sie immer.
Ich gleite und gleite und denke gerade schon, dass es zwischen Bubi und mir keine Hitze gibt oder keine Wahrheit, da spüre ich doch eine Stelle ... Ja, die könnte ...! Schnell ziehe ich drei Karten, eine für die Vergangenheit, eine für die Gegenwart und eine für die Zukunft. So komme ich zwar nicht dahinter, wie ich das Problem lösen könnte, aber ich weiß vielleicht wenigstens, wie es ausgeht.
In der Gegenwart reitet ein Ritter mit erhobenem Schwert dem Feind entgegen. Das Pferd sieht aus, als hätte es totale Angst, aber nur das Pferd, der Ritter nicht, und der heißt Ruby. Die Waffen sind gezückt, der Kampf um Bubi eröffnet, Ruby gibt nicht auf.
In der Vergangenheit liegt eine Frau mit verbundenen Augen und zwei Schwertern in der Hand auf dem Boden. Was soll das denn heißen? Ich war blind? Weil ich nicht erkannt habe, wie toll Fußballer sind? Oder ich war blind und bin wie versteinert dagesessen und habe darauf gewartet, dass was passiert und ich endlich meine Schwerter schwingen kann? Blind und wüst in der Gegend herum?

»In den Karten steht die Wahrheit, auch wenn du sie noch gar nicht kennst oder nicht wahrhaben willst.« Line.
Ich habe meine berechtigten Zweifel. Bloß weil jetzt Bubi in mein Leben getreten ist. Was ist denn mit Ballett zum Beispiel? Das ist doch kein Rumgesitze? Und Alina, meine allerbeste Freundin? Das klingt ja so, als wäre vorher alles nichts wert gewesen und als hätte ich die ganze Zeit darauf gewartet, endlich als Ritter losreiten zu können! Vielleicht heißt es nur, dass ich schon immer auf Bubi gewartet habe, ohne es zu wissen. Bereit zu kämpfen. Das heißt es. Bestimmt.
Die Zukunftskarte zeigt: die Liebenden! Eine dickliche Frau und ein schöner Mann, beide nackt, stehen nebeneinander und über ihnen schwebt einer, der Blätter als Haare hat und alles gut findet. Die Frau bin eindeutig ich. Und der schöne Mann kann ja nur Bubi sein. Glasklar und phantastisch.
Ich bin ziemlich zufrieden mit Lines Karten und nehme mir fest vor nicht mehr herumzuschimpfen, wenn Line sie auspackt.
Bubi zauberlächelt mir von seiner Autogrammkarte entgegen und ich schau sie mir noch mal ganz genau an, vorne und hinten. *www.bubi.de*, steht da.
Oh nein, bin ich denn bescheuert? Warum habe ich denn da nicht eher hingeschaut? Das könnte doch die Lösung sein! So schnell wie ich ist noch niemand von meinem Zimmer in Ronnys Werkstatt gerast.

## Wen haben wir denn da?

Zwei, drei Tage nach *Frenz & Biedenkopf* beobachtet Alina mich nur. Hält still, ich merk's genau. In der Schule schaut sie mich dann und wann prüfend von der Seite an. Vor allem wenn ich mal wieder nicht merke, dass ich gefragt bin und stattdessen mit kariertem Blick aus dem Fenster schaue. Weil draußen auf der Wiese, Kilometer entfernt und klein wie Streichhölzer, irgendwelche Jungs Fußball spielen. Fußball! Bubi! Seufz!
Wird er sich melden? Und wenn ja, wann? Wie lange soll ich noch warten? Oder schaut er etwa gar nicht auf seine Internetseite, sondern lässt das irgendeinen Studenten machen, der fünf Euro die Stunde verdient und alle Nachrichten einfach kollektiv in den Mülleimer schmeißt, weil's leichter ist? Abends kommt Bubi vom Training, erschöpft, frisch geduscht, wirft sich in einen Sessel und fragt den Studenten: »Und?« Der Student zuckt nur mit den Schultern: »Wieder nichts!« Und Bubi geht traurig ins Bett, weil keiner was von ihm wissen will … Quatsch, alle wollen Bubi. Aber am meisten ich.
Als ich, den Karten sei Dank, die Internetadresse gefunden hatte, bin ich gleich runter in die Werkstatt, hab den Karli von der Buchhaltung vom Computer weggescheucht und bin rein ins Internet. Eine ganze Seite nur über Bubi! Wie er als Kind aussah, wie begabt er schon damals war, dass seine Eltern einen Trockenblumenladen haben und ganz arm sind, weil keiner Trockenblumen will, und so weiter. Und ein Gästebuch! Da hatten sich natürlich alle Mädels verewigt, die auch schon mit mir vor dem Stadion standen. Machte also keinen Sinn, dass ich da auch noch meinen Sermon hinterließ. Ich hab mich durch alle Punkte geklickt und plötzlich bin ich auf eine winzig kleine Rubrik gestoßen, die hieß: *Was Bubi beschäftigt*. Da stand Folgendes: *Mich bescheftigt zurzeit, dass mein Kübel kaputt ist, und ich brauche eine Spezialwerkstatt für alte Vespas. Kennt jemand eine?*
Davon abgesehen, dass Bubi *beschäftigt* mit *e* geschrieben hat – sicher nur ein Tippfehler, sage ich mir; voll die Dumpfbacke,

würde Alina sagen –, war ich ziemlich angetan von dem, was Bubi beschäftigt. Natürlich kenne ich eine Spezialwerkstatt. Die *Autowerkstatt Ronsdorfer,* Ronny Ronsdorfer, mein Vater. Die Adresse habe ich ihm geschrieben und jetzt erwarte ich eigentlich jeden Tag, dass er um die Ecke biegt. Tut er aber nicht. Bis jetzt jedenfalls.

In der Pause beobachtet Alina mich finster, weil ich nichts sage und mein krümeliges Pausenbrot an eine Horde Spatzen verschenke. »Du machst doch jetzt keine Diät?«, will sie wissen.

Mir ist klar, was sie denkt: Ruby muss fit sein für die Proben und unsere Aufführung. Die kann da nicht vollkommen geschwächt und käseweiß an der Stange hängen.

Natürlich mache ich Diät. Immerhin muss ich damit rechnen, dass Bubi demnächst bei uns auftaucht, und da muss ich rank und schlank sein, Fußballer mögen keine Tonnen, glaube ich. »Nee, das ist bloß so krümelig!« Lüge.

Auf dem Weg zum Ballett sagt Alina dann nichts mehr und mir fällt auch absolut nichts ein, obwohl wir doch sonst die ganze Zeit was zu besprechen hatten.

Die anderen Mädels in der Umkleide der Ballettschule *Tiebel* reden ununterbrochen, während sie sich ihre Trainingsklamotten anziehen und sich die Haare streng zurückbinden. Das klappt auch bei allen, außer bei mir, wegen besagter Locken, und bei Corinna, wegen Kurzhaarschnitt. Alina und ich ziehen uns schweigend um und sind als Erste im Übungsraum. Ich mache ein paar Dehnübungen und Alina faltet die Arme vor der Brust und schaut mich an: »Wann sagst du's mir?«

Ich ziehe meinen ganzen Körper am Standbein entlang nach unten, Seitendehnung. »Was?«, ächze ich und sehe genau Alinas Fuß, mit dem sie ungeduldig aufs Parkett tippelt.

»Was mit dir los ist.«

Ich richte mich auf, strecke meinen Fuß auf die Stange und kann Alina nicht in die Augen gucken, kann ich einfach nicht. »Was soll denn los sein? Nichts.« In diesem Moment reißt das Gummi über meinem Schuh. »Mein Gummi ist los, wenn überhaupt!«

Die anderen kommen herein, so dass wir nicht mehr sprechen können.

Ich ärgere mich schwarz darüber, dass ich es nicht verbergen kann, obwohl ich es mir so fest vorgenommen habe. Ich will nicht, dass Alina was merkt, will nicht, dass sie darunter leidet, dass ich in einen Fußballspieler verliebt bin. Irgendwie habe ich gedacht, *ein* Geheimnis könnte man haben. Aber das geht anscheinend nicht. Die Karten müssen auf den Tisch, so sieht's aus. Aber wie? Alina spricht doch nie wieder ein Wort mit mir, wenn ich ihr von Bubi erzähle!

Sie wirft mir noch einen finsteren Blick zu, dann müssen wir uns aufs Balletttraining konzentrieren. Frau Tiebel fängt gerade auf dem Klavier an, die Ouvertüre. Dabei wiegt sie sich mit geschlossenen Augen vor und zurück und man hat immer ein bisschen Angst, dass sie aus Versehen mit dem Kopf auf die Tasten schlägt und für immer ins Koma fällt.

Bekannte Ballettlehrerin im Tastenkoma!

Bevor es so weit kommt, geht die Tür auf und ein Typ stürzt herein. Ein Junge, knallrot im Gesicht, und er kommt vor Frau Tiebel gerade noch zum Stehen. Ich bin mit meinem Schuhgummi beschäftigt und als ich hochschaue, guckt mich der Typ direkt an, als wäre er wegen mir da. Süß, wirklich, auch weil er komplett rot wird.

Frau Tiebel sagt ganz schlau: »Wen haben wir denn da?«

Und der Junge sagt: »Den Tim haben wir da.«

Und wir müssen alle furchtbar lachen, weil das so doof ist. Tim jedenfalls will bei uns mitmachen. Ein Junge! Das ist noch nie da gewesen.

Irgendwie habe ich gleich das Gefühl, dass ich ihn kenne, schon ewig, so als wären wir alte Freunde, nichts Fremdes. Aber das liegt vielleicht daran, dass ich es so toll finde, dass er echt tanzen will, ein Junge, der einzige in unserem ganzen Haufen. Außerdem heißt er Tim, wie Bubi, und das ist doch vielleicht ein Zeichen.

Frau Tiebel ist auch begeistert und führt ihn zu den Umkleiden und, klar, da geht gleich das große Geflüster und Gekicher los bei

den anderen. Ein Junge im Ballett! Der muss ja schwul sein, wo gibt's denn so was?
»Ist doch toll«, sage ich zu Alina. »Würdest du dich das trauen?«
Sie schüttelt den Kopf. »Nie und nimmer, zwischen den ganzen Weibern hier.«
»Der erste Tänzer, den wir kennen lernen!«, schwärme ich und einen Moment lang ist es zwischen Alina und mir wieder so wie immer. Einig eben.
Frau Tiebel und Tim kommen zurück und ich mustere ihn unauffällig, auch weil ich irgendwelche Anzeichen erkennen will, ob er nun schwul ist oder nicht. Aber woran soll man das erkennen? Eigentlich sieht er aus wie ein Fußballer, und da bin ich ja jetzt Expertin.
Als Frau Tiebel verkündet, dass Tim doch den Baum spielen könnte in unserem Stück, johlen alle begeistert los. Ich stoße Alina in die Seite, weil sie ja die Primaballerina ist, in die sich der Baum verliebt. Alina zwinkert mir zu und da schießt mir eine kleine Sekunde lang durch den Kopf, dass es vielleicht die Lösung wäre, wenn Alina sich in einen Schwulen verlieben würde. Könnte ich ihr dann nicht auch von meinem Fußballer erzählen? Nein, natürlich nicht. Schwule sind alles, aber keine Machos. Also, Gedanke verworfen.
Wir tanzen uns erst mal warm, alle Positionen durch und so. Tim ist ganz hinten. Ich drehe mich extra nicht zu ihm um, damit es ihm nicht peinlich sein muss, dass er die Dinge vielleicht noch nicht so gut im Griff hat, aber die anderen anscheinend schon, weil ein kleines, leises Dauerkichern in der Luft hängt. Das finde ich unmöglich.
Dann ruft Frau Tiebel: »Tourné!«
Das heißt, alle Mann umdrehen, was Tim aber nicht weiß. Deswegen ist er der Einzige, der sich nicht umdreht, und schaut dem ganzen grinsenden Kicherhaufen ins Gesicht. O.k., er dreht sich schnellstens um, aber nun steht er plötzlich ganz vorne an der Stange, der Erste in einer langen Reihe Mädchen. Und alle kön-

nen sehen, dass er nichts kann und sich den Hals verrenkt, um irgendwie mitzukriegen, was wir da treiben. Das ist doch nicht lustig! Jetzt mal ehrlich! Finden die anderen schon.
Frau Tiebel schickt mich vor Tim. Ich mache extra ganz langsam und ordentlich, damit er genau sehen kann, was zu tun ist. Gerade kommt ein gewisses Maß an Konzentration auf, da höre ich plötzlich einen Rums hinter mir. Ich drehe mich um und sehe, dass Tim die Sache mit dem Bein-auf-die-Stange-Legen wohl nicht hingekriegt hat und auf den Hintern gefallen ist. Der Ärmste! Und statt dass die Mädels erschrocken die Hände vor den Mund schlagen oder ihm aufhelfen, brechen sie auch noch in schallendes Gelächter aus.
»Haltet gefälligst die Klappe!«, maule ich sie an und will Tim meine Hand geben, aber da ist er schon hoch und rennt wie von der Tarantel gestochen raus.
»Das war's dann wohl mit dem ersten Jungen in unserer Gruppe«, sagt Frau Tiebel streng und sie ist wirklich sauer.
Doch ich will nicht so schnell aufgeben und schnappe mir Alina. »Wir sind gleich wieder da!«
Alina weiß gar nicht, wie ihr geschieht. »Was hast du vor, Ruby? Aus dir soll in letzter Zeit mal einer schlau werden.«
»Der Typ tut mir total Leid«, erkläre ich ihr. »Da traut er sich so was und alle lachen ihn aus wie die kleinen Kinder, das ist echt peinlich.«
Wir stehen vor *Tiebels Ballettschule* und schauen uns um. Kein Tim. »Wir schwärmen jetzt aus«, schlage ich vor, »und suchen ihn.«
Alina schaut mich mit hochgezogenen Augenbrauen an. »Und warum bitte?«
»Weil wir ihm Nachhilfe geben werden, damit er den Baum tanzen kann, damit sein Mut belohnt wird und damit wir das peinliche Gegacker da drinnen irgendwie wieder gutmachen!«
Alina ist nicht wirklich überzeugt. Ich weiß auch nicht, warum ich Tim unbedingt helfen will. Ich glaube, es ist sein Mut, der mich echt beeindruckt. Wenn ich so mutig wäre bei Bubi!

Also schwärme ich aus, die Straße entlang, und schließlich finde ich ihn, ein Häufchen Elend, auf einer Bank. Klar, dass er sofort versucht Haltung anzunehmen, aber ich merke schon, dass er ziemlich fertig ist. Armer Tim. Ich entschuldige mich für die anderen und als Alina auch noch dazukommt, erklären wir ihm die Sache mit der Nachhilfe. Da ist es wieder, das Honigkuchenpferdgrinsen, diesmal auf Tims Gesicht, und wir verabreden uns gleich für den nächsten Tag bei mir.
Alina und ich gehen ziemlich zufrieden mit uns wieder zurück zu Frau Tiebel. »Glaubst du, dass der schwul ist?«, frage ich Alina und die zeigt direkt mit dem Finger auf mich und grinst übers ganze Gesicht. »Hey, du hast dich verliebt!«
Stimmt, Alina, aber nicht in Tim.
»Quatsch, ich will doch nur wissen, ob du findest, dass er schwul aussieht.«
Alina überlegt ein bisschen. »Das kann man ja vom Aussehen her nicht so sagen, aber du weißt doch: Wir kennen keinen einzigen unschwulen Tänzer. Also wenn ein Junge in Tims Alter Lust hat, Balletttänzer zu werden, dann wird er schon schwul sein.«
Sie hat natürlich Recht, aber vom Gefühl her bin ich nicht so überzeugt. Muss denn immer alles zwangsläufig so sein, wie es immer und bei allen ist? Bis vor kurzem habe ich es schließlich auch vollkommen ausgeschlossen, dass ich mich mal in einen Fußballer verlieben würde.
»Kommst du nach dem Ballett zu mir zum Lesen?«, fragt Alina und ist sich ganz sicher, dass ich Ja sage.
Da bin ich zurück auf dem Boden der Tatsachen und langsam, langsam baut sich die Mauer wieder auf zwischen meiner allerbesten Freundin und mir. »Ich kann nicht, muss Ronny helfen«, lüge ich.
Alina merkt es natürlich genau. Sie zieht die Augenbrauen hoch, sagt aber nichts. Ich kann nun mal nicht, tut mir Leid. Was, wenn Bubi heute Nachmittag seinen Kübel, wie er seine Vespa nennt, auf unseren Hof schiebt? Dann bin ich nicht da, weil ich leider, leider den alten Hermann Hesse lesen muss. Nee, das geht nicht.

»Morgen, o. k.?«, versuche ich Alina zu vertrösten.
»Morgen gibst du Tim Nachhilfe!«, sagt Alina kalt.
Da packe ich sie am Arm, weil ich das klarstellen muss, unbedingt. »Das machen wir doch zusammen, oder? Dann lesen wir übermorgen wieder, der Hesse läuft uns doch nicht weg.«
»Nee, der ist schon tot!«, sagt Alina.
Ich kapiere sehr wohl, dass das eine Anspielung auf mich und meine Flucht ist, die sie irgendwie spürt, ohne zu wissen, worum es geht.

## Hauptsache, man kann was

Mein Zimmer sieht picobello aus, alles zur Seite geräumt, damit genug Platz ist zum Üben und vor allem für Tim zum Festhalten an der Wand. Beim Mittagessen habe ich Ronny und Line erzählt, dass Tim vorbeikommen würde, und sie waren natürlich begeistert.
»Endlich ein Mann im Haus! Ist er Fan von den Weißen?« Ronny freute sich auf jemanden zum Fachsimpeln, aber ich war mir ziemlich sicher, dass ein schwuler Tänzer nicht auf Fußball steht. Das hab ich aber nur Line gesagt.
»Bloß weil er tanzen will, muss er doch nicht schwul sein«, hat Line gemeint. Stimmt. Im Prinzip wenigstens.
Während ich auf Tim und Alina warte, flirte ich zu Tschaikowsky ein bisschen mit Bubis Zauberlächeln. Er ist nicht gekommen gestern, obwohl ich den ganzen Nachmittag im Hinterhof vor der Werkstatt gesessen und auf ihn gewartet habe.
Er würde also zur Toreinfahrt hereinkommen, neben sich sein vollkommen zerstörter Kübel, und sich etwas hilflos umsehen. Weil er nicht weiß, wo es langgeht, und weil er sich natürlich auch nicht sicher ist, ob ihm der Student, dem er fünf Euro die Stunde zahlt, die richtige Adresse gegeben hat. Aber da komme ich schon auf ihn zugeschwebt und er traut seinen Augen nicht, da kommt ihm doch seine Traumfrau entgegen. Und er lässt seinen Kübel einfach fallen, so wie er ist, und breitet die Arme aus und …
»Stehst du etwa nicht auf Fußball?« Ronny poltert mich von unten aus meinen Gedanken und ich muss schnell los und den armen Tim aus seinen Klauen retten.
Er ist irgendwie verlegen, total süß. Ich hoffe nur, dass Alina bald kommt, weil ich auch nicht genau weiß, was ich mit ihm reden soll, ich kenne ihn ja gar nicht.
»Und? Stehst du auf Fußball?« Die Frage kann ich mir nicht verkneifen.
Natürlich steht er nicht darauf, nicht im Geringsten. Er sitzt tief in einem Sessel und schaut sich in meinem Zimmer um. »Tschai-

kowsky, nicht schlecht, aber am liebsten mag ich Schubert«, sagt er.

Da bin ich natürlich vollkommen aus dem Häuschen. Ein Typ, der sich mit klassischer Musik auskennt! Und noch dazu Schubert am liebsten mag! So wie Alina und ich. Es ist fast unheimlich. Angenommen, er wäre nicht schwul und ich wäre nicht in einen Fußballer verliebt – das wäre der Mann meiner Träume!

Ich lächle ihn an und eigentlich würde ich ihn wirklich zu gerne fragen, ob er nun schwul ist oder nicht. Dann müsste ich nicht dauernd drüber nachdenken. Aber so gut kennen wir uns ja auch nicht, eigentlich gar nicht. Außerdem ist das seine Sache. Es wird ein bisschen still zwischen uns, irgendwie fällt uns nichts ein.

»Ich kann zwanzig Minuten auf dem Kopf stehen«, sagt Tim plötzlich.

Schwul oder nicht, auf jeden Fall ist er ein bisschen durchgeknallt, weil er mir das gleich vorführt, und da kriegen wir richtig Spaß. Ich hole meine Stoppuhr und versuche ihn aus dem Konzept zu bringen: »Jetzt fällst du um« und »Das schaffst du nicht«, aber er bleibt auf dem Kopf stehen, auch als Alina reinkommt.

»Er muss noch zehn Minuten«, erkläre ich ihr und sie findet das, glaube ich, ziemlich merkwürdig, zumindest ist sie ein bisschen reserviert und cool.

»Hat sich eigentlich jemand wegen dem Rucksack gemeldet?«, will sie wissen.

Natürlich habe ich bei *Frenz & Biedenkopf* Bescheid gesagt und beim Fundbüro angerufen, aber mein Rucksack ist spurlos verschwunden.

Plötzlich entdeckt Alina Bubis Autogrammkarte auf meinem Schreibtisch. Ich hab sie einfach dort vergessen, wie konnte ich nur so blöd sein? Sie dreht sie in spitzen Fingern und zieht die Augenbrauen hoch. »Hey, ich dachte, die war für deinen Vater?«

»Ist sie auch«, fauche ich Alina an und reiße ihr die Karte aus der Hand. »Aber erst zum Vatertag!«

Dafür, dass ich mir nichts anmerken lassen will, habe ich ziemlich überreagiert. Dumm. Alina schaut mich nur an und wartet, dass

ich noch irgendwas erkläre, aber was soll ich noch erklären? Zum Glück fällt mir in dem Moment Tim wieder ein. Er steht immer noch auf dem Kopf und ist knallrot, kein Wunder.
»Hey, nur noch zwei Minuten«, sage ich.
Wir nutzen die Zeit, um uns schon mal umzuziehen, macht uns nichts aus vor Tim, er ist ja schwul. Dann sind die zwanzig Minuten rum. Ich erlöse Tim und wir können endlich mit dem Training anfangen.
Alina und ich beschließen, ihm erst mal etwas vorzutanzen, damit er einen Eindruck bekommt. Wir tanzen den Teil aus unserer Aufführung, den wir schon ganz gut können. Ein wunderschönes Gefühl, mit Alina zu tanzen. Harmonisch, ohne Mauer, Alina und ich, die Ballerinas der Zukunft und die allerbesten Freundinnen. Tim klatscht begeistert Beifall, als wir fertig sind.
Dann versuchen wir mit aller Kraft, ihm die französischen Ausdrücke und die dazugehörigen Bewegungen beizubringen. *La première et plié et la seconde et plié et la troisième et plié ... et en haute et un grand pas ...* Und so weiter.
Ich glaube, Tim gibt sich alle Mühe. Aber erstens kann er sich die Ausdrücke überhaupt nicht merken – als wir den Test machen und sie ihm zurufen, bringt er alles wieder durcheinander – und zweitens sehen die Positionen und Übungen bei ihm einfach nicht aus. Er kann nicht mal ein Bein richtig ausstrecken. Vielleicht sind wir auch ungerecht, schließlich üben wir das schon jahrelang. Alina und ich werfen uns gelegentlich Blicke zu, die immer verzweifelter werden. Tim sieht eben auch nicht aus wie ein Tänzer. Die sind zierlich, feingliedrig und ihr Blick liegt immer in weiter Ferne. Tims Blick wirkt eher panisch und seine Oberschenkel sind viel zu muskulös. Bis zur Aufführung müssen wir das auf jeden Fall hinkriegen. Für den Baum wird es schon reichen, allemal. Natürlich lassen wir uns nichts anmerken und loben ihn von hinten bis vorne und andauernd. Deshalb lässt Tim sich nicht entmutigen und versucht es immer wieder.
Als Line zum Abendessen ruft, müssen Tim und Alina schnell aufbrechen. Während Tim in Ronnys Armklammer gefangen ist

– »Das kriegen wir schon noch hin mit dir und dem Fußball« –, steckt Alina mir einen Zettel in die Tasche. »Lies es erst, wenn ich weg bin«, flüstert sie, guckt ziemlich ernst und ist schnell verschwunden.

Der Zettel brennt in meiner Tasche. Ich bin froh, als Tim weg ist. Schon auf dem Weg in mein Zimmer knülle ich ihn auseinander. *Pass auf uns auf, Ruby. Ich hab dich lieb, Alina!* Und unser Geheimzeichen, das nur wir kennen.

Ich knalle mich auf mein Bett und muss heulen. Alina hat ja Recht. Man darf seine allerbeste Freundin nicht vernachlässigen. Man muss auf sie aufpassen. Auf sie und auf die Freundschaft. Aber was soll ich denn machen? Auf jeden Fall muss ich morgen zu ihr zum Lesen, unbedingt. Das nehme ich mir fest vor. Vielleicht kommen wir irgendwie ins Reden, vielleicht ergibt sich eine Situation, in der ich es doch erzählen kann, das Ding mit Bubi. Vielleicht sagt sie plötzlich: »Weißt du was? So schrecklich finde ich Fußball gar nicht mehr! Ist das schlimm?« Nein. Das wäre das Schönste.

Ich gehe runter zu Ronny. Muss an was anderes denken. Er lümmelt vor dem Fernseher. »Hau bloß ab, gleich kommt die Sportschau«, warnt er mich grinsend.

Aber ich bleibe, brauche Ablenkung und kann ja sein, dass Bubi im Fernsehen kommt. »Kannst du zwanzig Minuten auf dem Kopf stehen?«, frage ich Ronny.

»Hast du Fieber?«

»Kannst du oder kannst du nicht?«

Na, das lässt Ronny sich nicht zweimal fragen und wir versuchen es wie die Bekloppten, fallen aber immer wieder um, weil wir dauernd lachen müssen. Das ist eben der Unterschied: Ich kann Ballett tanzen, Ronny kann Kübel reparieren und Tim kann auf dem Kopf stehen. Hauptsache, man kann was.

Darin gucken Ronny und ich zusammen die Sportschau und ich glaube, Ronny kann sein Glück kaum fassen, jedenfalls redet er nicht so viel wie sonst. Vielleicht weil er denkt, wenn ich nichts sage, dann bleibt sie da. Aber ich bleibe sowieso, vor allem als sie ein Interview mit Bubi zeigen. Bubis Zauberlächeln. Mein ganzer Körper ist gespannt und ich wünsche mir in diesem Moment nur eins, nur eins auf der ganzen Welt: Bubi zu begegnen und irgendjemandem von meiner Sehnsucht erzählen zu können.

## Vielleicht kommt Bubi doch noch vorbei

Am nächsten Tag strenge ich mich an. Ich versuche Alina zu zeigen, dass ich sie nicht verlieren will, was ja auch stimmt. Plötzlich reden wir im Ballett wieder alles Mögliche, über die Aufführung und es ist keine Stille mehr zwischen uns.
»Findest du, Tim ist der geborene Tänzer?«, fragt Alina mich.
Ich schüttele den Kopf. Aber da kann man nichts machen, er will es werden und vielleicht kriegt er es ja trotzdem hin.
Als Frau Tiebel sich am Klavier hin- und herwiegt und wir an der Stange stehen, fallen Alina und mir fast die Augen aus dem Kopf. Tim ist gut. Zumindest nicht schlecht. Das eine oder andere scheint doch vom Training hängen geblieben zu sein und er nimmt tatsächlich zweimal nach Zuruf die richtige Position ein. Frau Tiebel ist begeistert. »So ein lernfähiger Junge!«
Tim steht mit stolzgeschwellter Brust an der Stange, vor allem weil den Kichererbsen das Lachen vergangen ist.
»Also, so toll sieht das nun auch nicht aus«, motzt Kurzhaarcorinna. Natürlich. Die jetzt wieder!
Sofort fängt sie sich einen Augenbrauenblick von Alina ein und eine fiese Bemerkung von mir: »Schau mal, wie du dastehst. Wie ein Sack Kartoffeln!«
Auf Tim lasse ich nichts kommen und jetzt ist er endgültig drin in der Mannschaft. Er muss früher gehen, Mathenachhilfe. Das passt auch wieder ganz gut zu einem schwulen Tänzer und Fußballverächter mit Hang zur klassischen Musik, dass er kein Mathe kann.
Zufällig schaut Alina aus dem Fenster und winkt mich zu sich. »Schau mal!«, flüstert sie und wir sehen Tim, wie er einen sehr langen Typen begrüßt, der ihn mit dem Mofa abholt. Der Typ legt ihm den Arm um die Schultern. Dann steigt Tim zu ihm aufs Mofa und schlingt die Arme um ihn, um sich festzuhalten. Das kann man eindeutig auch anders machen. Alina schaut mich mit hochgezogenen Brauen an und ich nicke. Da dreht Tim sich noch mal um und winkt uns zu.

»Scheint ihm aber nichts auszumachen, dass wir es merken!«, sage ich leise und winke zurück.
Alina zuckt mit den Schultern. »Er traut sich ja hier auch zwischen eine Horde kichernder Weiber. Ich glaube, er steht einfach dazu!«
Wir verabreden uns für später zum Lesen bei ihr. Ihr Vater ist schon wieder unterwegs und sitzt irgendwo im Schneidersitz zwischen den Scheichs. Ihre Mutter stellt gerade ihre neue Kindermodenkollektion in Paris vor. Sturmfreie Bude also, nur das Personal, und das ist sehr gut, weil es uns immer mit allem verwöhnt, was das Haus so zu bieten hat. Und das ist eine Menge.
Wir haben uns den *Steppenwolf* von Hermann Hesse vorgenommen, aber als ich gerade von zu Hause loswill, laufe ich Tim in die Arme. Ich muss echt überlegen, ob wir was ausgemacht haben, Nachhilfe oder so. Aber Tim wedelt mir mit einer Tüte Maiskörner vor dem Gesicht herum und will Popcorn machen, Popcorn à la Tim, wie er es nennt, und das finde ich ziemlich süß. Er will mir eben was Gutes tun, weil es so gut geklappt hat im Ballett. Auf einmal kommt mir das viel besser vor, als zu lesen, spaßiger. Ich will nur noch schnell Alina anrufen, bin sicher, dass sie auch Lust hätte Popcorn zu machen. Und ich muss ihr ja sowieso Bescheid geben, aber Line telefoniert mit ihrer Freundin, die nach Indien ausgewandert ist, und das kann dauern.
Also gehen wir erst mal in die Küche und Tim gibt mir Anweisungen: »Ich brauche nur Öl und einen Topf mit Deckel – aber es geht auch ohne.
Larry zum Beispiel, der macht es immer mit Paprika und in der Pfanne, weil er drauf steht, wenn ihm die heißen Maiskörner beim Platzen um die Ohren fliegen. Das ist dann Popcorn à la Larry!«
Ich gebe ihm alles, was er braucht, auch einen Deckel. »Lieber Popcorn à la Tim«, entscheide ich, setze mich auf die Anrichte und schaue Tim zu.
Er ist ziemlich bei der Sache und ich überlege, ob ich ihn nach Larry fragen kann oder nicht. Ich nehme an, Larry ist der Lange

mit dem Mofa, sein Liebhaber. Oder wie nennt man das bei Schwulen? »Und Larry, das ist dein Freund?«
»Ja, klar, der auf dem Mofa heute.« Tim ist anscheinend ganz begeistert, dass ich ihn gefragt habe. »Den musst du mal kennen lernen, der ist ziemlich durchgeknallt. Aber er steht zu einem, egal was passiert. Auf Larry kannst du dich hundertprozentig verlassen.«
Ich versuche mir vorzustellen, wie das bei Schwulen abläuft. Wahrscheinlich genauso wie bei uns, außer beim Sex. Eigentlich wäre das der richtige Moment Tim direkt zu fragen, aber ich trau mich nicht und beschließe, dass er es mir einfach selber erzählen muss. Wenn er will. Sicher hat er es eh nicht ganz einfach damit. Was würden meine Eltern sagen, wenn ich ihnen erzählen würde, dass ich lesbisch bin? Normalerweise sind sie ja mit allem ganz frei, aber man weiß ja nie, wo diese Freiheit auf einmal aufhört.
»Klappt. Popcorn à la Tim, entweder mit Zucker oder mit Salz. Was darf's sein?«, sagt Tim und präsentiert mir das fertige Popcorn.
»Bloß kein Zucker, ich bin eh viel zu dick«, antworte ich und denke an Bubi.
Da ist Tim vollkommen empört und hält mir einen langen Vortrag darüber, dass ich überhaupt nicht zu dick bin, sondern genau richtig. Aber das ist mir eben nicht genug, genau richtig, und das versteht man nur selber.
Ich nehme Tim und das Popcorn mit in den Hof. Vielleicht kommt Bubi doch noch vorbei, obwohl ich nicht mehr dran glaube und mir eigentlich dringend was Neues ausdenken muss. Wir setzen uns auf zwei Reifenstapel, gucken in die Sonne und essen Popcorn. Ich natürlich auch, schließlich hat Tim es extra für mich gemacht.
»Hast du Angst vor der Aufführung?«, frage ich.
Tim überlegt ein bisschen und schüttelt dann den Kopf. »Du hilfst mir ja. Ich meine, wir werden noch ganz oft üben, oder?«
Natürlich. Aber es gibt eben noch viel zu tun und das sage ich ihm auch.

»Kein Problem«, meint Tim. »Viel zu tun macht mir nichts.«
Wir reden so hin und her, über alles und nichts, und es ist, als würden wir uns schon ewig und drei Tage kennen. Das ist eigentlich auch kein Wunder, weil bei uns ja fast alles gleich ist, gleiche Interessen, gleiche Vorlieben, als wären wir füreinander gemacht. Es ist richtig schön, bis Line mit dem Telefon rauskommt. Alina! Mist. Die habe ich total vergessen!
»Alina, es tut mir Leid, ich wollte dich anrufen ...«, sage ich sofort, aber Alina unterbricht mich und ist ziemlich sauer. Zu Recht, ehrlich, ich bin ja wohl bekloppt!
»Hör mal, ich warte hier seit einer Stunde auf dich! Ich hab uns frischen O-Saft gemacht und Salat. Der ist jetzt leider schon total eingefallen, weil ich die Soße schon drüber hab. Ich kann mich ja auf meine Freundin verlassen, die kommt immer pünktlich, weil sie gerne zu mir kommt. Habe ich gedacht! Ist das nicht blöd?«
»Alina, bitte. Line hat telefoniert und deswegen konnte ich dich nicht anrufen. Tim ist überraschend gekommen und wir haben Popcorn gemacht ...«
»Wie schön für euch!«
»Du solltest ja auch dabei sein, aber wie gesagt ...«
»Weißt du was? Du isst jetzt schön dein Popcorn und ich mache auch, was ich will.«
»Ich könnte doch noch kommen und dann reden wir drüber ...!«
»Keine Lust. Vielleicht morgen!«
»Es tut mir Leid, Alina. Ich hab's einfach vergessen.«
Aufgelegt. Jetzt sitze ich da mit meinem Popcorn auf dem Reifenstapel und weiß nicht, wohin mit dem ganzen schlechten Gewissen. Ich überlege, ob ich trotzdem zu ihr fahren soll, aber ich kenne ja Alina. Ziemlich gut sogar. Die muss sich jetzt erst mal beruhigen, indem sie den ganzen eingefallenen Salat alleine aufisst, und da ist es wahrscheinlich wirklich besser, bis morgen zu warten.
Tim hat natürlich mitgekriegt, dass da was schief gelaufen ist, und will mich trösten. Dabei macht er ein ganz schuldbewusstes Gesicht, als könnte er was dafür, dass bei Alina und mir im Mo-

ment der Wurm drin ist und ich irgendwie jeden Fehler mache, den man nur machen kann. O.k., wäre er nicht gekommen, wäre ich hingefahren. Aber das war meine Entscheidung und meine Vergesslichkeit. Könnte man ja genauso sagen, Bubi ist schuld. Stimmt aber nicht. Es ist zwar wegen ihm alles so schwierig auf einmal, doch er kann trotzdem nichts dafür. Schade eigentlich. Sieht so aus, als wäre alles meine Schuld.

»Bin ich schuld?«, fragt Tim mich leise und dann ist es an mir, ihn zu trösten.

Ich erzähle ihm von Alina und mir, wie lange wir uns schon kennen und wie unzertrennlich wir eigentlich sind, allerbeste Freundinnen eben. »Wir konnten uns immer aufeinander verlassen.« So wie bei dir und Larry, denke ich noch, sage ich aber nicht, weil Tim und Larry, das ist ja wohl noch mal was anderes. Alina und ich, wir sagen uns schon auch immer, dass wir uns lieben, und es ist auch Liebe, aber eben eine andere.

Mein Herz liegt wie ein Stein in meinem Körper. Herzschwer nennt man das wohl und ich habe das Gefühl, gleich muss ich platzen, gleich macht es einfach bummmm, und weg bin ich. Weil mir die Dinge durch die Finger rinnen, weil meine beste Freundin sauer ist, weil mit Bubi nichts vorangeht und weil ich es auch nicht mehr aushalte, niemandem von dem ganzen Dilemma erzählen zu können.

### Hoffnungsvolle Jungballerina im Hinterhof geplatzt!

»Tim, kann ich dir was sagen?«

Ich weiß, er wird mich verstehen, schließlich muss er sich ja wohl auskennen mit komplizierten Liebesgeschichten. Und er wird dichthalten.

»Ich hätte nie gedacht, dass es Dinge gibt, die ich Alina nicht erzählen kann«, fange ich leise an und genau in diesem Moment betritt ER den Hof der *Autowerkstatt Ronsdorfer*, unseren Hinterhof.

Bubi! Und zwar so, wie ich es mir vorgestellt habe. Er schiebt seine Vespa neben sich her und hat sich einen kleinen Bart am Kinn wachsen lassen. Seine Arme sind voller Muskeln, er schwitzt

ein bisschen und sieht aus wie der schönste aller Machos aus der Levis-Werbung oder bei *Ice in the Sunshine* oder wie die Typen, die in der Bacardi-Werbung von Liane zu Liane springen, um ihren Süßen ein Zelt aus Palmwedeln zu bauen. Er ist wunderschön. Ich bin wie versteinert, kann nicht weggucken, starre die ganze Zeit zu ihm, wie er auf uns zukommt. Dabei müsste ich ja jetzt eigentlich auf ihn zuschweben, geht aber nicht, bin festgeklebt auf dem Reifenstapel.
Trotzdem. Gleich wird er seine Arme ausbreiten. »Ruby, endlich habe ich dich gefunden!«, sagt er dann zu mir und hebt mich auf seine Vespa, die auf einmal wie von Zauberhand wieder funktioniert. Ich schlinge meine Arme um ihn, so wie Tim bei Larry, und wir fahren, immer weiter ...
»Mein Kübel ist im Arsch«, sagt Bubi. »Hab gehört, hier wär 'ne Profiwerkstatt.«
O.k. Es läuft etwas anders, aber mein Plan hat geklappt. Bubi ist hier und jetzt muss ich was sagen. Aber was? *Ja, das hier ist eine ganz tolle Profiwerkstatt.* Oder: *Was fehlt denn dem Kübel im Arsch?*
Lustig, doch bevor mir noch lustigere Sachen einfallen, kommt Ronny aus der Werkstatt gestochen. Irgendwie hat er von drinnen mitgekriegt, dass der heilige Bubi seine staubigen Hallen betreten hat, und das ist natürlich das Größte.
*Er* weiß sofort, was er sagen soll. Wie ein Wasserfall sprudelt es aus ihm raus, von wegen was für eine Ehre ... und ... Halbfinale ... und ... auf Bubi zählen ... Ronny legt den Arm um Bubis Schultern und sie verschwinden auf Nimmerwiedersehen in der Werkstatt. Bubi dreht sich noch einmal zu uns um, vielleicht denkt er wenigstens: Habe ich diese schönen Augen nicht schon mal irgendwo gesehen? Aber das war's.
Ich starre auf die verschlossene Werkstatttür, bis jemand vor meinen Augen herumwedelt. Tim. Den hatte ich ganz vergessen. »Hey, Ruby. Wie wäre es denn, wenn du jetzt aus der anderen Welt zurückkommst und mir erzählst, was du mir erzählen wolltest?«, fragt er, grinst schief und erinnert mich daran, dass

das eben ein Fußballspieler war und ich Fußballspieler nicht leiden kann.
Stimmt, Tim, aber es ist eben doch alles irgendwie anders. Wieso, verdammt noch mal, ist mir nichts eingefallen? Warum habe ich nichts zu Bubi gesagt? Mein Plan hat super funktioniert, nur ich habe nicht reagiert, habe ihn einfach vorbeiziehen lassen.
Die Werkstatttür bleibt zu, aber ich hoffe, dass Bubi gleich wieder rauskommt. Dann könnte ich ihm vielleicht doch noch entgegenschweben. Eigentlich ist mir klar, dass Ronny ihn zur Vordertür rausgeführt hat, damit alle sehen, dass der Fußballstar Bubi sein bester Freund ist. Also, mein Plan hat geklappt, doch ich habe ihn wegen Versteinerung versiebt.
Tim reißt mich aus meinen Gedanken, weil er nach Hause muss. Er macht ein ganz beunruhigtes Gesicht. Es tut mir Leid, aber ich kann jetzt einfach kein Popcorn mehr essen und so. Ich muss über Bubi nachdenken und über die verpatzte Chance und wie es weitergehen soll. Sicher wird Bubi seinen Kübel irgendwann wieder abholen. Doch ich kenne Ronny. Der wird das so lange wie möglich rauszögern. Er hat Bubi jetzt in der Hand und lässt ihn mit Sicherheit so schnell nicht wieder los. Bis so ein Ersatzteil kommt, das kann Jahre dauern. Und so lange kann ich auf keinen Fall warten.
»Dann geh ich mal«, höre ich Tim von ganz weit weg und schaue ihm nach, wie er langsam aus dem Hinterhof verschwindet. Er sieht irgendwie geknickt aus, sogar von hinten.
»Ich bin froh, dass es dich gibt!«, rufe ich ihm hinterher und da dreht er sich noch mal um und lächelt wieder ein bisschen, zum Glück.

## Der Löweneffekt

Ich habe die ganze Nacht kein Auge zugetan. Die Ratlosigkeit hat mich übermannt. Immer wenn ich gerade fast runtergesunken wäre in den Schlaf, ist mir wieder was durch den Kopf geschossen.
*Warum habe ich es Tim nicht erzählt?* Er hätte mich verstanden, mir zugehört und vielleicht eine Lösung gewusst. Ganz bestimmt sogar. Das weiß ich, obwohl ich ihn nicht gut kenne und nur einmal Popcorn auf Reifenstapeln mit ihm gegessen habe.
*Wie komme ich an Bubi ran?* Keine Ahnung. Keine Antwort. Ich muss Tim fragen. Ich muss es ihm erzählen, alleine komme ich nicht weiter.
*Warum vertraue ich Tim?* Weil er alles genauso macht und denkt wie ich. Weil er vielleicht meine Zwillingsseele ist? Bei dem Gedanken war ich dann endgültig wach. Konnte das sein? Ich starrte den kugelrunden Mond an und er starrte zurück und ich beschloss Tim am nächsten Tag zu testen. Auf dem Löwenplatz.
Im Ballett stürme ich gleich zu ihm in seine Umkleide, die eigentlich das Klo ist, weil er ja als Junge nicht zuschauen darf, wie wir uns umziehen. Auch wenn er schwul ist.
»Tut mir Leid wegen gestern!« Und das stimmt, irgendwie habe ich ihn ganz schön in der Luft hängen lassen, plötzlich.
Aber Tim ist nicht sauer, weil er mich versteht, weil es ihm vielleicht auch schon mal so gegangen ist, wenn er meine Zwillingsseele ist. Wenn!
»Alles in Ordnung!«, versichert er mir, während er sich umzieht, und lächelt mich an. Lächelt auch schön.
Wir wollen uns zur Nachhilfe am Nachmittag bei mir treffen und ich kann Alina nicht dazu überreden, auch zu kommen. Ehrlich, ich hätte sie eingeweiht in die Sache mit dem Löwentest, aber sie ist eben sauer.
»Bist du noch sauer?«, frage ich sie, obwohl das eigentlich klar ist. »Es tut mir wirklich unendlich Leid. Kommt nie wieder vor. Ehrenwort.«

Alina schaut mich an, ohne die Augenbrauen hochzuziehen.
»Bei unserem Rubali!«, schwöre ich, und das ist der heiligste aller Schwüre zwischen uns.
Alina seufzt und fängt an, sich an der Stange zu dehnen. »Den hast du ja verloren!«
Ich stoße sie an, damit sie aufhört sich zu dehnen und mir zuhört. »Aber nicht mit Absicht. Er lebt noch, irgendwo anders. Aber er lebt und ist mein Rubali, egal wer ihn sich aufs Fensterbrett gestellt hat.«
Tim kommt im Schlepptau von Frau Tiebel rein und da lächelt Alina mich an, zum Glück, sonst hätte ich mich die ganze Stunde nicht konzentrieren können. »Ist schon gut«, flüstert sie, »aber ich kann heute Nachmittag nicht. Meine Mutter kommt aus Paris zurück.«
Zu Hause kann ich es kaum erwarten, dass Tim endlich auftaucht. Ich mache mich ein bisschen hübsch, weil es was Feierliches hat, mit jemandem den Löwentest zu machen. Bubi schaut mir dabei von seiner Autogrammkarte aus zu.
Natürlich habe ich versucht Ronny gestern beim Abendessen auszuquetschen, möglichst unauffällig, so dass er nichts merke. Ich wollte jedes Wort wissen, das Bubi gesagt hatte, und wann er wiederkommt, um seinen Kübel abzuholen, und so weiter. Aber schon bei der zweiten Frage hat mir Ronny seine ölverschmierte Hand auf die Schulter gelegt – das ewige Thema zwischen ihm und Line. Es geht eben nicht mehr ab, das Öl. Es ist mit Ronny verwachsen, sagt Ronny.
Er hat mir also seine Hand auf die Schulter gelegt und mir dann tief in die Augen geschaut. »Darf ich den Grund deines Interesses für einen ordinären Fußballer wissen?« Damit hat er mich ziemlich in Verlegenheit gebracht. Zum Glück habe ich mich in dem Moment an Lines Krümelbrot verschluckt und musste ihren Ratschlag befolgen, damit es aufhört mit dem Husten: weit nach vorne beugen und so aus einem Glas trinken, während Ronny mir mit aller Macht auf den Rücken klopfte und dabei vollkommen vergaß mich weiter wegen Bubi zu löchern. Zum Glück.

Irgendwie wäre es doch genial, wenn man sich auf eine Postkarte drucken lassen könnte. Dann würde man sich demjenigen schicken, bei dem man sein möchte. Zum Beispiel bei Nurejew, dem Tänzer, und man kann alles sehen und hören, was der holde Angebetete so treibt. Ich gehe ganz nah ran an die Postkarte und schaue Bubi tief in die Augen.
»Pass auf, Tim wird den Löwentest bestehen. Dann werde ich ihm von dir erzählen und er wird mir helfen. *Damit du mich endlich siehst, Mann!*«
Ignorant! Entschuldigung.
Den Löwenplatz habe ich mal mit Alina zusammen entdeckt. Es ist irgendwie meiner, ein riesiger Platz, der von einer Straße umrundet wird, auf der auf vier Spuren Autos fahren, totales Getöse. Auf dem Platz, genau in der Mitte, steht ein Denkmal, zwei Löwen, die einen Karren ziehen. Und wenn man so ist wie ich, also meine Zwillingsseele, dann klettert man auf einen der Löwen und schaltet Musik ein, am besten Schubert und unbedingt laut, aus einem Recorder, den man mitgebracht hat. Dann sitzt man dort oben erhaben über allem, schaut hinab auf die wuselige Welt, die Autos, die Leute, die über den Platz gehen und irgendwas machen, telefonieren, Schuhband zubinden, Eis essen, vor sich hin grübeln. Man legt sich auf dieses riesige Steintier, fühlt die kalte Wärme des Steins – das ist so, ehrlich, auch wenn das verkehrt klingt –, lauscht der Musik und wartet auf den Löweneffekt. Der tritt ein, wenn man sich lange genug konzentriert, die Musik in seinen Körper fließen lässt und den Leuten und den Autos zuschaut. Und natürlich nur, wenn man so ist wie ich. Gleich gestrickt! Dann sieht es plötzlich so aus, als würden sie alle tanzen, und zwar genau zu deiner Musik. Es ist, als würde der ganze Platz von hunderten von Lautsprechern beschallt und alle tanzten dazu, die Autos, die Leute, die Hunde – alles ist wie in einem riesigen Ballsaal. Wenn der Löweneffekt eintritt, dann kann einem nichts mehr etwas anhaben, dann reitet man auf einem Löwen in einer Seifenblase voller Musik und schaut der Welt beim Tanzen zu.

Lover-Larry bringt Tim vorbei und er folgt mir, ohne zu fragen, wohin.
»Was ist deine Lieblingsfarbe?«, frage ich ihn.
»Schwarz«, antwortet er nach kurzem Zögern.
Ich hab's gewusst! Meine Lieblingsfarbe ist Weiß. Also kann die meiner Zwillingsseele nur Schwarz sein. Ich bin ziemlich sicher, dass Tim den Löweneffekt spüren wird. Jetzt erst recht.
Tim klettert auf den einen Löwen, ich auf den anderen und wir lauschen der Musik. Ich versuche, ihn nur heimlich zu beobachten, damit er sich nicht so unter Druck gesetzt fühlt. Aber er weiß natürlich, dass ich schaue, er weiß, dass er etwas merken soll. Plötzlich wird er noch aufmerksamer, als er vorher schon war. Kneift die Augen zusammen. Bewegt sich leicht im Takt der Musik. Dann strahlt er zu mir und meinem Löwen herüber. Er hat ihn: den Löweneffekt! Er hat ihn!
Ich klettere zu ihm und wir hören zusammen die Musik und schauen der Welt beim Tanzen zu. Ich lehne mich an ihn. Das mache ich sonst niemals bei irgendeinem Jungen, traue ich mich gar nicht, nie. Tim ist warm und wir sind verbunden, Zwillingsseelen eben. Und dann erzähle ich ihm alles.
Dass ich in Bubi verliebt bin, obwohl er ein Fußballer ist, dass Alina das nicht verstehen würde und ich ganz allein dastünde, wenn ich ihn nicht hätte, Tim.
Er ist irgendwie sprachlos, erst mal. Aber das ist ja auch klar, damit konnte ja nun keiner rechnen und es macht nichts, wenn er nichts sagt. Wir sind Zwillingsseelen, wir verstehen uns und ich weiß, dass er mir helfen wird Bubi zu erobern.
Ganz sicher.

## Was sagen die Karten?

Line sitzt in der Küche und hat die Tarotkarten vor sich auf dem Tisch ausgebreitet. Die Wand hinter ihr leuchtet in den verschiedensten Farben, wild gestreift. Testwand. Pink ist langweilig.
»Hallo, Engel«, sagt sie, fegt die Karten auf dem Tisch zusammen und macht in Windeseile einen ordentlichen Haufen daraus. Das kann nur Line. Ich brauche dafür Stunden, verliere die Hälfte dabei und am Ende muss ich meine Mitspieler wecken, wenn ich fertig bin zum Geben.
Line zeigt mit den Karten auf die Wand. »Welche?« Giftgrün, Schreitürkis, Kreischlila und Pastellgelb.
»Was sagen denn die Karten?«
Line winkt ab. »So was wissen die nicht!«
Ich setze mich an den Küchentisch und starre die Farbstreifen an der Wand an. »Wissen die denn auch etwas, was du nicht weißt?«
Line schaut mich verwundert an und zuckt mit den Schultern. »Alles!«
»Ich meine, kannst du für mich daraus lesen, ohne dass du meine Frage kennst?«
Line schaut mich ernst an, dann fächert sie die Karten auf dem Tisch auseinander, eine lange Reihe Karten, eine lange Reihe Antworten. »Zieh eine und denk dabei an deine Frage«, sagt sie.
Ich schließe die Augen und lasse meine Hand über die Kartenreihe gleiten. Wird Bubi mich lieben, wird Bubi mich lieben, wird Bubi mich lieben ... ?, denke ich und denke ich und denke ich.
Dann spüre ich die Wärme, ziehe eine Karte und gebe sie Line, ohne sie anzuschauen.
Line guckt mich an, nicht die Karte. »Und du willst es wirklich wissen?«
»Natürlich will ich es wissen, klar. Ist es so schlimm, oder was? Warum fragst du?«
Line runzelt die Stirn. »Du darfst aber nicht sauer auf mich sein. Ich kann nichts dafür, o. k.?«

Wenn sie nicht will, dass ich sauer werde, soll sie aufhören mit dem Quatsch. Sie hat doch noch gar nicht geguckt, was drauf ist. Sie soll nicht so rumunken. Ich reiße ihr die Karte aus der Hand und knalle sie mit dem Bild nach oben auf den Tisch. Ein Herz. Durchstoßen von drei Schwertern! Ich starre die Karte an. Das ist doch nicht wahr. Letztes Mal war da doch noch die Rede von Liebe und so.
Line beugt sich über den Tisch und berührt mich am Arm. Tröstend. »Hey ... !«
Weiter lasse ich sie nicht kommen. Will nichts hören von dem ganzen Blödsinn, die Karten sagen die Wahrheit und so. Ich fege die Herzkarte vom Tisch und stehe so schnell auf, dass der Stuhl umfällt. Macht nichts. Soll doch alles umfallen und hinfallen. An diesen Kartenkram habe ich noch nie wirklich geglaubt, ist doch alles Einbildung, von wegen man spürt die Hitze der Wahrheit. Ich spüre die Hitze der Verachtung, wenn schon, und verlasse die Küche und Line mit ihren blödsinnigen Karten.
»Das Türkis ist ganz entzückend«, knalle ich ihr noch hin und verschwinde in mein Zimmer. Ich werde das jetzt vergessen. Ich werde nicht mehr daran denken. Tim wird etwas einfallen, das weiß ich. Pah, und vielleicht heißt ein durchbohrtes Herz ja nur, dass die Liebe Bubi trifft wie ein Schwert, wie Amors Pfeil, für immer eingegraben in sein Herz. Die Liebe zu mir.
Das heißt das. Jawohl!

## Zickenverein

Ich stehe vor dem Stadion. Der große Moment, in dem ich Bubi kennen lernen werde, ist zum Greifen nah. Ich kann es immer noch nicht glauben.
Tim hat es wahr gemacht. Vor genau eineinhalb Stunden stand er unangemeldet in meinem Zimmer. »Hier, vom Trainer der C-Jugend!« Er hielt mir einen Wisch unter die Nase und ich verstand gar nichts. Trainer? C-Jugend?
Es war die Erlaubnis beim Training zuzuschauen. Bei Bubis Training. Larry hatte sie ihm über Umwege besorgt.
»Wir sitzen also im Stadion, nur du und ich, und schauen Bubi beim Trainieren zu und er kann mich praktisch gar nicht übersehen?« Meine Stimme überschlug sich, leicht kreischig, aber das konnte ich nicht ändern, denn ich war total aus dem Häuschen.
»So ist es«, sagte Tim und grinste mich schief an. »Und wenn du dich jetzt nicht beeilst, dann kommen wir zu spät!«
»Was? Heute? Jetzt?« Meine Stimme war endgültig aus dem Ruder. »Was soll ich denn bloß anziehen? Ausgerechnet heute habe ich Kartoffelpuffer gegessen. Guck mal, sieht man das, wenn ich so ein hautenges Ding anhabe? Sag ehrlich, Tim, siehst du die Puffer? Und meine Haare, das ist eine Katastrophe ...!« Ich war vollkommen aufgelöst.
Tim lümmelte auf dem Bett und schaute mir bei meinen panischen Versuchen zu, zu retten, was zu retten war, irgendwie eine Linie in mich zu kriegen, wenigstens einigermaßen nach was auszusehen. »Er wird denken, ich bin im fünften Monat schwanger. Er wird angewidert weggucken!«, jammerte ich.
### Fußballstar verschießt Elfmeter
wegen Viertonnenfrau!
»Quatsch nicht, du siehst wunderbar aus!« Das sagte Tim zu allem, was ich anzog, zu jeder Frisur, die ich ihm präsentierte. Ich hätte mir wahrscheinlich auch einen Müllsack umwickeln können. »Toll, echt schön, so gehst du!«
»So? Meinst du? Nein!«

Ich habe meinen gesamten Kleiderschrank durchprobiert, mir dann noch ein paar Sachen von Line geholt und Ronnys cooles Holzfällerhemd. Meine Haare streng zurück oder lieber locker zusammen oder Zöpfe oder nur einen ... Hilfe!
Tim schaute auf die Uhr. »Wenn du dich jetzt nicht bald entscheidest, kommen wir zu spät ... Die Jeans ist doch gut, toll!«, sagte er und schaute schnell weg, weil ich das T-Shirt wechselte.
Ich habe wirklich keine Hemmungen vor Tim, weil ich weiß, dass er nicht auf Mädchen steht. Es ist eben wie mit einer guten Freundin. Ich weiß ja nicht, wie das ist, wenn man schwul ist, habe versucht mir das vorzustellen. Also wenn Tim irgendwelche süßen Jungs sieht, zum Beispiel im Schwimmbad, dann findet er die entweder sexy oder nicht, so wie ich, im Prinzip. Wobei Tim ja anscheinend auf so schlaksige Typen wie Larry steht. Das ist nicht unbedingt die Art von Jungs, die mich vom Hocker reißt. Auch nicht schlecht, dann können wir uns nicht in die Quere kommen, Tim und ich.
Am Ende habe ich das angezogen, was ich vorher anhatte. Ich konnte mich nicht entscheiden, ich war zu dick, also eben ganz normal, wie immer. Vielleicht war es das Beste so. Bubi musste mich so lieben, wie ich bin, und basta.
Wir mussten uns beeilen und verließen ein Schlachtfeld.
»Hör mal, Ruby, kann es sein, dass du verstummt bist?«, fragte Tim auf dem Weg zum Stadion.
Ich grinste ihn an, weil er Recht hatte. Ich konnte nichts sagen vor lauter Aufregung.
»Wie ist es eigentlich mit Alina?«
Tim wollte mich vielleicht ablenken, ich weiß es nicht, auf jeden Fall war das die falsche Frage zur falschen Zeit.
»Ich will darüber nicht reden, o.k.?«
Tim lief neben mir her und verbeugte sich die ganze Zeit wie ein demütiger chinesischer Butler mit gefalteten Händen. »Entschuldigung, wild nicht wiedel volkommen, ich flage nie wiedel ...«
Da musste ich dann doch lachen.

**52**

Und jetzt stehe ich also vor dem Stadion. Die kreischende Mädchentruppe hat sich wie immer mit ihren Teddys und Blümchen versammelt. Oder sie wohnen hier, das kann auch sein, sind von zu Hause ausgezogen. »Lebt wohl, Mama, Papa, ihr müsst mich verstehen, ich kann nicht anders!« Mama und Papa haben mit Taschentüchern hinterhergewinkt und seitdem leben diese Mädchen vor dem Stadion, ernähren sich von Staub und Kieselsteinen und warten auf ihre Chance.
Aber dann komme ich. Tim und ich gehen an ihnen vorbei, einfach so, Richtung Eingang. Die Mädchen sind sprachlos und machen uns den Weg frei, so vor den Kopf geschlagen sind sie. Tim schaut auf den Boden, wie Bubis Leibwächter, cool eben. Ich schaffe das nicht. Ich gehe hoch erhobenen Hauptes an ihnen vorbei und versuche nicht zu grinsen, damit sie mir nicht die Haare ausreißen, die neidischen Mädels.
Das Stadion ist riesig und wir setzen uns ganz vorne hin, sonst hat Bubi keine Chance mich zu bemerken. Das Training hat noch nicht angefangen und es liegt so viel Spannung in der Luft, dass ich mich kaum zu atmen traue. Und dann kommt er. Die anderen natürlich auch, aber ich sehe nur ihn. Das Bärtchen ist ab, das bemerke ich sofort. Bubi sieht einfach unglaublich aus. Ich betrachte seine Stirn.
»Kurze Stirn, nichts im Hirn!«, sagt Alina immer.
Aber er hat keine kurze Stirn, nein, find ich auf jeden Fall nicht. Bubi rennt hin und her, rudert mit den Armen, tanzt mit dem Ball herum. Sie üben alle möglichen Sachen und ich behalte ihn die ganze Zeit im Blick, damit er mir in die Augen schauen kann. Wenn er schaut.
So wird es sein, wenn ich seine Frau bin. Spielerfrauen, die fanden Alina und ich am allerschrecklichsten. Spielerfrauen tragen immer Sonnenbrillen und Handtaschen mit einer Goldkette als Henkel, pfui Teufel!
Das widerte mich an, vor allem die Goldkettchenhenkel. Aber ich könnte ja eine ganz andere Spielerfrau werden, die erste ohne Sonnenbrille und mit Rucksack zum Beispiel. Auf jeden Fall ver-

stehe ich jetzt, warum die Spielerfrauen immer dabei sind. Mentale Unterstützung. Liebe eben. Du bist der Beste, Bubi! Diesen Gedanken schicke ich ihm die ganze Zeit mit meinem Blick auf den Platz. Und: Hallo, schau doch mal, hier bin ich, Ruby, die Frau deines Lebens! Nach jedem erfolgreichen Spiel würde ich in einer Traube von Journalisten stehen, Fragen beantworten und meinen Bubi in den Himmel loben. Meine Haare wären ganz glatt, keine einzige Locke, die hätte ich mir nämlich für Millionen Euro rausziehen lassen. Die Journalisten sind hin und weg von Frau Bubi. Die Firma, die die Goldkettchenhandtaschen herstellt, ist jeden Tag auf dem AB, aber ich rufe nie zurück, nie, auch wenn sie mir hunderte von diesen Taschen schenken wollen ... Doch noch ist es nicht so weit.

Plötzlich schießt einer den Ball genau in unsere Richtung und Bubi läuft los, um ihn zu holen, genau auf mich zu. Jetzt! Das ist meine Chance. Wenn er den Ball aufgehoben hat, dann wird er hochschauen und wie zufällig werden sich wieder unsere Blicke begegnen, wie bei *Frenz & Biedenkopf*. Das Aus für Bubi, dann kann er sich nicht mehr wehren, er gehört mir. Doch nun pfeift ihn der Trainer zurück, braucht ihn für irgendwas total Überflüssiges und schickt einen anderen, pickelgesichtigen Fußballmacho. Tatsächlich grinst der mich an und ihm fehlt der rechte Vorderzahn. So findet der nie eine Freundin.

»Das ist auch nicht die richtige Lösung«, maule ich. »Bubi schaut nicht!« Wir müssen uns was anderes überlegen. Aber was? Tim ist irgendwie die ganze Zeit nervös, weil er Fußball nicht leiden kann und das schwer aushält. Aber er tut es. Für mich! »Das vergesse ich dir nie, dass du mitgekommen bist!«, sage ich ihm leise.

Als die Cheerleader im nächsten Moment zum Training einlaufen, wird er noch hibbeliger, wahrscheinlich kann er die noch weniger leiden als Fußball. Sie winken den Spielern zu und die winken zurück oder pfeifen auf zwei Fingern oder durch die Zähne, auch Bubi. Voll Macho, echt.

»Da muss er mitmachen, sonst denken die anderen wer weiß was von ihm«, erkläre ich Tim. »Eigentlich ist das nicht seine Art.«

Die kurzen Röckchen, die langen Beinchen, die glitzernden Puschelchen, grässlich! Die Cheerleader fangen auf Kommando an, alle gleichzeitig, ebenjene Beinchen in die Luft zu schleudern, die Puschelchen zu schwenken und in den Spagat zu springen. Lauter solche Sachen. Es ist albern und ich könnte wetten, dass die das auch Tanz nennen, so wie wir unser Ballett. Dabei ist es nichts weiter als ein elendes Gehopse.

Plötzlich macht eine irgendwie einen Fehler, man kann das nicht erkennen, weil das Ganze eigentlich ein einziger Fehler ist. Auf jeden Fall ärgert sie sich ziemlich und feuert ihre Puschel auf den Platz, voll theatralisch. Aber es hilft. Sofort geht Bubi, mein Bubi, zu ihr hin und tätschelt ihr tröstend die Schulter. Schaut sie an! Strahlt sie an! Sie hat er bemerkt, sie schon, mich nicht! Weil sie quasi neben ihm steht, weil sie ein kurzes Röckchen anhat und sich voll in den Mittelpunkt gespielt hat.

»Ich muss Cheerleader werden!«, will ich gerade verkünden, denn natürlich ist das *die* Möglichkeit. Aber Tim sitzt nicht mehr neben mir, sondern drückt sich hinter einer Säule rum. »Was hast du denn, Tim?«, erkundige ich mich besorgt.

Tim behauptet, er muss sich den Schuh zubinden. Hä? Warum macht er das nicht hier bei mir im Sitzen?

»Kannst du das nur hinter Säulen?«, frage ich und da fällt mir auch wieder ein, dass er bei unserem ersten Treffen zwanzig Minuten auf dem Kopf gestanden hat. Vielleicht ist er ein bisschen verrückt? Oder erkennt man einen Schwulen daran, dass er sich seine Schuhe hinter Säulen bindet und länger als alle anderen auf dem Kopf stehen kann?

Plötzlich taucht dieses theatralische Cheerleadermädel, das Bubi berührt hat, hinter Tim auf und will wissen, was er im Stadion macht. Er kennt sie, das ist klar, und er hat nicht gewollt, dass sie ihn sieht. Deswegen das Schuhebinden hinter der Säule. Es ist ihm peinlich, dass er in einem Fußballstadion erwischt wird, ausgerechnet er, und ich bin schuld, dass ihm genau das jetzt passiert. Also mische ich mich ein und erkläre dem Mädchen, dass alles meine Idee gewesen ist.

Sie ist abweisend und kühl und mustert mich von oben bis unten, als wäre ich eine Konkurrentin, obwohl ich mein schönstes Lächeln aufsetze. Schließlich passt mir das, im Gegensatz zu Tim, sehr gut in den Kram, dass sie gekommen ist. Ich will ja Mitglied werden in dem Zickenverein. Sie beachtet mich nicht weiter, wendet sich wieder Tim zu und will irgendwie unfreundlich sein. Aber nun wird sie von ihren Zickenkolleginnen zurück auf den Platz gepfiffen und muss ihre miese Laune leider weiterhin an den Puscheln auslassen. Ich weiß ja nicht, wie dieses Mädchen zu Tim steht. Vielleicht ist sie seine Schwester? Oder eine aus seiner Klasse? Oder sie ist in ihn verliebt. So kommt sie mir zumindest vor. Jedenfalls ist es nicht an mir, sie darüber aufzuklären, dass Tim schwul und sie deswegen umsonst in ihn verliebt ist. Das Einzige, was ich will, ist, wie sie da unten neben Bubi zu stehen und von ihm getröstet zu werden.

Tim zumindest hat die Faxen dicke und wir verlassen das Stadion. Ich will natürlich sofort wissen, wer das war.

»Nur jemand, den ich zufällig kenne«, sagt Tim und ist irgendwie schlecht drauf. Ich weiß nicht, warum, aber Tim wollte diese Tussi auf keinen Fall treffen.

»Das ist meine Chance. Ich muss bei den Cheerleadern mitmachen. Meinst du, du kannst da über die was regeln?« Ich bin aufgeregt, weil das eine sehr gute Idee ist, und deswegen kann ich jetzt auf Tims schlechte Laune keine Rücksicht nehmen.

»Bitte!«

Tims Stimmung verbessert sich mit meiner Frage nicht im Geringsten, eher im Gegenteil, würde ich sagen. Aber er versteht, was ich vorhabe. »Ich werde es versuchen, o.k.?«, seufzt er.

Tim tut wirklich alles für mich und ich bin ihm unendlich dankbar. Wie wunderbar, dass ich ihn kennen gelernt habe, wirklich, nicht nur weil er mir immer hilft. Ich meine, nicht jeder hat das Glück, seine Zwillingsseele zu treffen – und dann auch noch genau im richtigen Moment. Tim ist ein wahrer Freund. So wie Alina es war. Sie ist es nicht mehr. Sie kann es nicht mehr sein, weil sie nicht weiß, was mich Tag und Nacht und jede Sekunde

meines momentanen Lebens beschäftigt – weil sie es nicht wissen *darf*. Falls ich tatsächlich Cheerleader werde und Alina es erfährt, ist der Vogel eh abgeschossen.
Aber ich muss es riskieren. Das ist meine Chance. Wenn Tim es hinkriegt.
Tim hat es hingekriegt und schon am nächsten Tag muss ich zum Training erscheinen.
»Hey, aber erzähl Tine bloß nicht, dass ich zum Ballett gehe, o. k.?«
Ich verspreche es, obwohl ich normalerweise hundertprozentig nachgefragt hätte: »Warum soll ich das nicht erzählen? Schämst du dich dafür?« Und dann der große Vortrag, warum man sich vor nichts und niemandem dafür schämen muss, ein Tänzer zu sein. Aber heute nicht. Tim muss es selber wissen. Ich mache ihm keine Vorwürfe, jetzt, wo er sich so für mich ins Zeug gelegt hat.
Also, auf zum Zickenvereinsgehopsetraining!
»Ich weiß ja nicht, ob du das noch schaffst. Wir trainieren für das große Spiel, da geht es für die Weißen ums Halbfinale«, erklärt die theatralische Tine mir kühl, als sie mir Röckchen und Puschel überreicht. »Aber wir werden ja sehen. Tim sagt, du wärst sehr begabt!« Dabei überschlägt sich fast ihre Stimme und ich habe zum ersten Mal seit meiner ganz frühen Kindheit wieder Lust, jemandem die Zunge rauszustrecken.
Was weißt du denn, Mädel? Natürlich schaffe ich das. Da geht es gar nicht ums Schaffen, das ist baby, wie Tim sagen würde. Einfacher geht's nicht für eine Tänzerin, eine echte Tänzerin.
»Wir sind Tänzerinnen, verstehst du«, erklärt Tine mir weiter. »Das ist harte Arbeit!«
Ach was! Ich laufe also mit diesen Cheerzicken raus ins Stadion und mache mit, einfach so, und es ist wirklich leicht. Man muss sich nur die Reihenfolge merken, wann welches Bein nach oben, wann drehen, marschieren, puscheln. Und dabei immer lächeln, bitte sehr. Es fuchst Tine natürlich erst recht, dass ich das alles einfach kann, sogar den Spagat. Es ist wohl ihre große Hoffnung gewesen, dass ich mich da blamiere. Aber Spagat, meine

Güte, den kann ich schon immer. Für eine Ballerina die einfachste Übung!
Zweimal habe ich noch Training mit denen und beide Male sind die Fußballer nicht da. O.k., das ist schon eine Enttäuschung, aber ich habe ja den Auftritt vor mir, beim großen Spiel. Da wird Bubi mich sehen, bemerken und sich in mich verlieben. Darauf zähle ich, das ist meine ganze Hoffnung.

Am Abend vor dem großen Tag steht plötzlich Alina in meinem Zimmer. Im letzten Moment schaffe ich es, die Puschel, mit denen ich noch ein bisschen herumgewedelt habe, unters Bett zu schieben. Mit den Füßen. Hektisch. Deswegen rutsche ich leider aus und knalle der Länge nach hin. Damit Alina nicht merkt, dass mir das voll peinlich ist, bleibe ich liegen, stütze lässig meinen Kopf auf und tue so, als würde ich schon ewig und drei Tage etwas verwurschtelt vor dem Bett herumlungern.
»Hey, was machst du denn hier?«
Waren wir irgendwie verabredet? Ich glaube nicht! Ich hatte es in den letzten Tagen eher vermieden, Alina zu nahe zu kommen, weil ich ihr nicht erklären konnte, warum ich jetzt gar keine Zeit mehr für sie hatte. Alina setzt sich auf mein Bett und schaut mich an. »Ich muss mit dir reden!«, sagt sie ernst.
Mir wird ganz flau im Magen, weil ich natürlich weiß, um was es gehen wird. Setze ich mich doch auch mal lieber hin.
»Ich dachte immer, wir wären Freundinnen«, fängt Alina an.
Ich sitze nur stocksteif da und starre auf meine Socken. Die eine hat ein Loch. Peinlich. Ich knibble die Stelle mit dem Loch mit den Zehen zwischen die Zehen.
»Zumindest hatten wir das mal so besprochen.«
Ich nicke blöd.
»Du verhältst dich aber nicht so. Im Gegenteil. Du gehst mir aus dem Weg, treibst dich nur noch mit diesem Tim herum und in den letzten Tagen hast du mich behandelt, als wäre ich Luft.«
Ich sage nichts. Starre auf den Boden wie Bubi, wenn er zum Training geht. Bubi, wegen dir mach ich das alles. Wenn wir mal ver-

heiratet sind, musst du mir mindestens ein Diamantkollier kaufen.
»Ruby, was ist los? Was ist passiert? Warum ist von einem Tag auf den anderen alles anders? Ich möchte wenigstens wissen, warum!«
Genau das ist das Einzige, was sie nicht wissen darf. Ich überlege fieberhaft. Ich will ihr nicht wehtun und ich will sie nicht verlieren, aber es sieht alles danach aus, als müsste ich mich entscheiden.
»Ruby?« Alina hat die Augenbrauen hochgezogen.
»Ich brauche einfach mal ein bisschen Zeit für mich. Das muss doch möglich sein in einer Freundschaft«, quetsche ich irgendwie aus mir raus.
Alina steht auf, fischt ihren Rubali aus dem Rucksack und den *Steppenwolf* von Hesse und knallt beides auf meinen Schreibtisch. »O.k.!« Sie geht Richtung Tür.
Ich drehe mich nicht um. Es tut weh.
»Dann viel Spaß mit dir«, wünscht mir Alina noch in den Rücken. »Aber bau nicht darauf, dass ich noch da bin, wenn du mal wieder Zeit mit einer Freundin brauchst.«
Ich warte darauf, dass die Tür knallt, aber Alina lässt sie einfach offen stehen. Das ist das Ende zwischen Alina und Ruby, am Abend vor dem großen Tag.

## Der große Tag

Ich bin so aufgeregt, so fürchterlich aufgeregt. Jetzt muss ich nur noch die Ballettstunde hinter mich kriegen, dann ist es endlich so weit. Bubi, ich komme! Ob er irgendwas spürt? Das gibt es doch, dass man ein gutes oder ein schlechtes Gefühl hat und gar nicht genau weiß, warum, erst hinterher. Bubi denkt vielleicht, er hat ein gutes Gefühl, weil sie gewinnen werden. Falsch gedacht. Er hat ein gutes Gefühl, weil er mich treffen wird. Das versuche ich mir jedenfalls einzureden, während ich an der Stange nur Murks mache und Frau Tiebel mindestens fünfmal den Kopf über mich schüttelt und ihr Klavierspiel unterbricht.

»Ruby, was ist denn bloß los mit dir, mein Kind?«, fragt sie mich, nachdem ich mein Bein aus Versehen viel zu schnell in die Luft geschleudert habe, weil ich in Gedanken kurz mal Cheerleader war.

»Tut mir Leid«, entschuldige ich mich leise und ärgere mich darüber, wie ich dieses alberne Gehopse auch nur eine Sekunde mit Ballett verwechseln konnte. Dieser Bubi raubt mir echt das letzte Stück Vernunft, das sich noch irgendwo in mir drin versteckt hält. Tim zwinkert mir zu und grinst ein bisschen. Lieber Tim! Ich grinse zurück und versuche mich zusammenzureißen.

»So, jetzt zu Paaren zusammentun, Pas de deux«, ordnet Frau Tiebel an.

Den tanze ich immer mit Alina. Bis jetzt. Alina tanzt den Pas de deux ab heute mit Kurzhaarcorinna. Ich versuche so zu tun, als würde mir das überhaupt nichts ausmachen, und schnappe mir Tim, der noch nie einen Pas de deux getanzt hat und deswegen keine Ahnung hat, was zu tun ist. Ich muss zugeben, wir haben die Nachhilfe auch sehr vernachlässigt und uns hauptsächlich um die Sache mit Bubi und mir gekümmert.

»Wenn alles vorbei ist, dann üben wir wieder, o.k.?«, flüstere ich Tim zu, während er eifrig versucht mir alles nachzumachen. Wenn alles vorbei ist! Was meine ich damit? Wenn Bubi und ich zusammen sind? Oder wenn der Auftritt vorbei ist? Oder wenn

Bubi und ich dann nicht mehr zusammen sind? Nicht auszudenken! »Ich meine, ab morgen«, verbessere ich mich.
Tim schaut mich mit einem großen Fragezeichen im Gesicht an, weil es wohl nicht ganz nachvollziehbar ist, was ich da so vor mich hin flüstere. Tut mir Leid, uuuuh, ich werde noch wahnsinnig!
Endlich ist die Stunde vorbei und ich rase in die Umkleide. Ich muss mich furchtbar beeilen, weil Ballett bis drei geht und das Spiel um halb vier anfängt. Da ist nicht viel Zeit zum Luftholen dazwischen, wirklich nicht. Schuhe, Body, Strumpfhose aus, Haare hoch, Jeans an, wo ist denn die zweite Socke? Die mit dem Loch, haha! Die anderen ziehen sich in aller Ruhe um und quatschen über alles Mögliche und ich bin froh, dass ich nicht in so einer normalen Situation bin, ehrlich. Mein Tag ist etwas ganz Besonderes, so als wäre nur für mich Weihnachten. Wo ist die Socke? Ich kann doch nicht nur mit einer Socke gehen!
»Beeil dich, Ruby!« Tim ist schon fertig und wartet draußen vor der Tür.
»Hab's gleich«, rufe ich ihm zu und da kippt meine Tasche um, weil dahinter die Socke liegt, und alles ergießt sich auf den Boden, meine Ballettsachen, das ganze Schulzeug und die Puschel. Scheißpuschel.
»Guckt mal, da! Ruby ist Cheerleader geworden!«, kreischt Corinna, die blöde Kuh, und alle gackern und machen sich über mich lustig.
Das wäre mir ja egal, aber Alina, Alina starrt auf die Puschel und ist fassungslos.
»Was gibt's da zu gucken?«, fauche ich sie an, weil ich weiß, was sie denkt, und keine Zeit habe, ihr jetzt irgendwas zu erklären. Und außerdem ist das meine Sache, verdammt! Eilig stopfe ich alles zurück in die Tasche, ziehe meinen Schuh jetzt doch ohne Socke an und verschwinde mit Tim im Laufschritt Richtung Stadion.
Natürlich bin ich innerlich vollkommen aus dem Häuschen wegen Alina und ich muss mich irgendwie beruhigen. Ich darf

nicht daran denken, dass ich jetzt endgültig unten durch bin bei ihr. Ich will nicht, dass sie glaubt, dass ich begeisterter Cheerleader geworden bin. Sie kennt ja den Grund nicht, sie weiß ja nicht, um was es hier geht. Ich muss kurz stehen bleiben und Luft holen. Ruhig, Ruby, beruhige dich!

Tim ist ganz still, zum Glück. Er fragt nicht und sagt nichts und bleibt nur bei mir – und das ist gut. Als wir vor dem Stadion ankommen, schaut er mir tief in die Augen. »Viel Glück, Ruby, ich denke ganz fest an dich!«

Danke, Tim, danke. Ich rase weiter in die Katakomben des Stadions, wo die Umkleiden sind. Wieder alles ausziehen, das Röckchen an, Haare zum Zopf, oh nein, diese Haare!

»Spinnst du? Wir haben schon gedacht, du kommst nicht mehr!« Tine steht vor mir und ihr kleiner, dünner Blondzopf wippt wütend hin und her.

»Reg dich ab, ich bin ja da!«, keuche ich vollkommen außer Atem.

Tine zeigt auf die Uhr an der Wand. »Es kann jeden Moment losgehen, beeil dich, Mann!«

Ja, es kann jeden Moment losgehen. Fast hätten mir die Hektik und die Sache mit Alina die Aufregung genommen. Aber jetzt ist es wieder da, das Kribbeln im Bauch und überall. Jetzt fällt mir wieder ein, dass ich ganz nah bei Bubi bin, jetzt schon, und gleich noch viel näher. Ich zwänge meine Füße in die klobigen Turnschuhe, die Cheerleader tragen müssen, und zerre die Scheißpuschel aus meiner Tasche. Da ertönt die Musik, unsere Erkennungsmusik, und ich höre Millionen von Menschen jubeln. Jubeln, weil jetzt die Cheerleader kommen. Die anderen haben sich schon in einer Reihe aufgestellt, Tine ganz vorne, und jetzt geht es los, obwohl ich meine Puschel noch nicht richtig in den Händen habe. Und überhaupt, meine Haare, oh Gott, was wird Bubi von mir denken?

»Ruby!«, schreit Tine und dann marschieren sie los ins Stadion und ich, etwas versetzt mit meinen wirren Puscheln hinterher, versuche irgendwie in den Schritt zu kommen.

Das Stadion tobt! Ich schaffe den Anschluss, puschle jetzt im Gleichschritt hinter den anderen her. Gerade noch rechtzeitig fällt mir ein, dass ich lächeln muss, immer lächeln. Es ist überwältigend. Diese vielen Menschen, die alle nur auf uns gucken und wegen uns jubeln. Ich denke kurz, dass das ja wohl kein Vergleich ist zu den paar Leuten, die Alina bei unserer Aufführung beklatschen werden. Aber das verwerfe ich gleich wieder, weil das nur boshaft gedacht war, boshaft Alina gegenüber. In Wirklichkeit weiß ich, dass ihr Tanz viel mehr wert ist als das Gehopse hier, selbst wenn nur einer zuschaut.
Da ist Bubi! Die Mannschaft macht sich vor dem Tor warm. Er ist sehr weit weg, aber im Laufe unserer Aufführung werden wir den ganzen Rasen abhopsen, das weiß ich. Also werde ich ihm näher kommen, und das ist meine Chance. Alles klappt bestens, reine Routine. Wir schleudern unsere Beinchen und puscheln und strahlen wie die Honigkuchenpferde und das Publikum tobt. Wir sehen alle gleich aus. Wir machen alle das Gleiche. Wie also soll Bubi mich, ausgerechnet mich, in dem Zickenhaufen bemerken? Wie soll er erkennen, dass ausgerechnet ich keine Zicke bin, sondern seine Ruby?
Jetzt kommt die Stelle, an der wir uns in einer Reihe vor den Zuschauern aufstellen und dann auf Kommando in den Spagat springen.
»Und Sprung!«, schreit Tine und ich lande im Spagat; strecke die Arme elegant in die Luft und schaue direkt in Alinas Augen. Da steht sie, meine Ex-allerbeste-Freundin, mitten im verhassten Fußballstadion und schaut mich an. Sie ist blass, ich glaube, es tut ihr richtig weh und mir auch.
»Und auf!«, befiehlt Tine.
Ich schaffe es tatsächlich, mich aus dem Spagat zu rappeln, ohne meinen Blick von Alina wenden zu können. Warum ist sie hierher gekommen? Musste sie sich mit eigenen Augen von meiner Schmach überzeugen?
»Dreht um!«, schreit Tine und Alina dreht sich um und geht weg.

Ich reiße mich von ihr los, drehe mich nach rechts und marschiere davon, so wie wir es einstudiert haben, Richtung Bubi. Ich bin die Erste in der Reihe, ich bin die Erste, die Bubi auf sich zukommen sieht. Und natürlich, das ist es, warum ich ihm am meisten auffallen werde. Ich denke nicht mehr an Alina, sie wollte es ja nicht anders. Nur schade, dass sie jetzt nicht mehr sehen kann, wie Bubi mich gleich in seine Arme schließt.
»Traumfrau, endlich! Ich habe so lange auf dich gewartet. Aber ich wusste, eines Tages würdest du kommen!«
Tatsächlich scheinen die Fußballer auf uns aufmerksam zu werden. Zumindest hören sie alle auf zu trainieren und zeigen auf uns, wie wir auf sie zumarschieren. Sie grinsen und pfeifen auf den Fingern und ich gehe weiter, weil ich keinen Befehl von Tine höre, direkt auf Bubi zu. Der hat die Arme verschränkt, grinst mich an und ich strahle zurück.
Das Publikum gerät vollkommen aus dem Häuschen, als wüsste es schon, dass Bubi und ich uns lieben.
Es pfeift und klatscht und tobt und Bubi wirft mir eine Kusshand zu.
»Na, Süße, willste zu mir?«, sagt er oder zumindest so was in der Art. Genau verstehe ich ihn nicht, so laut ist es im Stadion geworden.
Plötzlich kommt mir das alles komisch vor.
»Nie umdrehen, niemals!«, hatte Tine mir eingebläut. Trotzdem. Ich bleibe stehen. Irgendwas ist faul. Ich drehe mich um. Meine Cheerleadertruppe ist am anderen Ende vom Stadion und hampelt da weiter, als würde es mich nicht geben. Als wäre nichts passiert. Als wäre ich nicht vor den Augen von Millionen von Menschen und vor allem vor Bubi in die falsche Richtung gehopst.
Es dauert nur ein paar Sekunden, bis ich begriffen habe, dass ich mich komplett blamiert habe. Ein paar Sekunden wie eine Ewigkeit. Eine Ewigkeit, in der ich zu meiner Truppe schaue, dann wieder zu Bubi, der mich hämisch angrinst, zu den anderen Fußballern, die sich alle totlachen. Eine Ewigkeit des Schreckens. Des Grauens. Des Untergangs.

Und nun fängt Bubi auch noch an diese albernen Cheerleader-hampeleien nachzuäffen. Er wirft die Beine hoch und wedelt mit den Händen in der Luft herum. »Komm, ich zeig dir, wo's langgeht!«
Unter dem Gegröle und schallenden Gelächter des Publikums marschiert er an mir vorbei Richtung Tine. Das kann doch nicht wahr sein, aber immerhin reißt mich das aus meiner Erstarrung. Ich schmeiße alles hin und renne, so schnell ich kann, in die Katakomben. Weg, bloß weg von hier! Die johlenden Zuschauer höre ich nur noch ganz dumpf, wie ein Tonband, das zu langsam abgespielt wird. Ich habe Angst, auch noch ohnmächtig zu werden, es nicht zu schaffen. Aber es geht, ich tauche ein in die Dunkelheit, in die Stille und Kälte des Untergrunds.

## Hallo, Sonne!

Der Rollladen ist unten. Ganz zu, kein klitzekleiner Spalt lässt auch nur einen Hauch von Licht herein. Ich habe die Dunkelheit der Katakomben mitgenommen in mein Zimmer und in mir drin ist es eh pechschwarz.

Das war er also gewesen, der große Tag, von dem ich mir so viel erhofft hatte, zumindest einen freundlichen Blick von Bubi, aber eigentlich schon, dass er sich in mich verliebt. Wenn ich gewusst hätte! Aber man weiß ja nie. Wenn ich gewusst hätte, dass mir das passieren würde, dass ich an meinem großen Tag im Stadion vor unendlich vielen Zuschauern und auch noch vor Bubi in die falsche Richtung laufen würde, dann wäre ich doch nicht hingegangen. Oder ich wäre nicht in die falsche Richtung gelaufen. Es gibt keinen Grund und keine Rechtfertigung dafür, so einen Fehler zu machen. O.k., Alina stand da, aber die kann und will ich nicht vorschieben. Sie hat ja nichts gemacht, nur geguckt, da bin ich schon selber schuld, wenn ich mich gleich so aus der Bahn werfen lasse.

Vor meiner Zimmertür diskutieren Ronny und Line miteinander. Über mich natürlich, weil ich abgesperrt habe, weil ich nun mal keinen sehen will, nie wieder, und ich will auch nicht, dass mich jemand sieht, mich haben schon genug Menschen gesehen heute. Lustig.

»Ruby Tuesday, hier spricht dein Vater!« Ronny.

»Mach die Tür auf, Kleine, lass uns reden, bitte!«

Auf keinen Fall. Niemals. Kann mich auch gar nicht bewegen, auch nicht meinen Mund zum Sprechen.

»Stell dir vor, die Weißen haben gewonnen. Sie sind im Halbfinale!«, erzählt Ronny.

»Das interessiert sie doch jetzt nicht«, schimpft Line und ihre Stimme ist ein bisschen höher, wie immer, wenn sie sich aufregt.

»Ruby, was ist denn passiert?«

Was passiert ist? Eure tolle Tochter hat sich bis auf die Knochen blamiert. Es war so schrecklich. Ich war vollkommen aufgelöst, als ich endlich unten in der Umkleide ankam. Was sollte ich jetzt tun, wo sollte ich hin, warum tat sich der Boden nicht auf, damit ich darin versinken konnte? Ich musste weg hier, bevor Tine und die anderen herunterkamen. Entweder sie würden sich über mich lustig machen oder Vorwürfe, Vorwürfe, Vorwürfe. Und Tines säuerliches, aber schadenfrohes Lächeln dazu. »Von wegen total einfach, du Flasche. Das hast du jetzt von deiner Arroganz und uns hast du den kompletten Auftritt versaut. Die versammelte Fußballwelt lacht über uns! Das kommt davon, wenn man so eine eingebildete Gans ist!«, würde sie sagen.

**Eingebildete Gans ermordet schnippische Ziege in Umkleide!**

Das sollte vermieden werden. Überhaupt, ich wollte Tine nie wieder hören oder sehen. Ich ließ alles stehen und liegen, packte nur meine Tasche und rannte davon, rannte aus dem Stadion, die Straßen entlang und blieb nicht stehen, bis ich bei uns zu Hause war. Rannte vorbei an Line, die gerade dabei war, in der Küche Folie auszulegen. »Ruby, hallo! Du, ich nehme das Türkis ...« Ich rannte einfach vorbei und Line ließ sofort das Klebeband fallen und lief mir hinterher. »Ruby, was ist denn?«
Ich rannte weiter durchs Wohnzimmer, vorbei an Ronny, der wie gebannt das Fußballspiel im Fernsehen verfolgte. Es kam mir vor, als würde das ganze Stadion immer noch lachen. Tine und die anderen waren jetzt sicher unten in der Umkleide und zerrissen sich die Mäuler über mich, über Versager-Ruby.
Ich knallte die Tür von meinem Zimmer zu und drehte den Schlüssel um.
»Ruby! Was soll das?« Line rüttelte an der Tür.
Die Sonne strahlte herein, weil es ein großer Tag werden sollte, und an großen Tagen scheint die Sonne. Von wegen. Raus mit dir! Dann habe ich die Autogrammkarte zerrissen, in lauter winzig kleine Fitzelchen, Bubis Gesicht in Einzelteile. Leb wohl, Bubi! Die Sache war gelaufen und ich war schuld daran. Was will ein Star von einer verwirrten Tussi, die in die falsche Richtung läuft und sich nicht mal eine einfache Cheerleader-Choreografie

merken kann? Der hält mich doch für die Oberdumpfbacke, für die Chefin aller Dumpfbacken, und das hat er mir ja auch deutlich gezeigt. Obwohl das auch echt das Letzte war von ihm. Was für ein Stoffel. Trampel. Obertrampel. Leb wohl, Liebe!
Jetzt klopft es leise an die Tür: »Ruby, ich bin's, Tim!«
Tim ist da. Er ist bestimmt gekommen, weil er wissen will, wie es gelaufen ist. Von Line und Ronny hat er nun wahrscheinlich schon mitgekriegt, dass irgendwas nicht o.k. ist.
Ich drehe den Schlüssel um und lasse mich wieder aufs Bett fallen.
Tim kommt herein.
»Bubi ist so ein Arschloch, Tim. Das kannst du dir gar nicht vorstellen. Kein bisschen Gefühl, null, nichts!«, schreie ich ihm entgegen.
Tim nimmt mich in den Arm, sagt nicht viel und trotzdem oder gerade deswegen muss ich sofort anfangen zu heulen. Ich heule Rotz und Wasser an Tims Schulter, heule alles raus, mein ganzes Elend, und es wird mir ein bisschen besser.
»Wollen wir Popcorn à la Tim machen?«, frage ich Tim, als ich mich wieder im Griff habe. Der ist natürlich sofort einverstanden. Ich glaube, er würde jetzt alles machen, was ich sage. Ich weiß nicht, warum mir das Popcorn eingefallen ist. Vielleicht weil es so gut war, das letzte Mal, weil ich irgendwas Schönes machen will und weil es zu uns gehört, zu Tim und mir.
Line und Ronny sind verschwunden. Ich habe keine Ahnung, wie Tim das wieder hingekriegt hat. In der Küche ist alles mit Folie abgeklebt, wir machen den Herd frei und zum Glück sind noch Maiskörner übrig. Ich setze mich auf die Anrichte, schaue Tim zu und erzähle ihm, was passiert ist. Ich habe das Gefühl, Tim findet das alles gar nicht so schlimm, meinen Patzer und so.
Wir setzen uns auf die Reifenstapel, alles wie letztes Mal, und langsam wird mir besser. Hallo, Sonne! Das Popcorn ist warm und süß, diesmal mit Zucker, und es ist mir im Moment vollkommen egal, ob ich dick und fett werde. Tim hat es geschafft, zumindest hat er mich aus dem tiefen Loch rausgezogen.

Als ich ihm erzähle, was Bubi gemacht hat, da regt er sich fürchterlich auf. Und er hat ja auch Recht. Was ist das denn für eine Art, da noch in der Wunde herumzustochern, nur damit die Leute einen total lustig finden. Die Gnadenlosen. Das war nicht gerade sehr sensibel von Bubi, das war Machoart, eindeutig. Tumbe Fußballermachoart.
Tim ist wundervoll und während wir das Popcorn essen, schaue ich ihn von der Seite an. Er sieht süß aus, wirklich, ich kann Larry verstehen. Mit Tim hat er das Beste bekommen, was es gibt. Einen, der alles versteht, einen, der trösten und beruhigen, und einen, mit dem man Spaß haben kann. Meine Zwillingsseele. Gerade will ich ihm sagen, wie sehr ich ihn mag und dass es doch eigentlich schade ist, dass er schwul ist – ich denke, ich kann jetzt mit ihm darüber sprechen. »Ich bin so froh, dass ich dich habe!«, sage ich. Da verschluckt er sich und hustet um sein Leben. Ich klopfe ihm auf den Rücken, versuche ihm zu helfen und sehe auf einmal ... Bubi. Bubi, wie er zum zweiten Mal den Hof der *Autowerkstatt Ronsdorfer* betritt. Bubi, ausgerechnet. Ich möchte am liebsten im Reifenstapel versinken, einerseits. Andererseits würde ich noch lieber aus dem Stapel schießen wie ein jahrelang eingesperrter Schachtelteufel und ihm an die Gurgel gehen.

Fußballstar von Schachtelteufel erwürgt!

Seine Haare sind noch feucht vom Duschen nach dem Spiel und einen Moment lang denke ich, er kommt, um mir noch mal zu sagen, wie lustig mein Auftritt heute war. Aber er geht an uns vorbei und sucht Ronny wegen seinem Scheißkübel. Doch Ronny ist nicht da. Der ist bestimmt mit Line los, um den Sieg der Weißen in seiner Lieblingskneipe zu feiern, da, wo sie nur Stones spielen. Wahrscheinlich steht er schon auf einem Stuhl, faustet in die Luft und singt *I can't get no satisfaction!*, weil er jetzt überzeugt ist, dass die Weißen den Pokal holen werden. Und Line sitzt daneben und hofft, dass dieser Tim ihre Ruby beruhigen kann.
Als Bubi merkt, dass keiner in der Werkstatt ist, kommt er jetzt doch zu uns und ich hoffe inbrünstig, hoffe ganz fest, dass er mich nicht erkennt, bitte nicht.

»Hey, bist du nicht die Kleine aus dem Stadion?«
Danke.
Jetzt bin eigentlich ich dran. Jetzt muss ich ihm sagen, was ich von ihm halte, bevor er gleich noch mal die ganze lustige Geschichte erzählt. Jetzt muss er hören, was er für ein megaunsensibles Arschloch ist.
»Hör mal, es tut mir Leid, dass ich mich da so doof benommen habe, ehrlich. Das war total unsensibel.«
Was? Habe ich richtig gehört? Hat sich Bubi, der Held, soeben bei mir entschuldigt?
»Ich meine, das kann doch jedem mal passieren. Du bist ja auch neu bei denen, oder?«
Ich nicke und auf einmal spüre ich wieder Saft und Kraft in meinem Körper. Auf einmal bin ich nicht mehr die kleine dumme Ruby, die vor Scham versinkt, oder der stinkwütende Schachtelteufel, sondern das Mädchen, bei dem sich Bubi entschuldigt hat. Wahrscheinlich hat er sich die ganze Zeit schon Vorwürfe gemacht und ist heilfroh, dass er mir nun hier begegnet ist.
Ich klettere von dem Reifenstapel, stell uns vor, Tim und mich, und will ihm mit seinem Motorroller helfen.
Aber Bubi sagt: »Lass mal, dann komme ich eben ein andermal wieder.« Er lächelt sein Zauberlächeln. »Willst du nicht mal einen Kaffee mit mir trinken gehen?«
Wie? Kann das wahr sein? Bubi will sich mit mir treffen? In meinem Magen kribbelt es, als wäre ein Ameisenstaat aufgebrochen, um eine Parade darin abzuhalten.
Ich kann es einfach nicht fassen, alles ist vergessen und ich sage natürlich Ja. Ja, ja, ja! Ich begleite Bubi noch durch den Hof zur Straße, gehe einfach neben ihm her, als wären wir uralte Freunde.
»Wie wäre es übermorgen im Café *Freiheit*?« Er überlegt kurz. »Um drei?«
»O.k.«, sage ich und schlucke, weil ich auf einmal viel zu viel Spucke im Mund habe. Aufregungsspucke. »Gratuliere übrigens zum Halbfinale.« Jetzt bin ich plötzlich froh, dass Ronny mir das vorhin vor der Tür erzählt hat.

Bubi strahlt mich an und es sprudelt nur so aus ihm heraus, wie genial sie das gemacht haben und die Flanke und der Kopfball und der Strahl.
Ich höre ihm zu, bin überglücklich, dass er mir das erzählt, mir, Ruby, und nehme mir ganz fest vor alles über Fußball zu lernen, damit ich bei unserem Treffen mitreden kann.
»Also dann«, sagt Bubi und legt mir seine Hand auf die Schulter. »Mittwoch um drei in der *Freiheit*.«
Schon ist er weg. Ich stehe in der Toreinfahrt und schaue ihm nach und fühle seine Hand auf meiner Schulter, als hätte er sie da liegen lassen. Bis Mittwoch. Ich kann es noch immer nicht begreifen. Da habe ich gedacht, heute ist der große Tag, weil Bubi mich im Stadion sehen wird. Dann war es auf einmal der schlimmste Tag meines Lebens, nur um schließlich doch wieder zum allergrößten zu werden. Ich habe eine Verabredung mit Bubi! Ich laufe los, zurück in den Hof.
»Tim, Tim, hast du das gehört?«
Aber Tim ist nicht da. Einfach verschwunden.
Ich renne ins Haus, weil ich denke, vielleicht ist er nur aufs Klo.
»Tim? Tim!«
Ist er nicht. Tim ist gegangen. Warum? Wollte er nicht stören? Aber dann hätte er doch wenigstens Tschüss sagen können! Ich muss ihn anrufen und habe schon den Hörer in der Hand, da fällt mir ein, dass ich gar keine Nummer von ihm habe. Ich kenne weder Tims Telefonnummer noch weiß ich seinen Nachnamen. Das ist mir noch nie aufgefallen. Tim war einfach immer da, was anderes war nie wichtig. Spätestens morgen im Ballett werde ich ihn sehen und da muss er mir sofort seine Nummer geben. Vielleicht gehe ich auch mal mit zu ihm nach Hause. Ich weiß ja gar nicht, wie er wohnt oder wo und wie sein Zimmer aussieht. Morgen im Ballett kann ich ihm alles erzählen und dann wird er mir auch sagen, warum er einfach verschwunden ist. Er wird schon einen Grund gehabt haben.
Ich schwebe in mein Zimmer, fische all die kleinen Schnipsel von Bubis Autogrammkarte aus dem Papierkorb und versuche sie in

mühevoller Kleinarbeit wieder zusammenzukleben. Ich weiß nicht, wie lange – ich habe die Karte sehr gründlich zerrissen. Als ich fertig bin, sieht Bubi aus wie Narbenface. Man muss schon ein Auge zukneifen und mit dem anderen verschwommen gucken, um sich seine ganze Schönheit vorstellen zu können. Aber das macht nichts, ich sehe Bubi ja live, ich treffe ihn am Mittwoch um drei in der *Freiheit*.

Ronny und Line kommen vom Feiern zurück und Line stürzt gleich auf mich zu. Das geht jetzt wieder, die Zimmertür steht sperrangelweit offen.

»Mein Liebling, ist wieder alles in Ordnung mit dir? Ich hab mir solche Sorgen gemacht, aber Ronny meinte, Tim wird das Ding schon schaukeln ... !«

Ich strahle sie an und Line setzt sich erleichtert auf mein Bett.

»Was war denn bloß los?«

»Ist wieder gut, Line, ich habe kurz gedacht, die Welt wäre zusammengebrochen, aber war sie dann doch nicht. Jetzt ist sie wieder heil!«, sage ich und es ist wie mit Bubis Autogrammkarte, nur dass die Welt viel besser aussieht als vorher.

Ronny kommt mit einem Paket Schmalzbrote in mein Zimmer, die er mir aus der Kneipe mitgebracht hat. Aber die kann ich natürlich nicht essen, auf keinen Fall. Ich treffe mich übermorgen mit Bubi, bitte sehr. Und ich brauche von Line auch kein Räucherstäbchen mit Harmoniewirkung, bin total harmonisch.

## Freiheit

Ich stehe auf der anderen Straßenseite, hinter einem Häuserecke. Wie ein Detektiv, der was herausfinden will, nur ohne Hut und Zeitung mit Löchern drin. Eigentlich warte ich nur darauf, dass es Punkt drei wird. Ich bin 15 Minuten zu früh, will aber auf keinen Fall schon ins Café *Freiheit* einlaufen. Das sähe ja aus, als könnte ich es nicht erwarten – was allerdings die Wahrheit ist.
Seit vorgestern, dem größten aller Tage, kann ich es natürlich nicht erwarten. Ich bin aufgeregt, klar. Wer wäre das nicht? Schließlich treffe ich den, in den ich verliebt bin, und der ist auch noch ein Star und alle wollen ihn treffen. Alle wollen, ich tu's! Und das Tolle daran ist: Bubi hat *mich* gefragt! Nicht ich bin lechzend und halb ohnmächtig auf Knien hinter ihm hergekrochen und habe geröchelt: »Kaffee ... nur einen Kaffee!« Nein, es war seine Idee.
Und wenn er nicht kommt? Er wird schon, er hat es ja sogar zweimal gesagt, um drei in der *Freiheit*.
Und wenn es noch ein anderes Café *Freiheit* gibt? Ich starre rüber zum Café. Vorne auf der Straße sind Stühle aufgestellt und innen drin ist alles schwarz. Glänzendes Schwarz, unglaublich edel, mit dunkelroten Lederbänken und verschwommenem Licht, finsteres Licht, wenn es so was überhaupt gibt. In diesem Café verkehrt garantiert nicht nur Bubi, sondern die ganze Highsociety. Wahrscheinlich wird sich irgendwann Boris Becker zu uns setzen und Bubi fragen, woher er mich kennt, wo es so schöne Frauen gibt.
»Die laufen im Stadion in verkehrte Richtungen«, wird Bubi mit einem Zauberlächeln sagen.
Da versteht dann der Boris gar nichts mehr, »Hä?«, und muss sich mit zweitklassigen Frauen begnügen.
Ich wundere mich allerdings, dass keine Paparazzi hier herumlungern. Hab mir alles schon genau überlegt, was ich sage und so.
»Was erwarten Sie sich von diesem Treffen? Sind Sie ein Paar? Ist Liebe im Spiel? Werden Sie heiraten?«, würden die Typen mich fragen.

Ich würde meine Haare zurückwerfen, die jetzt noch lockig sind, und mich hinter meinem nicht vorhandenen Handtäschchen verstecken. »Kein Kommentar!«, würde ich hauchen und in dem Café verschwinden.
Exklusivinterview, mit Bubis neuer Flamme!
Die Schlagzeile von morgen ...
Auf jeden Fall ist es das richtige Café. Hier sind die Schönen und die Reichen und ich wundere mich gar nicht mehr, dass Ronny und Line es nicht gekannt haben. Da würden die nie hingehen. Ronny würde sofort einen Demonstrationsantrag einreichen und Line ein Transparent schreiben: *Alles Geld für alle!*
Sollte ich Tim jemals wieder finden, muss ich ihm das Café unbedingt zeigen, weil seine Lieblingsfarbe Schwarz ist. Aber Tim ist verschollen, weg, einfach verschwunden. Gestern habe ich vor *Tiebels Ballettschule* auf ihn gewartet und gewartet. Ich wollte ihm unbedingt noch alles erzählen, bevor wir reingehen, aber er kam nicht. Alina mit Kurzhaarcorinna, die schon, aber von Tim keine Spur. Alina tat, als wäre ich Luft. Allerdings könnte sie mich im Moment auch anspucken, sie würde mich nicht treffen, weil ich einen Meter über dem Boden schwebe vor lauter Glück in Aussicht.
»Weiß denn jemand, wo unser Baum steckt?«, fragte Frau Tiebel in die Runde und alle schauten mich an – außer Alina.
Ich zuckte mit den Schultern, keine Ahnung. Nach der Stunde ging ich zu ihr. »Könnten Sie mir Tims Telefonnummer geben?«, bat ich sie und sie holte ihr riesiges Adressbuch, in das alle ihre Schüler seit dreißig Jahren eingetragen werden.
»Ich habe es auch schon versucht und weißt du, was seine Mutter zu mir gesagt hat?«
Ich wusste es nicht und schaute gebannt auf ihre Finger, die sich wie Tänzerinnen bewegten, auch wenn sie eigentlich nur eine Seite umblättern sollten.
»›Da haben Sie sich sicher verwählt‹, hat sie gesagt. Ist das nicht komisch?«, erzählte Frau Tiebel und gab mir seine Nummer.
Ich nickte, klar war das komisch, und als ich zu Hause war, wollte ich Tim sofort anrufen. Ging aber nicht, Line telefonierte schon

wieder mit Indien. Ich glaube, ihre Freundin hat ein größeres Problem mit ihrem Karma, und ich hatte keine Chance. Also Telefonzelle.
»Steiger!«, meldete sich eine Frau und da wusste ich auf einmal, wie Tim mit Nachnamen hieß.
»Hier ist Ruby. Kann ich bitte mal den Tim sprechen?«
Eine kurze Pause und ich dachte schon, Tims Mutter hätte eingehängt, doch dann sagte sie: »Tut mir Leid, Ruby, aber Tim ist nicht da!« Es klang so, als würde es ihr wirklich Leid tun, fast wie ein Weltuntergang.
»Wann kommt er denn zurück?«, wollte ich wissen und Frau Steiger überlegte wieder. »Ach glaube ... länger nicht, äh, nicht vor heute Nacht.«
Irgendwas war da komisch, doch ich konnte ja nicht einfach behaupten, dass sie lügt. Also habe ich ihr meine Nummer gegeben und ihr gesagt, Tim soll mich sofort anrufen, wenn er nach Hause kommt, auch wenn es mitten in der Nacht ist.
»Dann weckt er doch deine Eltern!«, sagte Frau Steiger.
In diesem Fall konnte ich sie jedoch beruhigen.
»Shiva ruft auch jede zweite Nacht an wegen dem Karma. Es macht nichts, wenn's später wird! Richten Sie ihm das aus, ja? Bitte. Es ist dringend!«
Frau Steiger sagte, sie werde es versuchen, und das war's.
Ich bin mit einem sehr merkwürdigen Gefühl nach Hause gegangen. Keine Ahnung, was da bei Tim los war. Ich hoffte sehr, dass er bald anrufen würde, legte das Telefon in mein Zimmer und breitete alle meine Klamotten auf dem Boden und dem Bett aus, um mir einen Überblick zu verschaffen. Was sollte ich morgen anziehen? Rot? Die Farbe der Liebe? Aber das rote T-Shirt hatte diesen Farbfleck, der nie mehr rausging. Kann man sich ja vorstellen, woher der kam. Vielleicht stand mir Rot auch gar nicht? Tim, ruf an, ich brauche deinen Rat! Am besten steht mir Weiß, das ist klar. Aber Weiß, das sieht so fein aus. Zu fein wollte ich nicht sein, eher lässig. Das Telefon klingelte und noch nie war jemand so schnell dran wie ich.

»Tim?«
»Fundamt, guten Tag, spreche ich mit Ruby Ronsdorfer?«
»Ja.«
»Ihr Rucksack ist bei uns abgegeben worden. Sie können ihn bis 18 Uhr abholen!«
Da war ich platt. Mein Rucksack war wieder da! Mein Tagebuch! Wer hatte ihn denn nach so langer Zeit doch noch abgegeben? Was hatte der Rucksack wohl erlebt? Ich fuhr sofort los und gab Line das Telefon. »Wenn Tim anruft, soll er dir sagen, wo ich ihn erreichen kann, dringend, ja?«
Line wischte sich das Türkis, mit dem sie die Küche strich, an der Hose ab und nickte.
Mein Rucksack! Ein Mann hatte ihn abgegeben, mehr konnte die Funddame mir auch nicht sagen. Ich setzte mich vors Amt auf die Treppe und schaute nach, ob noch alles da war. Der Rubali, das Hesse-Buch – Dinge aus einer anderen Zeit. Mein Tagebuch, ordentlich verschlossen. Nur die kaputte Strumpfhose fehlte, aber die brauchte ich eh nicht mehr.
Ich stellte meinen Rubali neben Alinas auf meinen Schreibtisch, zwei kleine hässliche Stofftiere, die einmal so viel bedeutet hatten.
Tim fiel mir wieder ein. Hatte er angerufen? Nein. Niemand. Und er hat sich bis jetzt nicht gemeldet. Es war nicht so schlimm, dass ich mir selber überlegen musste, was ich anziehen sollte. Darum ging es nicht. Ich wollte nur wissen, was passiert war. Jemand kann doch nicht einfach verschwinden und sich nie wieder melden, ganz ohne Grund. Ich dachte sogar darüber nach, ob ich was falsch gemacht hatte, aber mir fiel nichts ein. So bin ich eben alleine zum Café *Freiheit*, ohne dass es jemand weiß, nur ich und Bubi.
Es ist drei und ich bin ziemlich sicher, dass Bubi nicht ins Café gegangen ist. Also kommt er vielleicht doch nicht? Oder sitzt er schon länger da drinnen, weil er es genauso wenig erwarten kann? Ich schaue in die Fensterscheibe hinter mir, um zu kontrollieren, ob meine schrecklichen Haare noch einigermaßen zu-

sammenhalten. Aber da haben sich natürlich schon wieder tausende von Locken einfach selbstständig gemacht und ich muss das noch schnell richten. Dabei gehe ich im Kopf noch mal die ganzen Fußballbegriffe durch, die Ronny mir erklärt hat. Flanke: Schuss von außen in die Mitte. Pass: Kann auch von der Mitte nach außen sein. Abseits: ...
Plötzlich schaut mich von der anderen Seite des Fensters das Gesicht einer alten Frau an. Sie wohnt hinter der Scheibe, lächelt mich an und macht das Fenster auf. »Hast du schöne Haare!«
Das finden immer alle – außer mir.
»Geht es einigermaßen?«, frage ich sie. »Ich hab nämlich ein Rendezvous!«
Die alte Frau hebt den Daumen und wünscht mir Glück.
Ich gehe los und werde fast überfahren, weil ich nur an Bubi denke und nicht an Autos, die von irgendwo herkommen könnten. Passt doch selber auf!
Der dicke Stoffvorhang, der in einem Halbkreis um die Eingangstür hängt, ist so schwer, dass ich all meine Kraft zusammennehmen muss, um ihn überhaupt auseinander zu kriegen. Ich frage mich, wie die Promimädels das schaffen mit ihren dünnen Ärmchen und den Stöckelschuhen. Kurz kommt mir der Verdacht, dass denen der Vorhang aufgehalten wird, mir aber nicht. Macht nichts. Kommt alles noch. Die ganze Welt wird sich noch darum reißen, mir Vorhänge aller Art aufhalten zu dürfen.
Man hat das Gefühl, eine Bühne zu betreten und Teil eines großen Schauspiels zu werden. Die Typen hinter der Bar sehen unglaublich cool aus, alle tragen Sonnenbrillen, die gegen alles Mögliche helfen, bloß nicht gegen Sonne, und lange Koteletten oder einen Zopf. Die Kellnerinnen sind unglaublich schön. Ich bin sicher, die müssen erst einen Schönheitswettbewerb gewinnen, bevor sie hier anfangen dürfen.
Ich komme mir jedenfalls vor wie eine kleine graue Maus, obwohl ich ein knallpinkes T-Shirt anhabe. Eine Maus, die aus ihrem Loch in die Sonne blinzelt und alles, was es auf der Erde gibt, noch nie gesehen hat.

Ich schaue mich vorsichtig nach Bubi um. Es gibt unendlich viele Tische und Nischen und es ist kalt hier. Aber das soll wohl so sein.

Eine der schönen Kellnerinnen kommt mit ihrem strahlendsten Lächeln auf mich zu und ich habe Lust, ihr zu sagen, dass sie Cheerleader werden sollte. »Suchst du jemanden?«

Ich winke ab und strahle zurück. »Danke, ich finde ihn schon selber!«

Sie mustert mich von oben bis unten. »Bubi sitzt da hinten in der Nische!«, sagt sie und grinst nur noch.

Ich werde rot, ganz toll. Eilig nicke ich ihr zu und gehe Richtung Nische. Sieht man mir das an, dass ich mich mit Bubi treffen will? Leise, kalte Klaviermusik begleitet mich und ich komme mir immer noch vor wie eine Schauspielermaus im falschen Film.

Vor allem als ich die Nische erreiche und Bubi sehe. Vor ihm auf dem Tisch steht ein Cocktail und auf seinem Schoß sitzt ein Mädchen und knutscht ihn ab.

Ein Hammer schlägt mir auf den Kopf und da bin ich wieder, Ruby am Boden. Noch hat er mich nicht gesehen und ich will mich schnell umdrehen und abhauen. Da schaut er durch die Haare von seiner Kuschelbraut und mir direkt in die Augen. Er erschrickt – das ist deutlich zu merken –, stößt die Kleine von seinem Schoß und blickt auf die Uhr. »Ruby, verdammt, was machst du denn hier?«

Wir waren verabredet, Bubi. Weißt du nicht mehr, Mittwoch um drei in der *Freiheit*?

»Hatten wir nicht Donnerstag gesagt?« Er lacht. Das gibt es doch nicht, das Arschloch lacht.

»Jetzt hab ich echt die Termine durcheinander gebracht, was? Ich sollte mir langsam mal einen Kalender anschaffen!«

Ich starre ihn an und merke, wie ich anfange zu kochen, wie es ganz heiß wird in mir, und das kenne ich, das ist gefährlich. Für den anderen. Es passiert mir eigentlich nicht mehr. Früher war das schlimm, sagen Ronny und Line. Immer wenn ich nicht gekriegt habe, was ich wollte, oder wenn etwas ungerecht war, dann

bin ich vollkommen ausgerastet. Und hier liegt eine Ungerechtigkeit vor, eindeutig.
»Was will die Kleine?«, fragt das Kuschelmäuschen mit Quietschestimme und ist irgendwie verunsichert. »Schick sie weg, Schatz!«
Ja, und da kocht es über. »Keine Sorge, ich gehe schon von selbst!«, sage ich ganz cool, nehme den Cocktail und leere ihn über Bubi aus – über seine tolle Frisur und seinen tollen Körper und vor allem über seine hohle Machobirne.
Bubi springt auf und schreit: »Hey, spinnst du?«
Da strahle ich ihn an, zwinkere der Kleinen zu, drehe mich um und gehe. Er soll es nicht merken, wie sehr er mich verletzt hat. Niemals!

## Puff, weg die Liebe

*20. 5. 2002*
*Viel passiert!*
*Alina und ich sind auseinander und sprechen nicht mehr miteinander.*
*Das ist hauptsächlich meine Schuld und die von einem gewissen B., dessen Name hier noch nicht drinsteht und den ich auch nie wieder aussprechen, geschweige denn schreiben werde.*
*B. ist ein Machoarsch, ein Fußballer, und hat alle schlechten Eigenschaften, die ein Mann überhaupt haben kann. Kein Wunder! Alina hätte mir das gesagt, aber sie wusste nichts, und ich hätte wahrscheinlich auch nicht auf sie gehört.*
*Und dann war da noch Tim. Ein Tänzer – leider schwul, denn sonst wäre er genau der Richtige für mich gewesen. Gewesen, weil Tim sich in Luft aufgelöst hat und mich auf einmal nicht mehr sehen will. Ich weiß überhaupt nicht, warum. Scheißtypen war ihr letztes Wort!*

Als ich aus der *Freiheit* raus bin, war ich komischerweise nicht wirklich am Boden zerstört. Ich war stolz, weil ich mich gewehrt hatte, und hab mich gefreut, weil B. jetzt nach Hause musste, um sich die Haare zu waschen. Hoffentlich geht Campari nicht aus coolen Männerhemden raus, nie wieder. Die alte Frau von der anderen Straßenseite hatte sich ein Kissen ins Fenster gelegt und schaute mich erstaunt an, weil ich schon wieder aus dem Café rauskam. Ich hob den Daumen in ihre Richtung, damit sie sehen konnte, dass alles o.k. war, und bin weiter. Es ist komisch: Man denkt, man ist so verliebt, dass es nicht mehr schlimmer geht. Man will den Typen auf jeden Fall heiraten und tut alles für ihn. Zum Beispiel die allerbeste Freundin verletzen und aufgeben. Und dann macht der Typ einen entscheidenden Fehler und, zack, das ganze tiefe, unendliche Gefühl löst sich in Luft auf. Puff, weg.
Wie kann man also wissen, dass man jemanden wirklich liebt? Dass man sich das nicht nur irgendwie einbildet? Wenn B. jetzt

nett zu mir gewesen wäre und sich auch in mich verliebt hätte, wenn wir zusammengekommen wären und geheiratet hätten, dann wäre das Gefühl ja wahrscheinlich nicht weggegangen. Trotzdem wäre es nicht echt gewesen. Oder? Wenn es echt gewesen wäre, dann hätte ich doch jetzt todunglücklich sein müssen. Dann würde ich ihn doch immer noch lieben, egal was er getan hat, weil man Liebe nicht ab- oder anstellen kann. Oder doch?
Als ich so die Straße langging, hatte ich gar kein Gefühl mehr für B. Ich war nicht mal mehr wütend auf ihn, höchstens auf mich, weil ich auf ihn reingefallen war. Du meine Güte, völlige Verblendung! Schade war nur die Sache mit den abwesenden Paparazzi. Denen hätte ich was erzählt!
Von einer Telefonzelle aus habe ich noch mal bei Tim angerufen. Ich musste ihm doch unbedingt erzählen, wie es gelaufen war.
»Steiger.« Seine Mutter.
Ich legte auf. Sie würde mir ja doch nur wieder sagen, dass Tim nicht da ist. Ich merkte mir die Adresse, die neben der Nummer im Telefonbuch stand, und machte mich auf zu Tim, meinem besten Freund, der sich in Luft aufgelöst hatte. Vielleicht hatte er Hausarrest, weil er schlecht in Mathe war. Dann würde ich die Mutter schon überreden können mich wenigstens zu ihm zu lassen. Oder hatten seine Eltern herausbekommen, dass er schwul war? Vom Ballett hatte er ihnen ja anscheinend nichts erzählt und wahrscheinlich die Unterschrift auf dem Anmeldeformular gefälscht. Jetzt haben sie ihn bei trocken Brot und ohne Licht in den Keller gesperrt, wo er so lange bleiben muss, bis er blind ist, dafür aber nicht mehr schwul. Wie auch immer, ich wollte es wissen.
Als ich vor dem Mietshaus stand, in dem Tim wohnte, kam ein riesiger breiter Typ daher mit einer prall gefüllten Tüte in der Hand. Er sperrte die Haustür auf, ließ mich rein und rieb mir die Tüte unter die Nase. »Leguanfutter. Brauchst du Leguanfutter, garantiert tot?«, fragte er mich.
Ich schüttelte den Kopf und überlegte, ob das hier vielleicht in Irrenhaus war. Aber auf dem Klingelbrett stand eindeutig *Stei-*

*ger.* Also ging ich in den dritten Stock und klingelte. Eine Frau mit einem netten Gesicht machte mir auf. Sie hatte die gleichen Augen wie Tim. Frau Steiger also, Tims Mutter.

»Guten Tag«, sagte ich. »Ich bin Ruby und würde gerne mit Tim sprechen!« Schon jetzt war ich mir sicher, dass diese nette Frau Tim nicht tagelang in den Keller sperren würde.

»Oh, I'm sorry, he is not at home«, sagte sie und schaute mich ein bisschen mitleidig an.

Aha. Nicht nur, dass da einer mit totem Leguanfutter herumlief, Tims Mutter war auch noch Engländerin oder nicht ganz dicht.

»Können Sie ihm ausrichten, dass ich ihn dringend sprechen muss?«, sagte ich. »I… must… speak with him!« Mist, ich bin voll schlecht in Englisch.

Die Mutter schien etwas unschlüssig zu sein, was sie sagen sollte, und antwortete mir dann in fließendem Deutsch: »Ich richte es ihm aus.« Wahrscheinlich war ihr nicht eingefallen, was *ausrichten* heißt. Also doch verrückt.

»Versprochen?«, wollte ich wissen. Ich wollte einfach ganz sichergehen, dass Tim erfahren würde, dass ich da gewesen war.

Die Mutter lächelte mich an und hob drei Finger in die Luft. »I swear!«

Im Hintergrund lief der große Schranktyp mit seinem Leguan unterm Arm vorbei.

Jetzt stehe ich in unserer türkisen Küche und verbrenne die Autogrammkarte von B. in der Spüle. Schluss mit B., endgültig. Die ganze Nacht konnte ich nicht schlafen, hab sein Narbengesicht angestarrt. Doch jetzt ist es vorbei.

»Was machst du denn da?« Ronny. Er wäscht sich erfolglos seine ölverschmierten Finger über B.s Asche und ich bin froh, dass er nicht weiß, was er da wegspült. Die hätte er sicher gerne gehabt, die Autogrammkarte.

Er schaut mich an und will eine Antwort.

Ich gebe ihm ein Küsschen. Damit kann ich ihn immer beruhigen. »Es musste weg. Verstehst du?«

Ronny legt die Stirn in Falten, weil er eben gar nichts versteht, und ich mache mich auf ins Ballett. Ob Tim kommt? Gestern hat er nicht mehr angerufen und heute auch nicht. Vielleicht hat er Stress mit Larry? Aber das könnte er mir doch erzählen. Ich wäre doch für ihn da, könnte ihm vielleicht helfen, so wie er mir geholfen hat. Denkt er, ich weiß nichts von seinem Schwulsein? Leider taucht er wieder nicht auf.
»Wer wird der Baum, wenn Tim nicht mehr kommt?«, fragt Kurzhaarcorinna, weil sie schon die ganze Zeit scharf ist auf die Rolle.
Frau Tiebel schüttelt nur den Kopf.
Corinna könnte höchstens einen Sackbaum tanzen, aber keine Tänzerin würde sich je in einen Sackbaum verlieben. Unglaubwürdig also!
»Ich bin sicher, er kommt wieder!«, sagt Frau Tiebel.
Ich nicht.
Alina, die Primaballerina, muss heute einen schwierigen Sprung üben. Der Baum verliebt sich in die Tänzerin und die Tänzerin liebt ihn eigentlich auch, doch sie traut sich nicht, sich das einzugestehen. Also kämpft sie mit sich selber, will fliehen vor ihm und seiner Liebe. Das ist der Sprung. Wir anderen bilden einen Kreis um die Tänzerin. Die eine Seite tanzt Liebe, die andere Nichtliebe und die Tänzerin springt zwischen uns herum. Wir sind bereit, Alina steht in Position und Frau Tiebel spielt auf dem Klavier. Jetzt kommt die Stelle und Alina muss genau auf mich zuspringen, ausgerechnet. Sie versucht an mir vorbeizuschauen, will mich nicht sehen, hasst mich. Aber das geht nicht. Man muss denjenigen anschauen, auf den man zuspringt. Totale Konzentration. Punktfixierung nennt Frau Tiebel das. Und weil Alina nicht schaut, mich nicht fixiert, landet sie falsch, knickt um und schreit auf vor lauter Schmerz. Sie sitzt auf dem Boden, hält sich den Fuß und wird immer blasser. Alle stehen um sie herum und Frau Tiebel schaut sich den Fuß an, der ganz schnell immer dicker wird.
»Ruby, hol einen kalten Waschlappen!«, ruft sie und ist sehr aufgeregt, so wie alle.

Ich bin froh, dass ich etwas für Alina tun kann, ohne ihr auf die Nerven zu gehen. Als ich ihr den Waschlappen reiche, nimmt sie ihn, ohne mich anzuschauen, und wickelt ihn um den Knöchel. Es muss sehr wehtun, denn Alina läuft eine Träne über die Wange, und da kriege ich gleich einen dicken Kloß im Hals. Dann kommen die Sanitäter und heben sie auf eine Trage, um mit ihr ins Krankenhaus zu fahren.

»Oh, oh, das sieht nicht gut aus«, sagt der eine und da fängt Alina erst richtig an zu heulen und Frau Tiebel beschimpft den Sanitäter als unsensiblen Macho. Wenn Alina nicht solche Schmerzen hätte, hätte ihr das bestimmt gefallen.

Natürlich haben wir alle keine richtige Lust mehr auf Ballett, am allerwenigsten Frau Tiebel. Sie schickt uns nach Hause. Was soll ich da? Alina hat vielleicht den Fuß gebrochen oder es ist so schlimm, dass sie ihn amputieren müssen und sie nie wieder tanzen kann. Alina liegt in Vollnarkose auf dem Operationstisch und ich soll zu Hause Däumchen drehen? Das geht nicht. Alina ist meine Freundin. O.k., wir haben uns gestritten, aber irgendwie sind wir doch immer noch Freundinnen. Oder geht das auch so, puff, weg die Liebe? Auf keinen Fall. Wenn ich nur nicht so doof gewesen wäre! Wenn nur diese Sache mit B. nicht gewesen wäre! Dann hätte mir Alina normal in die Augen schauen können und müsste jetzt nicht ihr Leben lang mit einem Holzbein herumlaufen. Bin ich schuld?

Jetzt rase ich doch nach Hause. So geht das nicht! Ich muss ins Krankenhaus. Zu Alina! Zu meiner Freundin! Ich packe alles Mögliche ein, das Hesse-Buch und den Rubali. Wer weiß, vielleicht kann sie mir ja doch verzeihen. Ich werde ihr auf jeden Fall alles erzählen, alles, und mich entschuldigen und dann kann sie selber entscheiden. Hoffentlich, hoffentlich verzeiht sie mir. Aber vielleicht geht das auch alles gar nicht, weil Alina im Bett liegt und um ihr Bein weint, das nicht mehr da ist. Das wunderschöne Primaballerinabein liegt irgendwo im OP im Müll.

Als ich im Krankenhaus an der Information frage, wo Alina liegt, schaue ich die Frau genau an. Weiß sie etwas? Wird ihr Gesicht

beim Namen *Alina Weißenstein* ernst? Aber die Infofrau schaut ganz neutral, sagt mir die Zimmernummer und ich fahre mit dem Aufzug hoch. Es ist ein Einzelzimmer, natürlich, und als ich davor stehe, rutscht mir doch beinahe das Herz in die Hose.
Ich klopfe vorsichtig an und Alina sagt: »Herein.« Sie liegt im Bett und ist sehr blass. Ihr Fuß ist noch dran, aber dick eingebunden und hochgehängt. Neben Alina auf dem Bett sitzt ihre Mutter und strahlt mich an. »Ach, wie nett, schau mal, wer da kommt, Alina!«
Alina dreht ihren Kopf weg.
Ihre Mutter schaut mich an, zieht die Augenbrauen hoch und zuckt mit den Schultern. Dann gibt sie Alina ein Küsschen und steht auf. »Na, dann lass ich euch beide mal allein. Ich komme heute Abend noch mal, Schätzchen!« Sie zwinkert mir zu, nur Mut, und geht.
»Alina?« Gar nicht so einfach mit dem Mut.
»Was willst du?« Alina schaut mich nicht an, sondern nimmt die Fernbedienung und schaltet den Fernseher ein, der an der Wand hängt.
Ich nehme mir einen Stuhl, schiebe ihn an ihr Bett und setze mich hin. »Ich will mich entschuldigen, das will ich!«
Alina starrt in den Fernseher. »Genug Zeit für dich gehabt?«
Ich beschließe nicht zu gehen, bevor ich ihr nicht alles erzählt habe. Nein, ich lasse mich jetzt nicht einschüchtern. »Ich war in einen Fußballer verliebt, Bubi, du weißt schon, den wir bei *Frenz & Biedenkopf* gesehen haben.«
Alina schaut mich mit entsetzten Augen an. Jetzt habe ich sie, jetzt hört sie mir wenigstens zu.
»Es war ein Fehler. Der Typ ist ein totales Arschloch …!«
»Hätte ich dir gleich sagen können«, knurrt Alina.
Ich muss ein bisschen lächeln. »Genau deswegen konnte ich es dir nicht erzählen. Ich wusste, dass du es nicht verstehen würdest, und ich wollte nicht hören, dass er ein Arschloch ist. Damals hätte ich dir nicht geglaubt. Ich war so sicher, dass er anders ist.«

Alina schaut mich nur an und ich glaube, sie versucht sich in meine Situation zu versetzen.

»Ich dachte, ich könnte es für mich behalten und wir könnten trotzdem Freundinnen bleiben. Aber das ging eben nicht.«

Alina macht den Fernseher aus. »Du hättest es mir sagen sollen. Auch wenn ich es vielleicht nicht verstanden hätte, aber so hast du mich einfach in der Luft hängen lassen. Das hat so wehgetan!«

Mir schießen die Tränen in die Augen, weil sie Recht hat und weil ich ihr wehgetan habe. »Das wollte ich nicht, ganz bestimmt nicht.« Ich starre auf den gallegelben Fußboden und male einen schwarzen Strich darauf mit meiner Gummisohle.

»Hast du ihn geküsst?«

Entsetzt schaue ich Alina an. Sie hat die Augenbrauen hochgezogen.

»Spinnst du? So einen Fußballermachoarsch?«

Wir müssen beide lachen und mit einem Mal ist die Mauer, die wir zwischen uns aufgebaut hatten und die so fest und unumstoßbar schien, eingefallen. Und die Steine sind auch schon weggeräumt, keine Spur mehr.

Alina fragt mich aus und will alles genau wissen. Als ich ihr die Sache im Café erzähle, schüttelt sie nur den Kopf. »Hättest du gedacht, dass das wirklich stimmt, was wir schon die ganze Zeit von den Fußballern vermutet haben?«

»Niemals!«

Wir grinsen uns an.

»Was sagt Tim dazu? Dem konntest du natürlich alles erzählen!«

Ja, das ist ja auch noch mal so ein Thema!

»Tim ist verschwunden. Weg, nicht mehr erreichbar. Für mich zumindest.« Ich berichte von Tim.

Alina kann sich das auch nicht erklären. »Und du hast ihn nicht irgendwie beleidigt?«

»Nichts, kein Wort! Was meinst du, wie ich mir schon den Kopf zermartert habe!«

Alina überlegt. »Dann kann es nur eines sein!«
Jetzt bin ich aber mal gespannt.
»Tim ist nicht schwul und war die ganze Zeit in dich verliebt!«
Was? »Quatsch!« Da muss ich widersprechen. »Wir haben ihn
doch zusammen mit Larry gesehen. Und das Ballett! Nein, Alina,
nein, nein!«
Alina zuckt mit den Schultern. So richtig ist sie von dem, was sie
gesagt hat, auch nicht überzeugt.
»Außerdem hätte er mir dann ja wohl nicht mit B. geholfen!«,
fällt mir noch ein.
Dann können wir das nicht weiterdiskutieren, weil die Schwester
reinkommt und sagt, dass ich gehen muss. Alina braucht Ruhe
für die Operation. Ach du meine Güte, ich hab gar nicht gefragt.
Wird ihr jetzt doch das Bein ... ?
Alina sieht mein entsetztes Gesicht und muss grinsen. »Ein Band
ist gerissen. Das wollen sie wieder zusammennähen!«
Sie tut mir richtig Leid, wie sie da liegt und versucht tapfer zu
sein. »Kann ich morgen wiederkommen?«, frage ich sie leise.
Alina zieht streng die Augenbrauen hoch: »Du musst!«
Ich gehe und als ich schon auf dem Gang bin, fällt mir ein, dass
ich vergessen habe ihr den Rubali zu geben und das Buch. Schnell
mache ich einen Knick in die Seite, wo ein Gedicht über Freundschaft und so steht, und drücke das Buch und das Kuscheltier
der Schwester in die Hand. »Können Sie das bitte Alina von mir
geben?«
Die Schwester nickt und lächelt: »Du bist aber eine gute Freundin!«
Wenn die wüsste!

## Was sagen die Karten?

Jetzt ist eigentlich alles wieder wie am Anfang.
Alina und ich sind allerbeste Freundinnen, mein Rucksack ist wieder da und es gibt keinen einzigen Typen in unserem Leben, der stört. Also völlig sinnlos das ganze Theater?
Ich sitze am Küchentisch, lasse das Schreitürkis auf mich wirken und rühre in einer Tasse Kakao. Alles ist gleich, aber alles ist anders. Immerhin war ich schrecklich verliebt, kenne mich jetzt voll mit Fußball aus, war Cheerleader und im hippsten Cafe der Stadt. Und ich habe einen Schwulen kennen gelernt, der auf mysteriöse Weise verschwunden ist.
Nun weiß ich zumindest, dass es so was wie Zwillingsseelen gibt, auch wenn sie manchmal nur kurz aufblitzen in deinem Leben.
Vor mir auf dem Tisch liegen Lines Karten, aber ich werde sie nicht befragen. Erstens, weil ich nicht glaube, was sie antworten. Alles Quatsch.
Wobei Lines Prognose auf B. bezogen ja nicht ganz falsch war. Aber warum haben die Karten mir dann beim ersten Mal was von der großen Liebe erzählt?
Und zweitens habe ich auch keine Frage. Die Dinge sind, wie sie sind. Ich weiß jetzt, dass man seiner allerbesten Freundin alles erzählen muss, auch wenn es Schwierigkeiten geben könnte. Viel schlimmer ist es, wenn man es nicht erzählt. Dann kann es ganz leicht passieren, dass alles zerbricht.
Ich könnte ja wenigstens eine Karte … nur mal so … vielleicht passiert ja noch was …?! Nee, ich lass es.
»Also irgendwie macht mich die Farbe nicht glücklich!« Line rennt durch die Küche und ich weiß, bald wird hier wieder Folie ausliegen. Sie marschiert Richtung Werkstatt, vielleicht um Ronny schnell ein Küsschen zu geben oder weil sie neuen Brotteig einkaufen und Ronny Bescheid sagen will, dass sie kurz weg ist. Brotteig, nicht Brot!
Kaum ist sie draußen, nehme ich mir schnell die Karten, damit ich mir nicht mehr widersprechen kann, breite sie mit einer

Wischbewegung über den Tisch aus und ziehe eine. Wohlgemerkt, ohne auf die Hitze der Wahrheit zu achten, einfach so, rapp, zapp.
Und?
Die Liebenden! Wieder! Ich knalle die Karte zu den anderen und verlasse diesen verlogenen türkisen Raum. So ein Blödsinn! Wo soll denn jetzt noch Liebe herkommen? Was hat das Ganze hier überhaupt noch mit Liebe zu tun? Nicht mal im Ansatz, du bescheuertes Kartengeschwader, nicht mal im Ansatz!

## Verräter

Alina ist operiert worden und ich bin jeden Tag bei ihr im Krankenhaus.
Sie wird eine Narbe haben am Primaballerinaknöchel und sie muss ihre Muskeln erst wieder richtig aufbauen. Wenn wir in den Garten vom Krankenhaus gehen, braucht sie im Moment noch Krücken. Aber das ist alles nicht so schlimm. Was sie wirklich hart getroffen hat, ist, dass sie nicht mitmachen kann bei der Aufführung. »Es ist, wie es ist. Ich kann es nicht ändern, trotzdem will ich es irgendwie nicht wahrhaben!«
Wir hängen auf zwei weißen Liegen im Garten ab. Überall sitzen Leute mit Verbänden, in Rollstühlen oder mit riesigen Schienen, die direkt an den Körper geschraubt sind.
»Wahrscheinlich hast du es trotzdem besser als die meisten hier!«, will ich sie trösten, aber das ist natürlich kein richtiger Trost.
O. k., es geht bestimmt immer irgendjemanden schlechter als einem selbst, aber deswegen zählt der eigene Schmerz doch auch, oder? Und bei Alina kommt es zurzeit richtig dick. Ihr Vater hat ein super Jobangebot als Ölmulti in Saudi-Arabien. Was weiß ich, als Verwalter der Ölfelder des obersten Scheichs oder so. Das kann er sich nicht entgehen lassen und jetzt sollen Alina und ihre Mutter mit ihm nach Saudi-Arabien ziehen.
»Stell dir mal vor«, sagt Alina, »ich unter einem Ganzkörperschleier, meine Augen hinter einem kleinen Gitter, damit ich wenigstens sehe, wo ich hingehe. Wenn ich überhaupt irgendwo hingehen darf! Weil wahrscheinlich muss ich gleich Mitglied in irgendeinem Harem werden, vielleicht beim Oberscheich. Der ist uralt und gelähmt und wenn er Lust hat, dann holt er mich zu sich und ich muss ihm zu Diensten sein. Das ist dann das einzige Mal, wo ich den Schleier ausziehen darf!«
Pfui Teufel. Natürlich geht das nicht und Alinas Mutter hat auch was gegen Ganzkörperschleier. Deswegen werden sie und Alina zum Glück hier bleiben, aber das bedeutet so etwas Ähnliches wie, dass Alinas Eltern sich trennen.

»Weißt du, er war nie viel da. Aber jetzt kommt er eben gar nicht mehr, gehört nicht mehr dazu, und das ist noch mal was anderes!«, sagt Alina traurig und ich nehme sie in den Arm.
Die Vorstellung, Ronny und Line würden sich trennen und Ronny wäre auf einmal nicht mehr da ... Das will ich mir überhaupt nicht vorstellen! »Vielleicht überlegt er es sich noch mal«, sage ich. Aber wir wissen eigentlich beide, dass das nicht passieren wird.
»Du musst die Primaballerina werden in der Aufführung, Ruby«, wechselt Alina das Thema, weil es nichts mehr darüber zu sagen gibt.
Ich finde, das muss Frau Tiebel entscheiden, und ich weiß auch gar nicht, ob ich das kann.
»Natürlich kannst du das!«, sagt Alina und lächelt mich an. »Glaub mir!«
»Die arme Frau Tiebel, jetzt hat sie keine Primaballerina mehr und keinen Baum.« Tim ist nicht mehr aufgetaucht und ich habe es auch aufgegeben, bei ihm anzurufen, um zu erfahren, dass er mal wieder nicht da ist. Ich werde wahrscheinlich nie rauskriegen, was da passiert ist.
Alina und ich fragen uns beide, wo Frau Tiebel den Optimismus hernimmt. »Der kommt, der kommt wieder!«, sagt sie immer, aber es gibt nicht den geringsten Grund dafür, dass sie davon so überzeugt ist.
Ich drehe mich auf den Bauch und stopfe Grashalme durch die kleinen Löcher in dem Stoff der Liege, Ziel: Grashalmteppichliege! »Jedenfalls kannst du froh sein, dass du im Moment hier bist«, erzähle ich Alina. »Ich glaube, das ist der einzige Ort in der Stadt, wo sich nicht alles um die Weißen und das Halbfinale dreht.«
»Und auf dem Friedhof!«, grinst Alina.
Aber da bin ich mir nicht so sicher. Bestimmt gibt es irgendeinen Fan, der das Grab seines verstorbenen Vaters, der auch Fan der Weißen war, mit deren Fahne schmückt. Es ist wirklich nicht auszuhalten. Wo du auch hinschaust, überall grinst dir B. ent-

gegen. Im Fernsehen, auf den Titelblättern der Zeitungen, von Plakatwänden. Er macht Werbung gegen Alkohol und für Limo und da kann ich nur lachen, schließlich habe ich ihm eigenhändig den Campari über den Kopf gegossen, den er eigentlich trinken wollte.

»Na ja, heute Abend ist es vorbei«, sagt Alina. Und ich hoffe nur, und zwar von ganzem Herzen, dass dieser Machoarsch verlieren wird, dass er sogar schuld sein wird, weil er zum Beispiel einen Elfmeter verschießt oder so.

Alinas Mutter kommt über die Wiese auf uns zu. Sie ist wie immer topelegant, aber ihr Gesicht ist traurig, weil ihr Mann nach Saudi-Arabien gehen wird, klar. Ich lasse die beiden allein, damit sie über alles reden können. Das ist toll an Alinas Mutter, sie redet über alles mit ihr.

Zu Hause ist die Hölle los, weil Ronny eine riesige Halbfinalparty schmeißt. Er hat alle eingeladen: die alten Hippiefreunde, mit denen er jetzt noch die Superscheiben von anno dazumal durchnudelt, seine Angestellten aus der Werkstatt, die Ölverschmierten, irgendwelche Totalfanatiker aus seiner Lieblingskneipe. Die sind sich nicht zu blöd Trikots von den Weißen anzuhaben, auf denen hinten natürlich B.s Name und Nummer draufsteht. Im Wohnzimmer steht ein Fass Bier und, ich traue meinen Augen nicht, B.s Roller. Ronny erzählt jedem, der neu dazukommt, die Geschichte, wie B. ihm höchstpersönlich erschienen ist. Wenn die wüssten, dass ich ihrem Idolarsch Campari über die Machobirne gegossen habe!

Eigentlich will ich schnell wieder weg, aber Line braucht Hilfe, weil sie sich fest vorgenommen hat, die Jungs vom Chipstrip runterzuholen und ihnen ihren legendären Gemüsedip schmackhaft zu machen. Und dafür schält und schnippelt man sich die Finger wund! Wir kriegen gerade noch alles rechtzeitig fertig, dann geht es los, Vorberichterstattung.

Ich will mich sofort verziehen, da zerrt Ronny mich auf seinen Schoß. Er erzählt allen, dass seine Ruby Tuesday jetzt auch Fußballfan geworden ist und er mir alles genau erklärt hat. »Flan-

ke?«, will er mich abfragen, um den anderen zu beweisen, dass er die Wahrheit spricht.
Aber da habe ich keine Lust drauf. Ich will auch das blöde Spiel und vor allem B. nicht sehen. Habe keine Lust auf die Fachsimpeleien der Männer, die immer alles besser wissen, besser als der Reporter, besser als der Trainer und besser als die Fußballer selber.
In einem sind sie sich alle einig: Die Weißen werden gewinnen, ins Finale kommen und am Ende den Pokal holen. Dann singen sie: »Und wir holen den Pokal, uns're Weißen …« Und Line sitzt auf dem Boden im Schneidersitz und dippt Karotten in ihre Knoblauchsoße.
Jetzt treten die Cheerleader auf und die Männer johlen und klatschen und erzählen sich die lustige Geschichte, als eine von denen beim letzten Spiel in die falsche Richtung gerannt ist. Ich mache die Augen zu und danke dem, der das organisiert hat, dass man mich anscheinend im Fernsehen nicht erkannt hat. Fisselzopf-Tine und die anderen machen ihre Sache perfekt. Die Weißen laufen sich warm und wenn man B. nur von weitem erahnen kann, flippen die Männer schon komplett aus.
Tine habe ich noch einmal in der Stadt getroffen. Zufällig! Natürlich habe ich sie gleich nach Tim gefragt und natürlich war sie ziemlich kurz angebunden. Schließlich hatte ich ihr den Auftritt versaut und war dann einfach verschwunden.
»Tim? Keine Ahnung!«, hat sie nur gesagt und nicht mal ein Tschüss, als sie weitergegangen ist.
Jetzt sind die Cheerleader vom Platz und es geht los. Anpfiff und für mich genau der richtige Zeitpunkt zu verschwinden. Das merkt eh keiner mehr, jetzt wird gejohlt, kommentiert, geschrien und gestöhnt. Nie zeigen Männer ihre Gefühle so offen wie beim Fußballgucken und ich beschließe mal wieder heimlich für mich, dass ich auf jeden Fall Alina heiraten werde.
»Und wir holen den Pokal, uns're Weißen …«, singen sie und ich drehe mich in der Tür noch einmal um, ich weiß nicht, warum, und schaue direkt in Tims Augen. Tim, mein verschwundener

Tim, meine Zwillingsseele, Ex-Zwillingsseele. Er ist im Fernsehen. Er steht auf der Tribüne, Arm in Arm mit Fisselzopf-Tine, schwenkt mit Larry zusammen ein weißes Transparent und singt auch.
»Das gibt's doch nicht!«, stottere ich und gehe wieder näher zum Fernseher.
»Ist das nicht dein schwuler Freund Tim?«, fragt mich Line. Die Männer beschweren sich, weil sie das Spiel sehen wollen und nicht irgendwelche Fans, vor allem wenn sie schwul sind.
Und da ist Tim auch schon wieder weg. Aber er war es. Eindeutig. Tim, der Balletttänzer, der Fußball hasst, Jungs liebt und einfach so verschwunden ist, steht im Stadion, ein Mädchen im Arm, schwenkt ein Transparent und singt tumbe Fußballlieder. Ich merke, wie ich schon wieder anfange zu kochen. Eigentlich ist es viel schlimmer als bei B. Der war irgendwie in weiter Ferne, ein Traum. Aber Tim, dem habe ich vertraut, dem habe ich alles erzählt, vor dem habe ich mich sogar ausgezogen, weil ich dachte, das interessiert ihn nicht.
Ich schnappe mir meinen Rucksack und renne los. Im Hof nehme ich mir irgendein Mofa, das hoffentlich schon repariert ist, und rase Richtung Stadion. Ohne Helm und ohne Erlaubnis. Aber ich muss mich beeilen, muss ihn erwischen, den Mistkerl. Natürlich habe ich nicht daran gedacht, dass man ja eine Eintrittskarte braucht, um ins Stadion zu kommen. Klar, dass da überall irgendwelche Ordner in Uniformen rumstehen und aus Prinzip ein grimmiges Gesicht machen, damit sich bloß keiner an ihnen vorbeitraut.
Aber ich überlege nicht lange, kann ich nicht, kann gar nicht überlegen. »Hören Sie, Sie müssen mich reinlassen«, rede ich auf einen Dicken mit rotem Gesicht ein. »Ich schwöre Ihnen, ich schaue kein einziges Mal aufs Spielfeld, für keinen Cent, ich will bloß einem Typen meine Meinung sagen.«
Der Ordner schaut mich an und scheint zu überlegen.
»Der hat mich total verarscht und ich kann ihn nur hier erwischen«, sage ich und zeige auf sein Schild an der Jacke, auf dem

Ordner steht. »Sie sind doch dafür da, hier für Ordnung zu sorgen. Und ich muss das in Ordnung bringen. Bitte!«
Der Typ schüttelt grinsend den Kopf über mich, schaut sich vorsichtig um, ob die Luft rein ist, und lässt mich durch. Ich soll's bloß nicht weitersagen. Ich rase durch irgendeinen Eingang und stehe im Stadion. Das Spiel ist in vollem Gange und die Weißen liegen zurück. Nicht mal darüber kann ich mich im Moment freuen, weil Tim noch ein größerer Arsch ist als B. Ich versuche mich zu orientieren. Irgendwo in der Fankurve war es, und die finde ich dann auch, laufe zum richtigen Eingang und sehe ihn. Grölend mit Tine im Arm. Da werde ich noch mal viel wütender. Vielleicht habe ich irgendwie gehofft, es wäre nur ein Fernsehbild gewesen, nicht echt. Aber es ist echt und ich zwänge mich an den Leuten vorbei, egal wie die motzen.
Dieser Larry entdeckt mich und sagt Tim Bescheid und der scheinheilige Affe nimmt doch echt den Arm weg von Tine, ich fasse es nicht.
Endlich stehe ich vor ihm und endlich kann ich meine ganze Wut loswerden. Ich will ihm alles ins Gesicht schreien, was ich von ihm halte.
Und er? Er fragt, was ich hier mache.
»Das tut überhaupt nichts zur Sache«, brülle ich, »und wenn, dann müsste ich dich das fragen, wo du doch Fußball angeblich nicht leiden kannst, und auf einmal sehe ich dich im Fernsehen, wie du ein riesiges Transparent schwenkst und irgendwelche Fußballer anfeuerst. Tust die ganze Zeit so, als wärst du mein Freund, und verschwindest dann ganz plötzlich, einfach so, ohne Grund. Davon abgesehen, was glaubst du denn, wer jetzt bei unserer Aufführung den Baum tanzen soll? Aber ist ja klar, war ja alles bloß gelogen. Du interessierst dich überhaupt nicht fürs Ballett, du stehst ja auf Fußball.«
Jetzt kommen mir echt die Tränen vor lauter Wut.
Tim ist ziemlich blass, wahrscheinlich weil jetzt alle wissen, dass er zum Ballett gegangen ist, alle seine Machofreunde, vor allem der Leguanschrank, der ist nämlich auch da. Fisselzopf-Tine

kriegt den Mund nicht mehr zu. Sollen sie es ruhig alle wissen, geschieht ihm nur recht.
»Und dann bist du urplötzlich nicht mehr erreichbar«, schreie ich weiter meine Wut hinaus.
»Du lässt mich einfach so hängen. Und dann fängst du auch noch mit der was an«, ich meine Tine, »obwohl du schwul bist.«
Mir kommt es vor, als wäre auf einmal das ganze Stadion still geworden, kurz bevor ich das Wort *schwul* gesagt habe. Aber das stimmt nicht, es sind nur die Leute um Tim herum und Tim selber. Er packt mich am Arm und will mich wegziehen. Ich will nicht, sollen sie doch ruhig alles hören. Doch dann lass ich mich doch mitschleifen und Tim zerrt mich runter zu den Würstchenständen. Irgendwie ist er jetzt auch wütend, ist mir aber total egal. Keine Ahnung, warum ausgerechnet er denkt jetzt herumschreien zu müssen. Ich verschränke die Arme, Abwehrhaltung, und glaube ihm eh nichts.
»Ich bin nicht schwul, erstens, und zweitens habe ich dir vielleicht was vorgemacht, ja. Aber nur, weil ich dir gefallen wollte, weil ich in dich verliebt war. Und du? Rennst dieser Matschbirne von Bubi hinterher, knutschst jetzt wahrscheinlich Tag und Nacht mit ihm rum und meinst, du hättest ein Recht hierher zu kommen und mich total zu blamieren!«
Tim war in mich verliebt? Die ganze Zeit? Alina hatte also richtig vermutet. Was für ein Unsinn, was für ein Theater dann!
»B. ist eine Matschbirne, da hast du Recht. Das habe ich leider viel zu spät gemerkt«, schreie ich zurück. »Aber vielleicht wäre alles anders gekommen, wenn du ehrlich gewesen wärst. Wenn du mich auch nur einen kleinen Hauch hättest merken lassen, dass du mich magst, nur so viel …« Ich zeige ihm eine Strecke mit meinen Fingern, die quasi nicht vorhanden ist. Ist doch wahr. Wie sollte ich das denn ahnen?
»Du hast es bloß nicht bemerkt, weil du gleich gedacht hast, ich bin schwul. Wie kommst du überhaupt auf so eine Scheißidee?«
Ja, wie eigentlich? Irgendwie war das von vornherein klar, wegen Ballett und Larry. Das war einfach so. Wie doof.

Tim nimmt meine Hand und auf einmal hat er wieder diese lieben Augen und das kleine Lächeln. Nicht so ein riesiges Schönlächeln wie Bubi, sondern ein kleines, feines Lächeln. Er wird ganz ruhig. »Ruby, das ist echt schlecht gelaufen, das alles …«
Das kann man so sagen. Wie soll ich ihm jetzt jemals wieder vertrauen? Ich wüsste ja nie, was stimmt und was nicht stimmt. Ich hab die Schnauze voll, glaube ich. Die Sache mit der Liebe ist anscheinend ein riesiges Kasperletheater.
Ich ziehe meine Hand weg. »Du bist einfach … feige.« Obwohl ich ihn mal für so mutig gehalten habe!
Er starrt mich nur an, wehrt sich nicht, sagt nichts.
»Und so einen will ich nicht!« Dann gehe ich. Ganz schnell, damit ich es mir bloß nicht anders überlege. So ein Arsch. Das gibt es doch gar nicht. Ich fasse es nicht!
Die Weißen haben verloren. Wenigstens das.

## Liebe ist Kinderkram

»Wahrscheinlich war er ab dem Moment in dich verliebt, als du ihm die Nachhilfe angeboten hast!« Alina ist aus dem Krankenhaus raus und ich bin bei ihr zu Hause und habe ihr alles erzählt. Ihr Fuß ist dick eingebunden und sie braucht immer noch eine Krücke, aber es wird besser.

»Ist mir eigentlich ziemlich egal«, schimpfe ich und laufe in ihrem Zimmer hin und her, weil es mich immer noch aufregt, das Ganze mit Tim. »Er hat mich total gelinkt.«

Alina lümmelt auf ihrem riesigen Bett zwischen tausend Kissen aus Seide, lauter verschiedene Farben, baumelt mit ihrem verletzten Bein und denkt nach.

»Du hast ziemlich viel ausgelöst in der letzten Zeit«, grinst sie mich an.

Aber ich bin da gar nicht stolz drauf und angenehm ist das erst recht nicht. Ich meine, ich habe das nicht gewollt und auch nicht mit Absicht gemacht.

Es war eher so, dass ich ein kleines Kieselsteinchen mit dem Fuß weggekickt und dadurch eine ganze Steinlawine ausgelöst habe, die mehrere Menschen unter sich begraben hat. Inklusive mich, wohlgemerkt.

Ich knalle mich neben Alina aufs Bett. »Als ich Tim von meiner Liebe zu B. erzählt habe, ist er ganz blass geworden und hat kein Wort mehr gesagt. Hab ich null durchschaut damals ...«

»Ist doch klar. Er war in dich verliebt und dann hat er erfahren, dass du einen anderen liebst. Das haut einen doch um.« Sie schaut mich an. »Oder?« Ich zucke mit den Schultern und nicke leicht. Alina hat ja Recht.

»O.k.«, überlegt sie weiter. »Da hat er dann eine Nacht drüber geschlafen und beschlossen, sich nichts anmerken zu lassen, sondern dir zu helfen. Weil er dich sooooo liebt!«

Ich springe wieder vom Bett, kann nicht still liegen. »Quatsch, Quatsch, Quatsch!«, widerspreche ich. »Wer macht denn so was? Das wäre ja total selbstlos.« Ich schaue finster aus dem riesigen

Fenster und sehe, wie jemand Koffer in ein Auto lädt. »Fährt dein Vater schon ab?« Ich drehe mich zu Alina um.
Sie drückt sich eines der Kissen auf den Bauch und ich ärgere mich über mich selbst, weil ich die ganze Zeit von Tim rede, dabei zieht gerade Alinas Vater aus. Deswegen setze ich mich schnell wieder neben sie. »Tut mir Leid, dass ich dich die ganze Zeit voll quatsche!«
Alina umarmt das Kissen und seufzt. »Das ist in Ordnung.« Sie nickt Richtung Fenster. »Dazu gibt es eh nichts mehr zu sagen.«
Wir sind eine Weile still.
»Du kannst ihn bestimmt besuchen!«, versuche ich sie zu trösten und Alina nickt. Toller Trost.
Wahrscheinlich hat sie Recht: Man kann dazu nichts sagen, aber dann fängt sie doch an. »Das Schlimme ist, dass sie sich eigentlich lieben. Sie sind nur beide zu stolz, um Zugeständnisse zu machen oder aufeinander zuzugehen, verstehst du? Dann nehmen die Dinge ihren Lauf, einen Lauf, den sie nicht hätten nehmen müssen.« Sie schaut mich an.
Ich schaue zurück und weiß schon, was sie damit noch sagen will. »Das stimmt nicht, Alina, bei Tim und mir ist das ganz was anderes. Ich bin ihm die ganze letzte Zeit hinterhergerannt und er hat sich verleugnen lassen, hat mich voll gegen die Wand laufen lassen. Das reicht. Außerdem, was musste er sich gleich dieser Tine in die Arme werfen? Kann ja nicht so weit her gewesen sein mit der großen Liebe!«
Alina zieht die Augenbrauen hoch. »Ich denke mal, er konnte davon ausgehen, dass du mit Bubi ... äh, entschuldige, B. zusammen bist. Warum sollte er *dir* also noch hinterherlaufen?«
»Ach, das ist doch echt alles Kinderkram!«, schimpfe ich, weil ich das auch nicht hören will. Warum hat er nicht einfach mit mir geredet?
»Ja, und Kinderkram bleibt es auch!«, sagt Alina traurig und jetzt meint sie wieder ihre Eltern, klar.
Ich lege ihr meinen Arm um die Schultern und wir sitzen nur so da und denken über den Kinderkram Liebe nach.

»Meinst du, man kann Fußball mögen und gleichzeitig zum Ballett gehen?«, frage ich irgendwann.

Alina zuckt mit den Schultern. »Anscheinend ist viel mehr möglich, als wir immer gedacht haben. Es soll ja auch Leute geben, die Fußball hassen und sich trotzdem in einen Fußballer verlieben!« Sie grinst mich an.

Ich verdrehe die Augen und grinse. »Zum Glück kennen wir keinen, der so ist!«

Alina nickt, als wäre sie ein Wackelhund auf der Autoablage und das Auto fährt gerade bei der Rallye Monte Carlo mit und will Sieger auf der Huckelpiste werden.

Dann muss ich los und ich wünsche ihr, dass sie alles gut aushält, den Abschied und so. »Ruf mich an, wenn dir die Decke auf den Kopf fällt!«, flüstere ich ihr ins Ohr.

»Danke!«, flüstert sie zurück.

Ich nehme die ganze Traurigkeit mit zu mir nach Hause und finde alles finster und unlösbar, zumindest die Sache mit der Liebe. Draußen fängt es an, aus Kübeln zu gießen. Ich stell mir vor, dass vielleicht das Flugzeug nach Saudi-Arabien deswegen nicht starten kann und der Vater es sich plötzlich anders überlegt. Er steigt aus und rennt Richtung Flughafengebäude. Da kommt ihm schon Alinas Mutter entgegen. Sie hat sich ein Tuch um den Kopf gewickelt und das Wasser vom Regen vermischt sich mit ihren Tränen und sie breitet die Arme aus ...

Ach Quatsch, so wird es ja doch wieder nicht. Außerdem gibt es für Flugzeuge nach Saudi-Arabien mit Sicherheit extra angefertigte Regenmäntel und Reifen mit rutschfester Sohle und nichts kann ihn aufhalten, den Flieger, der Alinas Vater auf die andere Seite bringt. Manche Türen sind eben irgendwann für immer zu.

*25. 5. 2002*
*Liebe ist Kinderkram! Keiner sagt keinem die Wahrheit. Alle tanzen umeinander herum und wollen irgendwas, was sie dem anderen aber nicht zeigen, lieber das Gegenteil. Und deswegen kann man*

*nie zusammenkommen. Oder, wenn man das dann mit Müh und Not geschafft hat, tanzt man weiter und trennt sich irgendwann wieder, weil man schon wieder nicht die Wahrheit sagen konnte. Warum eigentlich nicht?*
*Ich möchte nicht mit jemandem zusammen sein, der mich von hinten bis vorne angelogen hat so wie Tim. Egal aus welchem Grund. Wir waren so gute Freunde. War das nichts wert? Darauf hat er einfach verzichtet, nur wegen dem Kinderkram Liebe! Hiermit beende ich dieses Kapitel meines Lebens. Ich schlage eine neue Seite auf ... Warte ...*

*25. 5. 2002*
*Draußen regnet es in Strömen und wir können froh sein, dass wir ein Dach über dem Kopf haben. Line sagt, Frau Tiebel hat angerufen und wollte mich sprechen. Vielleicht soll ich Alinas Part tanzen bei der Aufführung? Ich wage das gar nicht zu hoffen. Ob Alina dann sauer ist? Ich werde einfach ganz offen mit ihr darüber reden. Das haben wir uns fest vorgenommen, das machen wir jetzt immer. Aber eigentlich hat Alina mir ja schon vorgeschlagen, dass ich ihre Rolle übernehmen könnte, und das wäre doch wirklich der Wahnsinn.*
*Ich werde nur für Alina tanzen, oh Gott, hoffentlich kann ich das überhaupt ...*

Es riecht nach ... nach ... Popcorn. Ich rase in die Küche runter, das kann doch nicht sein, ist es möglich, dass Tim ...? »Tim, ich bin so froh, dass ...«
In der Küche steht Line und lässt sich Maiskörner um die Ohren fliegen. »Die habe ich im Schrank gefunden«, erklärt sie begeistert. »Von deinem schwulen Freund.«
»Er ist nicht schwul!«, knurre ich und fühle mich auf einmal ganz schwach.
Line stopft sich den Mund voll. »Das haben Ronny und ich früher immer gemacht, als wir noch total verliebt waren!« Sie bietet mir eine Hand voll an, echt, das bringt sie fertig, und mir wird schlecht!

## Die Tänzerin und der Baum

Es ist wahr geworden. Ich tanze die Primaballerina in unserer Aufführung. Seit Tagen trainiere ich mit Frau Tiebel, Extrastunden, es ist total anstrengend, aber genial.
»Ich tanze nur für dich«, habe ich Alina erklärt.
Da hatte sie Tränen in den Augen, aber das liegt auch ein bisschen daran, dass ihr Vater weg ist und ihre Mutter sehr traurig. Und Alina natürlich auch. Sooft sie kann, nehme ich Alina mit zum Training, damit sie mir Tipps geben kann. Frau Tiebel hat nichts dagegen, sie weiß ja, wie gerne Alina mitgemacht hätte.
Kurzhaarcorinna veranstalte eine Unterschriftensammlung, dass sie den Baum tanzen darf.
»Immerhin habe ich als Einzige kurze Haare.« Das soll ein Argument sein.
Frau Tiebel lächelt sie geheimnisvoll an und lehnt ab. »Ich denke, da habe ich eine kleine Überraschung für euch alle!«, sagt sie.
»Kann ja wohl nicht sein, dass sie doch noch Tim überredet hat, oder?« Ich bespreche das mit Alina auf dem Nachhauseweg.
Alina schüttelt den Kopf. »Das wäre dann auf jeden Fall ziemlich mutig von ihm!«
»Tja, und das ist er nun mal nicht!«, sage ich.
»Sonst hätte er sich doch noch mal bei mir gemeldet oder wäre mir im Stadion hinterher, glaubst du nicht?«
Alina schaut mich mit hochgezogenen Augenbrauen an.
»Nicht, dass ich das gewollt hätte«, sage ich eilig, »nicht, dass du das auch nur ein Sekunde denkst.«

Der Tag der großen Aufführung. Als Primaballerina habe ich die tolle Garderobe mit dem Lämpchenspiegel und der Klappwand gekriegt. Ich komme mir vor wie eine richtige Tänzerin, als ich dort sitze und mich schminke.
»Du *bist* eine richtige Tänzerin«, sagt Alina und hilft mir mit den schrecklichen Haaren. Ich glaube, sie verbraucht drei Schachteln Haarklammern oder mehr.

Frau Tiebel schaut zur Tür herein. »Es wird Zeit!«
Die anderen Klassen sind gleich fertig mit ihren Aufführungen. Jetzt kommt der Höhepunkt. Wir! Ich! Natürlich lassen sich auch Ronny und Line das nicht entgehen. Ich weiß genau, dass Line zu diesem feierlichen Anlass ihr Kleid mit den vielen Spiegelchen angezogen hat und Ronny die Lederjacke, die ihn auf sein erstes Rolling-Stones-Konzert begleitet hat. Die geht zwar nicht mehr zu, aber er zerrt sie sonst wirklich nur zu Hochzeiten und Taufen aus dem Schrank. Ronny steht nicht auf Ballett, doch wenn seine Ruby auftritt und aussieht wie eine Prinzessin, dann lässt er sich nicht lumpen.
»Ist der Baum da?«, frage ich.
Frau Tiebel nickt. »Natürlich, steht schon bereit.«

**Vermisster Baum überraschend aufgetaucht!**

Jetzt ist Alina nicht mehr zu halten, wir sind alle total neugierig und sie geht schon mal vor, während ich noch ihr rosa Tutu hinter der Faltwand anziehen muss.
Bevor ich rausgehe, werfe ich einen letzten Blick in den Spiegel. Die Haare sind streng zurückgekämmt, keine einzige Locke hat eine Chance, alles ist perfekt. Langsam breitet sich dieses Ameisenparadegefühl im Bauch aus, das man hat, wenn man verliebt ist. Oder aufgeregt.
Langsam gehe ich Richtung Bühne. Die schweren Samtvorhänge sind zu, die anderen Aufführungen beendet. Man hört die Stimmen der Zuschauer, viele Stimmen, die alle verstummen werden, wenn der Vorhang aufgeht. Alina steht am Rand und grinst mir entgegen, über das ganze Gesicht.
»Was ist? Was ist los?«, will ich wissen.
Aber dann weiß ich es gleich, weil auf der Bühne Tim steht, als Baum verkleidet, mit so einer albernen braunen Strumpfhose und einem Blätterkranz auf dem Kopf.
»Das kann ja wohl nicht wahr sein, was bildet der sich eigentlich ein?«, schimpfe ich und rege mich total auf. Schließlich muss ich den das ganze Stück lang anschmachten, den Verräter. Dann lieber Kurzhaarcorinna, ehrlich.

Alina nimmt mich ein Stück zur Seite und schaut mich ernst an.
»Jetzt hör mal zu, Ruby«, sagt sie leise, aber bestimmt.
Bitte schön, ich höre.
»Seit wir wieder miteinander sprechen, redest du nur und immerzu von Tim.«
Ich will sofort protestieren, sie lässt mich aber nicht.
»Du sollst zuhören!«
O.k.
»Was glaubst du, warum der das hier macht?
Um dich zu ärgern? Weil er so gerne Ballett tanzt? Bestimmt nicht! Er macht es dir zuliebe, er geht den ersten Schritt, er überwindet seinen Stolz, weil er dich liebt. Und du hast nichts anderes zu tun, als auf deinem hohen Ross sitzen zu bleiben?«
Ich starre sie an.
Die spinnt wohl. Ich sitze doch auf keinem hohen Ross. Auf einem verkommenen Esel, allerhöchstens. »Könntest du dich vielleicht mal daran erinnern, wie der mich angelogen hat und so?«, antworte ich ihr ein bisschen giftig.
Alina schüttelt den Kopf. »Er hat sich nicht getraut dir die Wahrheit zu sagen, genauso wenig wie du dich getraut hast mir von Bubi zu erzählen. Wo ist der Unterschied?«
»B.!«, knurre ich und starre zu Tim auf die Bühne.
Frau Tiebel läuft aufgeregt an uns vorbei Richtung Bühne. »Es geht los, es geht los, es geht lohos!«
»Weißt du, Ruby, ich hätte es sehr gerne, dass mit uns wieder alles so wird wie früher ...«, sagt Alina.
»Ist es doch«, protestiere ich.
»... aber ich glaube, dass das ein ganz toller Baum ist, der da auf der Bühne steht. Einer, der dich richtig liebt, und du bist auch in ihn verliebt. Also, keinen Kinderkram, bitte!«
Wieder starre ich Alina an. Wie kann sie so etwas behaupten? Ich? In Tim verliebt? Ich dehne mich ein bisschen und Alina schaut mir mit verschränkten Armen zu.
»Es tut mir Leid«, sage ich dann ganz ruhig, »da irrst du dich!«
Frau Tiebel tritt vor den Vorhang und hält eine kleine Ansprache.

Tosender Applaus. Du meine Güte, wie viele Leute sitzen denn da draußen?
Alina legt mir ihre Hand auf die Schulter und lächelt mich an. »Alles Gute!«
Langsam öffnet sich der Vorhang zu Schubert und Tim wiegt sich als Baum im Wind. Das sieht nicht mal so schlecht aus. Dann kommt mein Einsatz. Ich hole noch einmal tief Luft, tanze auf die Bühne. Der Anfang ist gleich ziemlich schwer, trotzdem sehe ich, wie Ronny nichts mehr auf seinem Sitz hält und er in seiner engen Lederjacke ein Transparent hochreißt: *Ruby Tuesday!* Und Line glitzert mit ihren Spiegelchen dazu. Ich muss mich konzentrieren, jetzt lockt mich der Baum zu sich. Ich tanze zu ihm und er bittet mich um Verzeihung.
Hör auf, Tim, nicht jetzt, ich verzeihe dir nicht.
Die Tänzerin tanzt wieder weg. Sie ist schüchtern und ich will nichts mehr hören, aber dann muss ich doch wieder hin. Immerhin bin ich hin und her gerissen, nein, die Tänzerin ist es.
Und der Baum wispert: »Ich muss mit dir reden.«
Das kann doch nicht wahr sein. Er kann doch nicht mitten während der Aufführung mit mir reden. Warum tut er das? Ich versuche mich darauf zu konzentrieren, die Tänzerin zu sein, die jetzt wieder von dem Baum wegstrebt. Und dann springt sie mich an, die Wahrheit: Tim ist hier, weil er mich liebt. Weil er weiß, dass ich ihn nie reingelassen hätte, wenn er einfach so vor der Tür gestanden hätte, und auch nicht ans Telefon gegangen wäre. Das hier ist seine einzige Chance. Und er nutzt sie, kann man nicht anders sagen. Die Musik wird lauter, ein erster Höhepunkt, die Tänzerin kann dem Baum nicht widerstehen.
Er streckt ihr seine Äste entgegen. »Ich liebe dich, Ruby!«
Hat er das gesagt? Hat er das wirklich gerade gesagt?
Auf einmal habe ich den Geschmack von Popcorn im Mund, Popcorn à la Tim, und die Tänzerin nimmt den Ast und schmiegt sich an den Baum. Es ist warm. Herzklopfen. Mutig und ehrlich, kein Kinderkram. Der Baum und die Tänzerin schauen sich in die Augen. Soweit ich mich erinnere, ist das viel zu früh. Da käme

eigentlich noch eine Menge Konflikt, bevor Baum und Tänzerin sich finden, aber Tim lässt meine Hand einfach nicht mehr los. Das Publikum springt von den Stühlen und tobt.
Ich bin sicher, dass jeder mitbekommen hat, was dem Baum und der Tänzerin gerade passiert ist. Ich suche Alina.
Sie steht immer noch am Bühnenrand hinter dem Vorhang und klatscht auch. Klatscht und grinst. Irgendwie wird es schon weitergehen mit dem Stück, bestimmt, kann nicht dran denken, weil mein Herz bis zum Hals klopft.
Plötzlich entdecke ich den Leguanschrank und seine Fußballfreunde im Publikum. Sie johlen und grölen wie im Fußballstadion. Tim drückt meine Hand, wir schauen uns in die Augen und der Rest ist egal. Alles Machos – außer Tim!

*Neugierig, wie Tim das alles erlebt hat?*
*Seine Geschichte erzählen Thomas Brinx und Anja Kömmerling in »Alles Hühner – außer Ruby!«.*

**Alles Hühner – außer Ruby!**

# Inhalt

**Alles Hühner – außer Ruby!**

| | |
|---|---|
| Hühnerrucksack | 111 |
| Larrys Beratercouch | 119 |
| Projekt Ruby | 121 |
| Andere Register | 126 |
| Tiebels Ballettschule | 132 |
| Heute ist morgen | 138 |
| Popcorn à la Tim | 146 |
| Schieflage | 152 |
| Larrys Beratercouch | 159 |
| Kurze Stirn, nichts im Hirn | 161 |
| Halbfinale | 168 |
| Kumpel | 173 |
| Larrys Beratercouch | 178 |
| Die Sache mit dem Monster | 179 |
| Zu spät | 185 |
| Larrys Beratercouch | 189 |
| Der Baum und die Tänzerin | 191 |
| Materialien | 195 |

*Für Larry*

# Hühnerrucksack

Als mein Freund Larry und ich heute Nachmittag in der langen Schlange bei *Frenz & Biedenkopf* standen, wusste ich noch nicht, dass dieser Tag alles verändern würde – vielmehr nicht der Tag, sondern der Rucksack. Rubys Rucksack. Ruby. Was für ein Name! Was haben sich die Eltern wohl dabei gedacht? Larry heißt zum Beispiel Larry nach Larry Hagman. Kennt ihr den? Aus dieser alten Kapitalistenserie *Dallas*. Larry Hagman spielt den bösen JR. Wenn der nach Hause kommt, mixt er sich als Erstes einen Scotch mit klirrenden Eiswürfeln, die immer bereitstehen, immer kalt, immer dampfend, nie geschmolzen. Dann schaut er nachdenklich in den Spiegel hinter den Flaschen und ist zufrieden mit sich, weil er sich heute wieder einen richtig fiesen Trick ausgedacht hat, wie er jemanden in den Ruin treiben kann. In den Tod. Nach dem heißt mein Freund Larry. Dabei haben die beiden nichts gemeinsam. Außer vielleicht die große Klappe.

Wir standen in der langen Schlange bei *Frenz & Biedenkopf*, dem teuersten Sportgeschäft der Stadt, weil wir wie alle ein Autogramm von unserem großen Vorbild Bubi ergattern wollten. Bubi heißt eigentlich Bubeck, Tim Bubeck, genau wie ich. Ich meine, Tim, nicht Bubeck. Was ich sagen will: Ich und Tim, nein (der Esel nennt sich immer zuerst), Tim und ich, wir heißen beide Tim. Und wir spielen beide bei den Weißen. Allerdings spielt Bubi bei den Senioren und Larry, ich und die anderen in der C-Jugend.

Wir reden oft darüber, warum das wohl Senioren heißt. Senioren sind eigentlich Menschen über siebzig, die billiger Zug fahren dürfen und für die man einen Platz in der Straßenbahn frei macht. Bubi ist siebzehn und der aufsteigende Stern, der Hoffnungsträger, das Fußballtalent bei den Weißen.

»Pass auf, Alter, ich werde dir das erklären«, sagt Larry. »Es gibt uns, die C-Jugend, dann die B- und die A-Jugend. Und dann kommen die Profis, die erste Mannschaft, die ganz Großen. Aber vor A kommt nichts mehr. Du könntest vielleicht sagen, die 0-Ju-

gend, aber wie klingt das? Klingt nach null, nichts, Lusche. Deshalb Senioren. Vor denen hat man Respekt und die sind eben die Ältesten, von uns aus gesehen.«
Danke, Larry.
Könnte sein, dass Bubi und seine Profis dieses Jahr das DFB-Pokal-Finale erreichen. Ehrlich. Und dann entdeckt ihn der FC Bayern.
»Und so schnell kannst du gar nicht gucken, so schnell ist Bubi weg!«, sagt Larry.
Bubi bei den Bayern und wir haben ihn gekannt. Im selben Verein gespielt. Und ein Autogramm von ihm. Wir hätten praktisch ein Autogramm von früher, als Bubi noch nicht bei den Bayern war.
Aber das war dann, wie gesagt, doch nicht das Wichtigste, was heute passiert ist. Wir standen in der langen Schlange und waren ziemlich aufgeregt. Irgendwann demnächst würden wir Bubi gegenüberstehen, dem Mann, der die Weißen zum DFB-Pokal schießen wird.
Während wir warteten, redeten wir über unser nächstes Spiel und wie wir den Gegner fertig machen würden. Larry ist Torwart, klar, bei seiner Größe, und ich spiele im Mittelfeld. Im gemäßigten Mittelfeld, wie Larry sagt. Ich bin eben nicht so ein Draufgänger, eher so der, der nachdenkt und sich Tricks überlegt, wie man an den anderen vorbeikommen könnte.
»Wir könnten Bubi fragen«, schlug ich vor.
Aber Larry schüttelte den Kopf. »Meinst du, der hat Lust, uns irgendwelche Tipps zu geben? Der ist doch froh, wenn er hier wieder weg ist.«
Mittlerweile waren wir so nah an Bubi herangekommen, dass wir ihn sehen konnten, und er machte überhaupt keinen genervten Eindruck. Das macht einen Profi aus, dass er auch beim Autogrammegeben cool bleibt.
Larry war dran und natürlich brauchte er wieder eine Extrawurst. Er ließ sich nicht wie alle eine Autogrammkarte unterschreiben, sondern wollte die Unterschrift unbedingt auf sein

Käppi. Bubi war's egal. Er grinste Larry an und fragte ihn, ob er auch Fußball spielt. So ist das bei Larry, da denkt jeder: Mit dem quatsche ich mal eine Runde.
Mein Herz schlug mir bis zum Hals, weil Bubi, unser Bubi, einfach so mit Larry redete, und der fragte ihn jetzt doch, wie wir das nächste Spiel gewinnen könnten. »Haste 'nen Tipp?«
Bubi strahlte ihn mit seinen Blitzaugen an. »Einsatz ist gefragt, der Wille zum Sieg.« Er ballte die Faust. »Alles klar, Kumpel?«
Larry verzog das Gesicht, weil er es hasst, wenn ihn jemand Kumpel nennt, und dann war ich dran mit meiner Autogrammkarte. Ich schaute genau hin, wie Bubi jeden einzelnen Buchstaben schrieb. Ich versuche immer mir solche Momente zu merken. In zwanzig Jahren will ich noch genau wissen, was ich in dem Augenblick gefühlt habe, als Bubi meine Autogrammkarte geschrieben hat. Ich will es nicht nur wissen, ich will es auch genauso wieder fühlen können.
Und dann passierte es: Ich fand den Rucksack. Er lehnte an dem Tisch, hinter dem Bubi schon das nächste Autogramm gab. Er war rosa. Ich schaute mich um, aber da war weit und breit niemand, der zu dem Rucksack gehören könnte. Ich hob ihn auf und zeigte auf Larry.
»Hühnerrucksack«, sagte der. »Lass ihn stehen!« »Und wenn ihn jemand klaut?«, antwortete ich.
Larry zuckte mit den Schultern. »Dann nimm ihn eben mit.«
»Ich könnte ihn an der Kasse abgeben«, schlug ich vor.
Wir hatten uns gerade an der Menge vorbei nach draußen gedrängelt.
Larry zog die Augenbrauen hoch. »Willst du da allen Ernstes wieder rein?«
Ich schüttelte den Kopf und wir beschlossen, zu Hause im Rucksack nach der Adresse der Besitzerin zu suchen. Ich schnallte mir das Teil um und Larry tänzelte neben mir her und machte sich über mich lustig, wegen der Rucksackfarbe. Außer Hühnern tragen nur Schwule Rosa. Ich hatte irgendwie eine Beziehung zu dem Rucksack. Nicht weil ich schwul bin, um Gottes willen. Ir-

gendwie war er mir jedoch nicht fremd. Kennt ihr das? Manche Dinge fühlen sich gleich passend an.

Larry fährt Mofa. Obwohl er erst vierzehn ist. Es ist verboten, aber Larry ist egal, ob was verboten ist. Und seiner Mutter ist egal, was Larry macht. Hauptsache, er kommt abends pünktlich nach Hause und der Schuldirektor ruft nicht öfter als einmal im Monat an. Sie war zum Beispiel ziemlich sauer, als Larry hocken geblieben ist. Ich fand's gut, weil er jetzt bei mir in der Klasse ist.

Er startete sein Mofa, ich hintendrauf, und wir fuhren zu mir nach Hause. Wir sind eigentlich fast nur bei mir, weil Larry das lieber ist. »Bei euch gibt's immer geile Sachen zum Essen«, sagt er, und das stimmt, weil meine Mutter nicht arbeitet so wie Larrys und deswegen Zeit hat.

In meinem Zimmer machte ich den Rucksack auf, während Larry hundert bis zweihundert von den selbst gemachten Windbeuteln meiner Mutter in sich hineinstopfte. *Ruby*, stand innen auf der Klappe. *Ruby Ronsdorfer, Cäciliengymnasium, 8 c.* Mehr nicht.

»Was soll das denn für ein Name sein?« Larry lümmelte mit vollem Mund auf meinem Bett.

»Mehr steht da nicht«, sagte ich.

Larry stand ächzend auf, schnappte sich den Rucksack und kippte den gesamten Inhalt kurzerhand auf den Boden. »Bestandsaufnahme Rucksack Ruby«, sagte er und reihte die Gegenstände, die herausgefallen waren, nebeneinander auf. »Drei lose Stifte, zwei Tempos im praktischen Wiederverschlusstäschchen, eine ...« Er faltete mit spitzen Fingern eine zerknüllte Strumpfhose auseinander. Sie war weiß und undurchsichtig und hatte eine riesig große Laufmasche. »... Ballettstrumpfhose mit Laufmasche, ein zuckersüßes Stofftierchen, wahrscheinlich Glücksbringer oder Freundschaftstier oder so was Hühnerhaftes, und zwei Bücher.« Larry drehte die beiden Bücher in der Hand und verzog angewidert das Gesicht.

»Einmal Gedichte von Hermann Hesse.« Klatsch!, landete es neben der Strumpfhose. »Und ein Tagebuch.«

Larry zerrte an dem Riemen, der um das Tagebuch gelegt war und es mit einem kleinen Schloss verriegelte.
»Larry, lass das!«, versuchte ich ihn aufzuhalten, aber Larry war mal wieder nicht zu bremsen. In null Komma nix hatte er das Schloss mit einer Büroklammer geknackt, lehnte sich auf meinem Schreibtischstuhl zurück, klappte das Buch auf und las mit hoher Fistelstimme: »*Dieses Tagebuch gehört Ruby! Finger weg!*«
Das galt natürlich nicht für Larry. Der las sofort weiter. Mir war es dagegen peinlich, weil man das nicht macht, und ich räumte die Sachen zurück in den Rucksack, als wollte ich Larrys Fehler wieder gutmachen.
»*13. 4. 2002. Wahnsinn, wir machen eine Aufführung und heute wurden die ausgewählt, die mitmachen dürfen. Nur die Besten natürlich, und wer sind die Besten? Alina, klar, Alina ist die Primaballerina. Aber ich, ich, Ruby, bin auch dabei. Genial!*«
Larry verdrehte die Augen. »Das ist wieder typisch du«, sagte er zu mir, »dass du ausgerechnet den Rucksack von so einer hysterischen Hupfdohle findest.« Kopfschüttelnd vertiefte er sich wieder in das Tagebuch.
»*…Gestern kam mein Vater mit zwei Karten fürs Fußballspiel an. Seine Weißen, seine Weißen, seine Weißen. Der hat echt nichts anderes im Kopf und ausgerechnet mich wollte er mitnehmen….*«
Ich grinste Larry an. »Wenigstens ihr Vater hat Geschmack.«
»*… Mich! Ich hasse Fußball! Warum lässt er mich mit dem Mist nicht in Ruhe? Warum denkt er immer, er muss mich überzeugen? Ich sage ja auch nicht, dass er zum Ballett gehen soll. Oh Gott, Ronny auf Spitzen. Zum Glück habe ich jetzt eine gute Ausrede. Ich muss proben, weil ich bei der Aufführung dabei bin, und ich habe keine Zeit, irgendwelchen Macho-Dumpfbacken zuzuschauen, wie sie einem albernen Ball hinterher laufen!*« Larry klappte das Tagebuch zu und schleuderte es auf meinen Schreibtisch. »Voll daneben, die Alte, das ist ja nicht auszuhalten, eingebildete Schnepfe.«
Dann musste er nach Hause, ein bisschen über das Hühnergeschreibsel abkotzen. Und jetzt bin ich allein, allein mit Rubys

Rucksack und ihrem Tagebuch. Als ich es in den Rucksack zurückstecken will, fällt ein Foto raus. Ein Passfoto. Schwarzweiß. Leicht unscharf. Ein Passfoto von einem Mädchen, das wirklich – und das meine ich ganz ernst –, das wirklich unheimlich gut aussieht. Es hat viele lange Haare, die es streng zurückstecken wollte. Aber die Haare sind lockig und widerspenstig, und Strähnen sind rausgerutscht und umranden das wunderschöne Gesicht, das ein bisschen schief in die Kamera grinst. Ich drehe das Foto um und hinten steht drauf: *Ich – unmöglich!*

Ruby – gar nicht unmöglich. Ich starre das Foto an. Ich stelle mir vor, ich wäre Rubys Freund und wir hätten es zusammen gemacht, zur Erinnerung sozusagen. Ich wäre hinter Ruby, würde über ihre Schulter gucken und gerade eine ihrer Strähnen wegpusten, die mich im Gesicht kitzelt. – Da stürmt mein Bruder rein, wie immer, ohne anzuklopfen, und so laut, dass man denken könnte, er hätte nicht mal die Klinke runtergedrückt.

Mein Bruder Benno ist drei Jahre älter als ich und ein Schrank von einem Typen, breit und hoch, alles Muskeln. »Na, Kleiner, habt ihr's geschafft?«

Er meint natürlich das Autogramm und da fällt mir auf, dass ich es total vergessen habe. Das Autogramm von Bubi, das wahrscheinlich mal Millionen von Euro wert sein wird, einfach vergessen. Wegen Ruby. Weil mein Bruder, wie gesagt, immer so ins Zimmer poltert, bin ich ziemlich schnell im Verschwindenlassen von Sachen, die er nicht sehen soll. Also sieht er weder das Foto noch das Tagebuch von Ruby, weil beides ruck, zuck in ihrem Rucksack verschwunden ist und der unter meinem Bett. Ich hole die Autogrammkarte mit Bubis Unterschrift und strecke sie meinem Bruder hin.

»Klar, war baby.«

Benno pfeift durch die Zähne und nickt anerkennend. Er ist auch Fan von den Weißen wie wir alle. Aber er selbst ist nicht so berauschend im Fußballspielen, zu massig. Deswegen spielt er Football. Unbegreiflich, das Spiel, wo alle brüllend aufeinander zurennen, um sich gegenseitig platt zu walzen. Irgendwo ist da auch noch

ein Ball im Spiel, aber ich weiß nicht, für was, weil sowieso alle auf dem Boden liegen. Immerhin kommen da die Cheerleader her und die haben wir jetzt auch bei den Weißen.
»Er hat *Kumpel* zu Larry gesagt«, erzähle ich Benno, und das kann der fast nicht fassen.
»Er hat was gesagt?«
»*Kumpel!*«
»Oh, mein Gott!«, stöhnt Benno angeekelt, weil Kumpel für uns alle das Letzte ist, und dann gehen wir zum Abendessen ins Wohnzimmer.
Abends essen wir immer alle zusammen. Egal ob mein Vater Früh- oder Spätdienst hat, um diese Zeit ist er immer da. Mein Vater ist Polizist.
»Wenn mein Vater Bulle wäre, würde ich mich erhängen«, sagt Larry immer.
Aber lieber 'nen Bullen als gar keinen Vater wie Larry, denke ich, und meiner ist schon ganz in Ordnung. Er fährt ein riesiges Motorrad. Damit kann man Verbrecher jagen, besser als mit dem Auto, durch die Straßen tuckern und nach dem Rechten sehen oder bei der Eskorte von Königin Elizabeth der Zweiten von England mitfahren, wenn sie mal zu Besuch kommt.
Beim Abendessen bin ich nicht richtig bei der Sache. Sie reden darüber, ob einer eine Matschbirne ist, wenn er *Kumpel* sagt, oder nicht und ob man ihn, obwohl er eine Matschbirne ist, dafür bewundern kann, dass er gut Fußball spielt.
»Man kann doch jemanden nicht einzig und allein danach beurteilen, ob er ein bestimmtes Wort benutzt«, sagt meine Mutter und mein Vater und Benno stöhnen, weil Mütter da eben nicht mitreden können. Ich denke an Ruby und keiner merkt's. Das ist gut. Denken kann man ganz allein.

Später im Bett kann ich einfach nicht anders, als noch einmal einen Blick in ihr Tagebuch zu werfen.

*7. 8. 2001*
*Es ist zehn nach drei, mitten in der Nacht. Komme gerade vom Schwimmen. Ja, so spät noch. Bin mit Alina heimlich ins Freibad eingestiegen. Genial und unheimlich. Bin vom Dreier gesprungen, ins schwarze Wasser, ins absolute Nichts. Das Wasser war noch ganz warm und wir hatten alles ganz für uns allein. Wahnsinn!*

Ich blättere weiter.

*6. 4. 2002*
*Boris will was von Alina! Tja, Pech für ihn. Da kann er noch so gut aussehen. Wer auf Fußball steht und so ein Macho ist wie der, hat bei uns keine Chance. Wir wollen einen, der süß ist und Ballett mag. Sonst läuft gar nichts. Und zuhören muss er können, so wie Alina. Aber ich glaube, es gibt keinen Jungen, der so zuhören kann. Bleibe ich eben allein. Oder ich heirate Alina.*

Ich überlege, ob ich gut zuhören kann und ob ich ein Macho bin. Ja und nein. Glaube ich. Ich muss morgen mit Larry reden. Der weiß, wie man mit Mädchen umgeht, der hat schon alles erlebt. Sagt er wenigstens. Larry muss mir helfen. Ich muss Ruby kennen lernen, bevor sie diese Alina heiratet. Unbedingt.

## Larrys Beratercouch

Ich liege auf meinem Bett. Larry hat sich einen Stuhl herangeschoben und sitzt daneben, Rubys Tagebuch, ihr Foto, einen Block und einen Stift auf dem Schoß. Er hält das Foto gegen das Licht, als wäre es ein Dia, und betrachtet es.
Dann schaut er mich an. »Mach jetzt die Augen zu.«
»Warum denn?«
»Das ist so auf Larrys Beratercouch.«
O.k., ich schließe die Augen und lasse mich beraten. Von Larry. Ich bin ja froh, dass ich ihn habe. Wen sollte ich sonst fragen? Mein Bruder Benno wäre entsetzt: »Eine Ballerina?« Mein Vater würde sagen: »Du bist noch zu jung für die Frauen!« Und meine Mutter würde mir auf Schritt und Tritt folgen und mich mit Fragen löchern, bis ich nicht mehr wüsste, um was es eigentlich ging.
Larry räuspert sich. »Also, wo liegt das Problem?«
»Ich muss Ruby kennen lernen.«
»Sag, warum denn ausgerechnet dieses Balletthuhn? Kannst du mir das erklären?«
»Ruby ist kein Huhn«, protestiere ich. »Hühner sind nervige Gackertussis, aber Ruby ist süß und nett und schön.« Ich schiele aus einem Auge zu Larry.
Er notiert etwas. Dann schaut er sich noch mal das Foto an, wiegt den Kopf hin und her. Larry denkt. Larry überlegt. Larry bildet sich ein Urteil darüber, ob ich Recht habe.
»Es ist egal, was du darüber denkst.« Ich setze mich auf. »Du musst sie nicht süß und nett und schön finden, weil ich das schon finde. Du sollst mir nur sagen, was ich tun kann, um sie kennen zu lernen.«
Larry macht eine kleine Kopfbewegung. Die bedeutet: Leg dich wieder hin, lass mich denken und mach gefälligst die Augen zu, wie ich es gesagt habe. Das alles kann Larry in eine Kopfbewegung legen.
»Du weißt, dass sie eine tüddelige Ballerina ist?«

Ich nicke im Liegen.
»Du weißt, dass sie Fußball hasst und Hermann Hesse liest?«
Ich nicke mit geschlossenen Augen.
»Und das ist dir egal?« Larry klingt entsetzt, ehrlich entsetzt.
»Vollkommen egal!«
Larry klappt das Buch zu und steht auf. »Die Sitzung ist beendet.«
Ich mache die Augen auf. »Wie beendet? Du hast mich ja noch gar nicht beraten!«
Larry steht am Fenster und klopft sich mit dem Bleistift gegen seine großen schiefen Zähne. Dann dreht er sich zu mir um. »In diesem äußerst kritischen Fall hilft kein Beraten, sondern da helfen nur Taten!« Er grinst. »Reimt sich.«

## Projekt Ruby

Unser Plan ist, dass wir Ruby am Mittwoch nach der Schule abfangen. Wir haben herausgefunden, dass sie dann bis zur sechsten Stunde Unterricht hat, also eine Stunde länger als wir. Sie kommt raus und ich gehe hin und gebe ihr den Rucksack.
»Dann ist die erst mal so froh, dass sie den wiederhat, dass sie sich sofort in dich verliebt«, meint Larry.
Ich bin mir da nicht so sicher. Aber Larry sagt, dass das mit den Frauen einfacher ist, als man denkt. Hoffentlich hat er Recht! Ich vergrabe ihren Rucksack tief in meinem, damit ihn keiner sieht, und bin schon beim Frühstück extrem aufgeregt. Immerhin ist heute der Tag, an dem Ruby sich in mich verlieben wird. Meine Mutter hat wie immer frischen Orangensaft gepresst und Müsli gemahlen.
»Wir werden noch mal sterben vor lauter Gesundheit«, knurrt Benno.
Mein Vater ist auch schlecht drauf, weil meine Mutter während des Frühstücks Englischvokabeln lernt. Sie macht so einen Kurs.
»Ich muss ja auch weiterkommen«, sagt sie.
Der Kurs ist jeden Mittwoch und da ist mein Vater dann immer mieser Laune, keine Ahnung, warum. Soll Mama nicht weiterkommen? Oder ist er eifersüchtig, weil der Lehrer ziemlich gut aussieht? »Intellektueller Fatzke«, sagt er, und »I love you«, sagt meine Mutter dann zu ihm und lächelt zuckersüß. Da kann mein Vater dann schlecht noch was motzen.
Ich krieg auf jeden Fall heute beim Frühstück auch nichts runter.
»Na, Kleiner, heute nach dem Spiel noch ein bisschen was für die Muckis ... ?«, fragt mich Benno und zeigt seinen Bizeps. So einen soll ich auch kriegen, das hat er sich fest vorgenommen und will mich immer in sein bekloppptes Fitnessstudio schleifen. Aber ich kann mich heute nicht festlegen. Weiß ja nicht mal, ob ich das zum Spiel einigermaßen schaffe, wenn Ruby in mich verliebt ist. Gott sei Dank ist es nur ein Freundschaftsspiel außer der Reihe.

Vor der Schule warte ich auf Larry. Aber Larry kommt nicht. Larry kommt nur in die Schule, wenn ihm danach ist oder er gerade nichts Besseres vorhat. Irgendwie kriegt er es auch meistens hin, dass seine Mutter davon nichts erfährt. Die würde verrückt werden. Ich denke, sie hat Larry nach eben jenem Larry Hagman benannt, weil der reich und erfolgreich war. In Dallas, als JR. Ein Ölmulti eben. Vielleicht hat sie geglaubt, wenn sie ihren Sohn Larry nennt, dann wird er eines Tages ganz nebenbei seinen Finger in die Erde bohren und ein riesiger Strahl des schwarzen Goldes wird herausschießen und Larry wird stinkreich. Dann müsste sie nicht mehr in der chemischen Reinigung arbeiten. Aber wenn Larry nicht zur Schule geht, bleibt er dauernd sitzen. Und wenn er dauernd sitzen bleibt, lernt er nichts. Und wenn er nichts lernt, bleibt er doof und findet nie Öl mit seinem Finger.

Heute werde *ich* verrückt, weil Larry nach der Schule mit mir zu Ruby wollte. Er weiß doch genau, wie wichtig es für mich ist. Lässt der mich hier hängen, oder was?

Natürlich nicht. Nach der Schule holt er mich mit dem Mofa ab. »Glaubst du, ich kann in die Schule gehen, wenn ich an so einem wichtigen Projekt arbeite?«, sagt er und wir starten. Projekt Ruby.

Das Cäciliengymnasium ist nicht weit weg. Trotzdem fährt Larry Höchsttempo, damit wir alles in Ruhe checken können. Wir platzieren uns strategisch günstig im Bushäuschen gegenüber der Schule und warten auf das Ende der sechsten Stunde. Als es endlich klingelt, starren wir wie gebannt auf den Ausgang und lassen ihn keine Sekunde aus den Augen, um Ruby bloß nicht zu verpassen. Ich halte meinen Rucksack auf dem Schoß ganz fest.

»Soll ich Rubys Rucksack schon mal …?«, frage ich Larry.

Aber der schüttelt den Kopf. »Gemach, gemach!«

Tausend Schüler strömen aus der Schule, aber keine Ruby.

»Vielleicht ist ja ihre letzte Stunde ausgefallen …«, überlege ich laut, da kommt sie. Sie und ein anderes Mädchen. Vermutlich diese Alina, ihre beste Freundin. Sie hat ihre Haare auch streng zurückgekämmt, Ballerinas eben.

Larry zieht sein Käppi tiefer ins Gesicht. Er hat sie auch gesehen. Ruby und Alina sind in irgendein Gespräch vertieft und bemerken uns gar nicht, Gott sei Dank. Sie kommen genau auf uns zu. In echt ist Ruby noch Billionen Mal schöner als auf dem Foto. Ich stoße Larry in die Seite. »Jetzt?«, flüstere ich aufgeregt.
Doch Larry legt eine Hand zu mir rüber. Warte noch, heißt das. Wie lange denn noch? Gleich müssen sie nur noch über die Straße, dann ...!
»Jetzt«, sagt Larry.
Ich stehe auf und versuche ruhig zu bleiben. Cool. Meine Knie sind weich und ich habe auf einmal vergessen, wie das geht mit dem Laufen.
Larry gibt mir einen Schubs von hinten. »Los, Alter!«
Und ich stolpere nach vorne. Da schlendern zwei Typen auf Ruby und Alina zu, schneller als ich.
Ich bleibe wie versteinert stehen. Der eine Typ, bestimmt dieser Boris, legt Alina cool den Arm um die Schultern. Der andere turtelt sich an Ruby ran.
»Hey, Alina, wie wär's mit 'nem Eis?«, sagt der Alinatyp.
Alina schüttelt genervt seinen Arm ab und geht einen Schritt zurück. »Kein Bedarf!«
»Komm, wir laden euch ein!«
Jetzt ist Ruby an der Reihe. »Erstens stehen wir nicht auf Eis und zweitens ist das echt die langweiligste Anmache, die man sich nur vorstellen kann. Fällt euch nichts Besseres ein mit euren Minibirnen?« Sie hakt sich bei Alina ein und zieht sie weg. »Komm, Alina, hier stinkt's nach Macho!« Ruby wirft den Typen ein wunderschönes verächtliches Grinsen zu. Dann gehen die Mädchen weiter und lassen die beiden einfach stehen.
Das hat gesessen. Die Jungs schnappen nach Luft. Jetzt bin ich dran, aber Larry hält mich von hinten am Pulli fest.
»Was ist?«, motze ich ihn an. »Gleich sind sie weg!«
Larry steht wortlos auf und schubst mich in die andere Richtung, weg von Ruby.
»Was soll das, Larry?«

Larry schaut sich um, sieht, dass Ruby und Alina außer Reichweite sind, und klopft mir nachdenklich auf die Schulter. »Das geht nicht so einfach, Alter.«
»Ich kenn da jemanden, der hat behauptet, dass es einfacher wäre, als man denkt.«
Larry setzt sich seitlich auf sein Mofa und seufzt. »Hast du nicht zugehört?«
Natürlich hab ich.
»Die ist anders, deine Ruby.«
Ach? Was er nicht sagt!
»Da müssen wir andere Register ziehen, sonst fangen wir uns auch so eine Abfuhr ein. Und wenn du einmal so eine gekriegt hast, dann brauchst du gar nicht mehr aufzukreuzen.«
Ich schaue zu Boris und dem anderen Typen, der sich an meine Ruby ranmachen wollte. Sie glotzen grimmig auf den Boden und verschieben Kieselsteine mit den Füßen.
»Willst du das?«, fragt mich Larry und ich schüttele den Kopf.
Larry schaut auf die Uhr. Wir müssen los zum Spiel.
Als ich hinten auf dem Mofa sitze und Larry Richtung Fußballplatz rast, schreie ich ihm die ganze Zeit in seinen Helm, da, wo das Ohr ist: »Aber was für Register, Larry? Was meinst du?« Ich überlege. »Vielleicht müssen wir irgendwas machen, woran Ruby merkt, dass ich kein Macho bin?« Ich überlege weiter. »Aber woran merkt man das, Larry? Vielleicht bin ich ja auch einer? Was ist überhaupt ein Macho?«
Auf dem Fußballplatz kriegen wir einen ziemlichen Anschiss, weil wir fast zu spät gekommen sind. Wir ziehen uns schnell um und ich will weiter mit Larry über Ruby reden und über die Register.
»Später«, sagt Larry.
Da kommt Tine rein.
»He, Männerumkleide«, pampt Larry sie an.
»Männer? Für was hältst du dich?«, zickt Tine zurück und bleibt in der Tür stehen.
»Raus!«, grölen alle.

Tine wirft eine Kusshand zu mir rein und zwinkert mir zu. »Ich wollte dir viel Glück wünschen, Tim! Ich drücke dir die Daumen!« Sie zeigt mir die Faust, in der sie ihren Daumen drückt, und verschwindet.
»Bei der zum Beispiel«, knurrt Larry, »bei der wäre es einfacher für dich, als man denkt.«
Das weiß ich auch. Das weiß jeder. Tine ist in mich verliebt. Einmal hatte ich eine kleine Schokolade von ihr in meinem Rucksack, in Herzform. Sie ist schon o. k., obwohl sie manchmal ganz schön nerven kann, eines von diesen Hühnern eben. Anderseits ist sie Fan von den Weißen und bei den Cheerleadern ganz vorn, weil sie das am besten kann und jede Menge an ihr dran ist. Vorbaumäßig, meine ich. Sie ist o. k., aber sonst auch nichts. Nicht so wie Ruby.
Auf dem Spielfeld stellen wir uns im Kreis auf und feuern uns an. »Wir sind die Weißen, wir sind die Weißen« und dann Arme hoch, »hepp, hepp, hepp!«
Ich muss mich auf das Spiel konzentrieren. Was hat Bubi gesagt? *Einsatz ist gefragt, der Wille zum Sieg.* Das sagt der so. Mein Einsatz ist irgendwie woandershin verlagert. Mein Wille auch.
Anpfiff.
Tut mir Leid, Jungs, kann sein, dass das gemäßigte Mittelfeld heute noch gemäßigter ist als sonst.

## Andere Register

Ich war schlecht. Nicht gemäßigt oder gemäßigter. Nur schlecht. Viermal habe ich einen gekonnten Pass an mir vorbeilaufen lassen, zweimal habe ich vergessen, auf welches Tor wir eigentlich spielen, und dreimal hab ich mich foulen lassen. Beim dritten Mal bin ich einfach auf dem Spielfeld liegen geblieben und hab in den Himmel gestarrt. Nicht weil er so schön blau war oder wegen der Wolken, sondern weil Rubys Gesicht im Himmel aufgetaucht ist, wie sie gegrinst hat, nachdem sie Boris fertig gemacht hatte. Ein unglaubliches Grinsen. Ich lag da und hab mir überlegt, wie viel ich schon von Ruby weiß, und sie weiß nicht, dass ich das weiß. Sie weiß nicht einmal, dass es mich gibt.
Dann kamen irgendwann die anderen zu mir und haben mit ihren Händen vor meinem Gesicht herumgewedelt, weil sie vielleicht dachten, ich wäre im Koma oder so, und so ganz Unrecht hatten sie ja auch nicht damit. Ruby-Koma! Jedenfalls wurde ich dann ausgewechselt und konnte in Ruhe an Ruby denken.
Kennt ihr das Gefühl? Plötzlich hat man Zeit, an das zu denken, an das man denken will. Dann sitzt man da und denkt so vor sich hin und weiß hinterher gar nicht, an was genau man eigentlich gedacht hat. Aber gedacht habe ich, das bestimmt, und immer nur an Ruby.
Wir haben verloren.

Meine Mutter hat uns nach dem Spiel einen dicken Bohneneintopf gekocht. Larry isst drei Teller. Ich bin mir nicht so sicher, ob das gut für unser Vorhaben ist. Wir wollen doch noch Rubys Tagebuch studieren, andere Register finden und einen Plan aushecken.
»Hey, wie soll das denn heute noch was werden, Larry?«, schimpfe ich. »Kennst du nicht diesen Spruch?«
Larry lässt sich von meiner Mutter ein viertes Mal den Teller auffüllen und sagt mit hoher Quietschstimme verächtlich: »Jedes Böhnchen ein Tönchen? Denkst du daran, Timmi?«

Ich hasse es, wenn er mich Timmi nennt. Das macht er nur, wenn er findet, dass ich doof, albern oder kindisch bin. Timmi darf nur meine Mutter sagen.
»Ja, genau richtig, daran hatte ich gedacht, Larryleinchen«, quietsche ich zurück.
Larry schaut mich ernst an, bevor er sich den nächsten Löffel reinschiebt. »Es gibt Menschen, die nie furzen. Nie. Und dazu gehöre ich.«
Ich seufze und sage nichts mehr, weil das Quatsch ist und weil ich eigentlich nur will, dass er endlich aufhört zu essen.
»Und wenn«, sagt Larry mit vollem Mund, »deine Ruby hört's ja nicht!«
Toll, Larry, toll, dass du das jetzt gesagt hast. Jetzt, wo meine Mutter mit am Tisch sitzt und sofort riesige Blumenkohlohren kriegt.
»Deine Ruby, Timmi?«
Ich vergrabe mein Gesicht in den Händen und stöhne laut, damit Larry merkt, dass ich ihn scheiße finde, und meine Mutter, dass ich ihr nichts erzählen will von Ruby.
»Sag bloß, du bist verliebt?« Sie merkt's natürlich nicht und gerade als sie das sagt, kommt auch noch mein Bruder Benno rein.
»Was hören meine kleinen Öhrchen? Tim ist verliebt?«, grinst er, stellt eine Pappschachtel auf den Tisch, stützt sich mit beiden Händen ab und schaut mir direkt ins Gesicht. »Wer ist denn die Glückliche?«
Ich starre auf die Pappschachtel und fühle mich genauso wie die kleine Maus, die da drin ist. Benno hat einen Leguan. Er heißt Bonzo und frisst lebende Mäuse. Ekelhaft.
Meine Mutter starrt mich an. Benno starrt mich an. Ich starre auf die Pappschachtel und versuche in meinem leeren Gehirn eine Ausrede zu finden. Larry isst Bohneneintopf.
»Kannst es doch erzählen, Timmi«, lächelt meine Mutter mich an. »Who ist Ruby?«
Toll gelernt, Mama! Wer ist Ruby? Was soll ich nur sagen?

*Das schönste Mädchen, das ich je gesehen habe. Ich habe mich in sie verliebt und möchte unbedingt wissen, was ihr davon haltet?*
Eher sterbe ich.
*Nur jemand, den ich zufällig kenne?*
Dann hätte Larry nicht *deine Ruby* sagen dürfen. *Meine Ruby* kann eben nicht nur irgendjemand sein. Aber wer ist Ruby dann?
»Hey, Leute, keine Panik. Ruby ist bloß Tims Alter Ego.« Endlich kommt Larry mir zu Hilfe.
»Alter Ego? What do you mean?«, fragt meine Mutter überrascht.
»Sein zweites Ich, sein Innerstes, die Frau im Mann, wenn ihr versteht, was ich meine«, erklärt Larry.
Benno und meine Mutter verstehen gar nichts und schauen Larry an, als wäre er jetzt komplett durchgeknallt.
Ist er auch, war er schon immer.
Er grinst zufrieden in die Runde. »Timmi, Ruby und ich müssen jetzt Hausaufgaben machen«, verkündet er, zieht mich aus der Küche und dreht sich im Türrahmen noch mal um. »Ach ja, und danke für die Suppe, Frau Steiger.« Tür zu und totlachen!

In meinem Zimmer stürzen wir uns sofort auf Rubys Tagebuch.

*20. 3. 2002*
*hab heute nicht viel zeit – stopp – erdkunde lernen – stopp – warum muss ich eigentlich wissen, wie viel steinkohle in kirgisien gefördert wird im gegensatz zu kasachstan? – stopp – warum heißt es nicht kohlenkunde, wenn es immer nur um kohle geht? – stopp – warum muss sich überhaupt alles immer nur um kohle drehen? – stopp*

»Sie neigt zu platten philosophischen Gedankengängen«, stellt Larry fest.
»Aber sie hat doch nicht ganz Unrecht.«
Larry verdreht die Augen. »Apropos Kohle. Ich krieg schon wieder Kohldampf.«
Jetzt verdrehe ich die Augen.

*4. 2. 2002*
*Sitze an meinem Schreibtisch und höre Schubert, die Messe in Es-Dur. Alina und ich haben alles über ihn gelesen. Was für ein trauriger Mann. Aber lieber einen traurigen Mann, der über die Dinge nachdenkt, als irgend so einen Plattkopf ...*

»Kein Plattkopf, bloß kein Plattkopf.« Larry untersucht hektisch meinen Hinterkopf und ist zufrieden.
»Larry, bin ich traurig?«, will ich wissen und mache ein zutiefst erschüttertes Gesicht.
Larry schaut erschüttert zurück. Dann müssen wir lachen.
»Kennst du dich aus mit Schubert und so?«, will Larry wissen.
Ich schüttle den Kopf.
»Klassische Musik?«, fragt Larry weiter.
Keinen blassen Schimmer.
»Das ist nicht gut.« Er zieht geräuschvoll die Luft ein. »Das ist gar nicht gut.«

*3. 1. 2002*
*Line hat schon wieder die Küche gestrichen. Curry gefiel ihr nicht mehr. Jetzt hat sie endlich einmal meine und Alinas Lieblingsfarbe genommen. Weiß natürlich. Weiß wie diese Seiten hier, weiß wie Nurejew, wenn er im Licht der Scheinwerfer über die Bühne schwebt ...*

Larry schlägt sich an die Stirn. »Weiß! Das ist doch keine Farbe!«

*... Und wer behauptet, dass Weiß keine Farbe wäre, der ist ein Idiot und Nichtswisser. Was soll Weiß denn sonst sein? Nurejew, seufz, ich will einen Tänzer ...*

Larry zeigt mit dem Finger auf mich: »Das ist es, Alter!«
»Das ist was?«, will ich wissen.
Larry hat die ganze Zeit auf meinem Bett gelegen und sich seinen dicken Bauch voller Bohnen gehalten – aber tatsächlich

kein Tönchen (gibt es wirklich Leute, die nicht furzen müssen?). Dabei hat er mir zugehört, wie ich wild durcheinander aus Rubys Tagebuch vorgelesen habe. Jetzt steht er auf, denn jetzt weiß er anscheinend, welche Register wir ziehen müssen. »Ich fasse zusammen«, zählt er auf. »Ruby macht Ballett und will Tänzerin werden. Sie hasst Fußball und Machos. Ihre beste Freundin heißt Alina. Ruby und Alina sind unzertrennlich und haben sogar die gleiche Lieblingsfarbe, die eigentlich keine Farbe ist, nämlich Weiß!«

»Nichtswisser«, sage ich und grinse.

»Ruby steht zusammen mit Alina auf klassische Musik und traurige Männer, sie lesen Hermann Hesse.« Larry steckt sich den Finger in den Hals, was so viel heißt wie: Ich muss kotzen. »Und, das ist der entscheidende Punkt, Ruby möchte einen Tänzer zum Freund.«

Von nebenan aus Bennos Zimmer ist ein klägliches Quieken zu hören. Das war die Maus.

»Das bedeutet, mein Alter ...«, Larry holt Luft und macht es spannend, »... das bedeutet, dass du Tänzer werden musst!«

Ich starre Larry an. Das ist ja wohl nicht sein Ernst. »Du ... du ... « Vor lauter Fassungslosigkeit komme ich ins Stottern und muss noch mal von vorne anfangen. »Du meinst, ich soll ... ins Ballett gehen? Ich?«

Larry lehnt sich an meinen Schreibtisch, nickt wissend und schaut mir tief in die Augen. »Genau das meine ich. Du meldest dich in Rubys Ballettschule an. Du machst in ihrer Gruppe mit. Du tanzt. Da fällt die garantiert tot um, die liebt dich sofort. Das ist der größte Bonuspunkt, den du machen kannst.« Er grinst. »Ich sehe schon überall die Plakate: Tim Steiger, Primoballerino, der neue Star. Und am Ende heiratest du Ruby und gibst Autogramme bei *Frenz & Biedenkopf* in der Strumpfhosenabteilung.« Larry eiert eine Pirouette und lässt sich gackernd wieder auf mein Bett fallen.

Finde ich nicht komisch. Kann ich nicht drüber lachen. Null. Ich klappe Rubys Tagebuch zu und lasse es schnell in meiner

Schreibtischschublade verschwinden. »Weißt du, Larry, wenn du das nicht ernst nimmst, dann kann ich auch gleich gepflegt auf deine Hilfe verzichten. O.k.?«
Larry hört auf zu lachen und zuckt mit den Schultern. »Erstens nehme ich das ernst. Zweitens ist das mein Ernst. Und drittens kann man ja, wenn, dann nur an deiner Ernsthaftigkeit zweifeln, wenn du für deine Angebetete nicht mal ein bisschen Einsatz zeigen willst.« Er schaut mich an.
»Oder?«

## Tiebels Ballettschule

Larry und ich warten vor der Ballettschule. Gut versteckt.
»Wir müssen sichergehen, dass du auch in Rubys Kurs kommst, sonst hat's ja keinen Sinn, Alter«, sagt Larry und deswegen warten wir.
Ich versuche, nicht daran zu denken, was ich hier treibe. Ich, Tim Steiger, werde mich zum Ballett anmelden. Das geht echt nur, weil ich Ruby will, und sonst gar nicht.
Natürlich bin ich gut vorbereitet. Larry und ich haben tagelang geübt. Ruby muss sofort denken: Das ist er, das ist der Typ, den ich gesucht habe. Wir haben zum Beispiel Philosophieren geübt.
Larry war der Stichwortgeber: »Wahre Liebe!«
Wahre Liebe, o.k., was kann man darüber sagen, philosophisch.
»Äh, wahre Liebe ist, äh, also ...«
»Ausgehend von dem Wort *wahr* kann man sagen, dass wahre Liebe die reine Liebe ist. Die Liebe eben, an der nichts falsch ist, der nichts passieren kann, weil sie dazu gemacht ist, genau zwischen den beiden Leutchens stattzufinden, die sie empfinden.«
Danke, Larry.
Ich musste das ganze Hesse-Buch durchlesen und Larry hat mir die anderen, die der noch geschrieben hat, aus der Bücherei geholt. Viele Bücher. Unendlich viele. Jetzt habe ich eine lebenslange Hesse-Allergie.
Außerdem hat Larry getestet, ob ich zuhören kann. Er hat mindestens eine Stunde lang geschwafelt und ich habe versucht ihm zu folgen, aber als er mich dann am Ende gefragt hat, was er gesagt hat ... Na ja, er hat eben viel gesagt.
»Ich bin halt kein Mädchen«, hab ich ihn angepampt.
Da hat Larry eine Augenbraue hochgezogen.
»Was dann? Ein Macho vielleicht?«
Im CD-Regal meiner Eltern habe ich einen Schubert gefunden. Ich glaube, meine Mutter hat mal so einen Kurs gemacht, *Klassik für Anfänger*. Die CD habe ich mir dann am Abend reingezogen.

Ist ja gar nicht so übel, der Schubert. Aber wie soll man ihn zum Beispiel von Mozart unterscheiden oder wie die alle heißen?
Mein Bruder Benno kam reingerumpelt, hat die Musik ausgemacht und sich vor mir aufgebaut: »Sag mal, Kleiner, bist du krank? Das kann man ja nicht aushalten!«
Ich hab die Musik einfach wieder angemacht. »Mann, hey, das ist Schubert!«
Benno hat kopfschüttelnd das Feld geräumt. Einer, der Leguanen lebende Mäuse zum Fressen gibt, kann natürlich nichts von Schubert verstehen.
»Vielleicht hat Ruby heute kein Training«, sage ich zu Larry und fühle mich bei dem Gedanken irgendwie erleichtert.
Da biegen sie plötzlich um die Ecke, Ruby und Alina. Ich presse die Lippen fest zusammen. Das nennt man wohl die Stunde der Wahrheit.
Larry grinst und boxt mir an die Schulter. »Einsatz ist gefragt, Alter, der Wille zum Sieg!«
Das kann er leicht sagen, weil er gleich mit seinem Mofa wegdüst und ein bisschen Spaßfahren macht oder Fußball spielt oder sonst irgendwas Unkompliziertes. Ich winke Larry noch einmal hühnerhaft über die Schulter zu und tänzle los, auf den Zehenspitzen. Ich hüpfe und springe und dreh mich schwanenseemäßig der Ballettschule entgegen. Larry soll bloß nicht denken, dass mir das irgendwas ausmacht. Ich bin cool, eiskalt. Larry lacht sich schlapp und er winkt schwulimäßig zurück. Dann fährt er weg und augenblicklich breche ich wie der letzte sterbende Schwan zusammen. Von wegen eiskalt!
Die Eingangstür zu *Tiebels Ballettschule* ist unglaublich schwer und ich schaffe es nur mit Müh und Not, sie aufzumachen. Da stehe ich in einem langen Gang. An den Wänden hängen lauter verschwommene Bilder von Tänzerinnen, TänzerINNEN wohlgemerkt, und am Ende des Ganges kommt der Saal, der große Tanzsaal. Die Mädels scheinen schon alle drin zu sein. Die Umkleide, an der ich vorbeigehe, ist zumindest leer. Jetzt erst fällt die schwere, schwere Eingangstür von Tiebels Ballettschule hin-

ter mir mit einem lauten Rums ins Schloss. So wie ich jetzt müssen sich die Mäuse in Bennos Leguankäfig fühlen.
Aus dem Tanzsaal kommen leise Klaviertöne. Ich überlege, ob das vielleicht Schubert ist. Wenn ich es wüsste, könnte ich einfach cool reingehen und sagen: *Ah, ich höre schon, man tanzt hier auf Schubert.* Aber ich weiß es nicht.
Geh jetzt rein, Tim. Denk an Ruby, Tim.
Ich hole tief Luft und mache die Tür vom Tanzsaal auf. Leider viel zu heftig. Sie ist nämlich ganz leicht und damit hab ich nicht gerechnet nach der schweren Eingangstür. Deswegen falle ich also praktisch mit der Tür in den Saal. Alle drehen sich zu mir um und Frau Tiebel hört auf Klavier zu spielen. Keiner sagt was. Ich suche Ruby. Sie steht in der Reihe bei den anderen und fummelt irgendwie an ihrem Schuh rum. Jetzt schaut sie hoch, weil sie merkt, dass irgendwas ist, und mir direkt in die Augen. Ich grinse blöd.
»Wen haben wir denn da?«, fragt Frau Tiebel und steht auf.
»Den Tim haben wir da«, krächze ich und die Mädels prusten los.
Frau Tiebel lächelt mich aufmunternd an.
Ich räuspere mich, um meine normale Stimme von irgendwo herzuholen. »Ich möchte gerne hier mitmachen«, bringe ich heiser hervor – wo ist bloß meine Stimme? – und Frau Tiebel schaut mich erstaunt an.
»Das finde ich aber mutig, Tim«, sagt sie und ich weiß auch, warum sie das findet. In diesem ganzen verdammten Tanzsaal ist nicht ein einziger Junge. Nicht einer.
»So bin ich«, krächze ich und grinse schief und die Mädels gackern, während Frau Tiebel mich zur Umkleide mitnimmt.
Ich ziehe meine kurze Fußballhose und ein T-Shirt an. Extra alles in Weiß, in Rubys Lieblingsfarbe. Dann gehe ich todesmutig zurück in den Saal. Todesmutig, weil kein normaler Mensch da wieder reingehen würde. Das ist wahre Liebe, glaube ich, das muss ich Larry nachher unbedingt sagen.
Die Mädels stehen lässig an der Stange, dehnen gelangweilt ihre Gummikörper, tuscheln und warten auf mich. Als ich reinkom-

me, schauen mich alle an und grinsen. Frau Tiebel legt mir freundschaftlich den Arm um die Schultern und erklärt den anderen, wie toll sie es findet, dass ich mitmache, und dass sie sich überlegt hat, dass ich doch den Baum – DEN BAUM!!! – in ihrer Aufführung spielen könnte. An dieser Stelle können die Mädels natürlich nicht mehr an sich halten und prusten los. Außer Ruby. Die lacht nicht. Das beruhigt mich einen Moment, doch dann überreicht Frau Tiebel feierlich ein Anmeldeformular. Meine Eltern sollen es unterschreiben, sagt sie. Auch das noch. Wenn mein Vater und Benno mitkriegen, was ich hier mache, denken die doch, ich wäre verrückt geworden, und lassen mich sofort abholen. Außerdem kostet das Ganze auch noch richtig Kohle. Dabei müsste ich dafür Geld kriegen, dass ich hier den Hampelmann mache oder den Baum oder sonst was.
Frau Tiebel klatscht in die Hände. »So, jetzt wird's ernst, Kinder.«
Das kann man laut sagen.
Die Mädels stellen sich alle kerzengerade an die Stange und ich reihe mich ganz hinten ein, damit sie mich wenigstens nicht sehen.
Frau Tiebel haut in die Tasten und gibt Anweisungen. »La prömiär e plije e la säcond e …!«
Super, dass das auf Französisch ist, das kann ich nämlich gar nicht. Warum sagt sie nicht einfach: Füße verknoten, in die Knie gehen, sich die Beine brechen und trotzdem weiterlächeln? Ich versuche den Mädels alles nachzumachen, möglichst gerade, immer gerade. Aua.
»Turne!«, sagt Frau Tiebel jetzt.
Ich schaue, was die Mädels machen, und die drehen sich alle um. Drehen sich um und grinsen mich an, weil ich mich natürlich noch nicht umgedreht habe. Ich merke, wie ich rot werde, und hole es schnell nach, das Drehen. Aber jetzt weiß ich gar nicht mehr, was ich machen soll, weil ich nun der Erste in der Reihe bin.
»La truasiäm …«, sagt Frau Tiebel an.

La truasiäm? Welchen Fuß soll ich wohin knoten und warum?
»Ruby, gehst du bitte vor Tim, damit er bei dir abschauen kann?«
Oh danke, Frau Tiebel. Ruby vor mir, das ist alles, was zählt.
Sie geht an mir vorbei und lächelt mich an. Leider kann ich nicht zurücklächeln, weil ich gerade einen Doppelknoten in meinen Beinen verkraften muss. Ab jetzt schaue ich in Rubys Rücken, auf ihren schönen Hals, und es ist mir egal, dass die Hühner hinter mir aus dem Kichern nicht mehr rauskommen. Ruby kichert nicht! Jetzt streckt sie ihr Bein aus, sehr elegant und sehr hoch, und legt es dann auf der Stange ab. Ich versuche es auch. Aber weil ich nur Socken anhabe und Ballett auf dem glattesten Boden der Welt geübt wird, rutscht mein Standfuß weg. Ich kann mich nicht mehr halten und knalle der Länge nach hin. Die Hühner können sich auch nicht mehr halten und kichern, was das Zeug hält, lachen sich halb tot.
Ruby lacht nicht, sie verteidigt mich sogar. »Haltet gefälligst die Klappe!«, höre ich sie schreien, während ich abhaue, weil ich es nicht mehr aushalte und weil ich alles verpatzt habe. Ich stürme aus dem Saal, schnappe mir meine Klamotten aus der Umkleide, renne den langen Gang runter zu der schweren Eingangstür. Weg, bloß weg hier. Wo ist das Erdloch, in dem ich verschwinden könnte?
Ich finde nur eine Bank, lasse mich darauf fallen und verzichte auf jede weitere Bewegung. Mannomann, Larry, was war das denn für eine Scheißidee? Ich hätte Ruby doch einfach so anquatschen können. Ich hätte ihr zeigen können, dass ich zwanzig Minuten lang auf dem Kopf stehen kann, ohne umzufallen. Oder ihr Popcorn à la Tim machen. Ich hätte alles tun können, alles. Aber nicht in die Ballettschule reinlaufen und mich vor ihren Augen zum Affen machen. Tim, zieh dich an und geh nach Hause, denke ich, aber ich kann mich nicht bewegen, nur vor mich hin starren und einem Spatz zugucken, der allen Ernstes glaubt, die kleinen Kieselsteine wären Brotkrümel. Er probiert sie dann auch alle durch. Armer Spatz.

Ich wache erst wieder aus meiner Erstarrung auf, als Ruby sich neben mich setzt. Sofort versuche ich Haltung anzunehmen. Bloß nicht den Eindruck erwecken, als hätte mich das getroffen. Aber was macht sie hier? Warum lässt sie mich nicht allein mit meiner Schande?
»Hallo, Tim«, sagt sie einfach und ich nicke zur Begrüßung, weil ich kein einziges Wort rauskriegen kann.
»Hör mal, das war wirklich peinlich ... «, redet Ruby weiter und ich denke nur, was du nicht sagst, »... wie die Mädels da rumgekichert haben!«
Ein Lichtstreifen am Horizont. Sie fand nicht mich peinlich, sondern die Mädels. Ich winke locker ab. »Ach lass, so läuft das nun mal!« Sehr philosophisch, Tim, bravo.
»Wir haben beschlossen, dass wir dir Nachhilfe geben«, sagt Ruby und in diesem Moment setzt sich Alina auf der anderen Seite neben mich. »Ruby hat das beschlossen«, sagt sie.
Ruby wendet sich gleich – und ich sitze dazwischen – an Alina, um Überzeugungsarbeit zu leisten. »Das ist doch echt toll, dass wir endlich einen Tänzer haben. Er kann es doch gar nicht können, wenn er es noch nie gemacht hat.« Sie schaut mich an. »Oder hast du schon mal?« Ich schüttle den Kopf und Ruby nickt Alina zu. »Na also!«
Dann eröffnet mir Ruby ihren Plan: Sie geben mir jeden Nachmittag Nachhilfe bei ihr zu Hause. Morgen geht's los, würde sie vorschlagen, und dann sieht das beim nächsten Mal schon alles ganz anders aus. »Willst du?«, fragt sie mich und lächelt mich so an, dass mir wieder mal die Spucke wegbleibt und ich nur nicken kann. »Also, morgen um drei, Wörther Gasse 74–76 bei Ronsdorfer, Autowerkstatt Ronsdorfer. O. k.?«
O. k. Die beiden verschwinden und ich kann es nicht unterdrücken, das riesige Grinsen, das jetzt auf meinem Gesicht auftaucht. Was für eine Wahnsinnsidee, Larry, was für ein genialer Plan! Ich werde jeden Nachmittag mit Ruby zusammen sein. Nicht nur einmal die Woche in der Ballettschule, nein, jeden Nachmittag. Danke, Larry! Wenn ich dich nicht hätte!

## Heute ist morgen

Fünf vor drei. Ich stehe vor der Autowerkstatt Ronsdorfer und schaue Larry hinterher, der mal wieder einfach mit seinem Mofa wegfahren kann, weil er sich nicht in Ruby oder sonst irgendjemanden verliebt hat, und deswegen frei ist. Sehr philosophisch, oder? Nicht lieben macht frei. Stimmt das?
Seit ich Rubys Rucksack gefunden habe, geht es zumindest um nichts anderes mehr. Nur um Ruby. Ich bin nicht mehr frei für nichts. Voll blockiert. Bis vor kurzem war ich ein ganz guter Mittelfeldspieler bei den Weißen und der größte Fan von Bubi, bin jeden Nachmittag mit Larry rumgehangen und hab gedacht, das ist gut so. War auch gut. Ist immer noch gut. Nur ein bisschen in den Hintergrund gerückt. Ja, und das merke nicht nur ich.
Als ich gestern nach dem Ballett zum Fußballplatz kam, hab ich als Erstes den Anschiss meines Lebens kassiert.
»Fußball ist nicht nur einen Ball hin- und herkicken. Fußball ist nicht nur Technik und Talent. Fußball ist hauptsächlich Disziplin und Einsatz. Fußball muss dein Leben sein, Tim, sonst kannst du es gleich lassen.« Der Trainer stand vor mir und war ziemlich sauer, weil ich nicht zum Training gekommen war. Unentschuldigt. »Du weißt, auf was es bei uns ankommt, und du kennst die Regeln. Erstens: Teamgeist, zweitens: Pünktlichkeit, drittens …?« Er durchbohrte mich mit seinem Blick. »Drittens …?«
»Zuverlässigkeit«, murmelte ich kleinlaut.
Der Trainer zückte das Logbuch – so nennt er sein tolles Heft, wo er immer alles reinschreibt, Strafen und wer gut ist und wer nicht und so. Und da kritzelte er etwas Schlechtes über mich hinein. Larry schaute die ganze Zeit zu uns rüber, weil er schrecklich neugierig war und jedes kleine Fitzelchen wissen wollte, was ich in *Tiebels Ballettschule* erlebt hatte. Aber er musste sich noch ein bisschen gedulden, bis ich meine Strafrunden abgelaufen hatte, das Training zu Ende war und Tine sich verzogen hatte, die mich allen Ernstes ins Kino einladen wollte. Mich! Jetzt! Ich bin besetzt. Voll besetzt!

Larry war natürlich begeistert, weil sein Plan noch besser funktioniert hat als erwartet. »Wichtig ist, dass wir jetzt bei der Stange bleiben, Alter. Das will alles gut durchdacht sein, da darf jetzt kein Fehler passieren!« Larry stand in unserer Küche und machte Popcorn à la Larry. Das ist mit Paprika. Die Maiskörner flogen ihm aus der Pfanne um die Ohren und ich saß auf der Arbeitsplatte und konnte morgen kaum erwarten.

Heute ist morgen. Rubys Vater hat eine ziemlich große Werkstatt. Überall stehen Autos, die nur noch zur Hälfte Autos sind, alte Motorräder, Reifenstapel, Schrott. Alles in einem so großen Hof, dass ich mich frage, wo die normale Haustür sein könnte. Eigentlich wollte ich Paprikapopcorn à la Larry mitbringen, aber dann hat er es doch vollständig aufgegessen. Also hab ich die Schubert-CD von meinen Eltern eingepackt, weil meine Mutter eh schon längst vergessen hat, dass sie mal in so einem Kurs war.
Plötzlich tippt mir einer von hinten auf die Schulter. Ölfinger.
Ein Typ mit langen Haaren und Vollbart, älteres Semester, will aber jung bleiben. »Bist du auf der Suche nach Ruby?«
Ich nicke und er streckt mir strahlend seine ölverschmierte Hand hin. »Ich bin Ronny, Rubys alter Herr!«
Ich schüttle ihm einigermaßen sprachlos die Hand. So sieht also Rubys Vater aus.
Er winkt mir, ihm zu folgen, und während ich ihm hinterherlaufe – durch die Werkstatt und unter der Hebebühne durch, vorbei an einem uralten Radio, aus dem noch uraltere Rockmusik dröhnt, durch ein winziges Bürohäuschen aus Glas, in dem echt und ehrlich ein Poster von den Stones hängt (kennt ihr die, die sind von vor der Steinzeit?) –, redet er die ganze Zeit. »Freut mich ja, dass da mal frischer Wind reinfegt in Rubys Leben. Ich meine, ich hab ja nichts gegen Alina, aber diese Tanzerei, das kann einen wahnsinnig machen. Ich weiß nicht, wieso sich ausgerechnet meine Kleine für diese Hampelei interessiert. Meine Frau, die Line, ihres Zeichens Rubys Mutter, die hat da auch keine Tenden-

zen in die Richtung. Wir sind eher so alte Rocker, wenn du verstehst, was ich meine.«
Er stemmt sich gegen eine Tür und wir stehen mitten in der Küche. Die wird gerade frisch gestrichen, und zwar von einer Frau mit langen, lockigen Haaren bis zum Hintern, der in einer superkurzen abgeschnittenen Jeans steckt. Das ist die Mutter von Ruby, eindeutig, die gleichen Haare. Und steht auch auf die Stones, die laut durch die Küche dröhnen.
»Line!«, brüllt Ronny. »Das ist …« Er legt mir einen Arm um die Schultern. »Wie heißt du eigentlich?«
»Tim!«, schreie ich und die Mutter winkt mir grinsend mit dem Pinsel.
»Hallo, Tim, der Tänzer!«, ruft sie mir zu und Ronny nimmt seinen Arm weg und stemmt die Hände in die Seiten. »Wie – Tänzer?« Er führt mich aus der Küche raus ins Wohnzimmer. »Ich dachte, jetzt kommt endlich mal ein richtiger Kerl ins Haus, einer, mit dem ich Fußball gucken kann. Stehst du etwa nicht auf Fußball?«
Im Wohnzimmer hängen überall Wimpel von den Weißen und nichts könnte ich besser und würde ich lieber tun, als jetzt mit Ronny darüber zu diskutieren, ob die Weißen es schaffen können, das Halbfinale zu erreichen. Aber da kommt Ruby aus dem ersten Stock die Treppe runter und mir fällt gerade noch ein, dass ich Fußball nicht mögen darf. So wie Ruby.
»Ronny, lass Tim mit deinem Fußballscheiß in Ruhe!«, schnauzt sie ihren Vater an und nimmt mich mit nach oben in ihr Zimmer.
Da ist alles ganz anders. Kein Chaos. Keine laute Musik. Keine Stones. Stattdessen hängen überall verschwommene Plakate von Ballerinas. Warum müssen Ballerinas eigentlich immer verschwommen fotografiert werden? Während ich mich umschaue, schimpft Ruby über ihren Vater, der zwar, wie sie sagt, ein lieber Kerl ist, aber eben ziemlich nerven kann. Es läuft leise klassische Musik und ich überlege fieberhaft, was das sein könnte, denn das wäre schon mal ein ganz guter Anknüpfungspunkt. Und weil ich

keine Ahnung hab, bewege ich mich unauffällig zur Anlage, auf der die CD-Hülle liegt.
Ruby setzt sich umgedreht auf ihren Schreibtischstuhl, so dass sie die Arme um die Lehne legen kann, und die wäre ich gerne, die Lehne. »Setz dich doch. Wir warten noch auf Alina«, sagt sie und schaut mich an mit ihren Augen. – Mit was sonst, aber ich meine, *ihre* Augen, Ruby-Augen.
Ich erkenne aus den Augenwinkeln den Namen *Tschaikowsky* auf der CD-Hülle. Dann lasse ich mich in einen Sessel fallen und schaue mit *meinen* Augen hier hin und da hin, nur nicht in Rubys Augen.
»Wie kommt das, dass du tanzen willst?«, fragt sie mich und sortiert ihre Lockenmähne neu in das Haargummi.
»Ich find das eben schön«, nuschle ich. »Steh auch auf klassische Musik, weißt du.« Ich nicke mit dem Kopf Richtung Anlage. »Tschaikowsky, nicht schlecht, aber am liebsten mag ich Schubert.« Wow. Super untergebracht!
Ruby lächelt mich an. »Du bist der erste Typ, den ich kennen lerne, der überhaupt schon mal was von Schubert gehört hat. Die anderen denken immer gleich, das wäre ein Fußballspieler.«
Ich denke, dass die anderen auch Recht haben, Hans Schubert, hat die 14 bei den Weißen.
»Ich weiß, der spielt bei den Weißen«, sagt Ruby.
»Ich kenne alle bei den Weißen, wegen Ronny. Und du?«
Ich zucke mit den Schultern. »Klar, man kennt die irgendwie. Aber sonst …!«
Sehr verschwommene Aussage. Fußballaussage so verschwommen wie Ballettposter.
Jetzt breitet sich Stille zwischen uns aus und ich überlege fieberhaft, was ich noch sagen könnte.
»Ich kann zwanzig Minuten auf dem Kopf stehen.«
»Niemals, das schaffst du nicht.«
»Locker.«
»Nie!«

**141**

Als ich zehn Minuten auf dem Kopf gestanden habe, kommt Alina. »Hey, ist heute Bodenturnen angesagt?«
Ruby schaut auf ihre Stoppuhr. Die ganze Zeit schon kniet sie vor mir und stoppt die Zeit. Wenn sie was sagt, beugt sie ihr Gesicht auf meine Augenhöhe und dreht den Kopf, damit ich ihn nicht verkehrt herum sehe. Es ist wirklich ein Wunder, dass ich noch nicht umgefallen bin vor lauter Begeisterung. Sie riecht gut und wir sind uns irgendwie ganz nah, obwohl ich andersrum bin. Nein, so meine ich das natürlich nicht, obwohl ich halt auf dem Kopf stehe. Das Gefühl ist so wie neulich, als ich den Rucksack gefunden habe und er sich anfühlte, als würde er zu mir gehören. Nicht fremd. Ruby steht jetzt auf und ich beobachte die beiden Mädels von auf dem Kopf aus. Sie quatschen über die Ballettaufführung und darüber, wie sie mir am schnellsten alles beibringen können und ob sich jemand gemeldet hat wegen Rubys verschwundenem Rucksack – natürlich nicht, das wüsste ich.
Dann findet Alina plötzlich etwas auf Rubys Schreibtisch, eine Postkarte oder so ähnlich. »Hey, ich dachte, die war für deinen Vater?«
Alina dreht die Postkarte in den Händen und ich sehe, dass es eine Autogrammkarte von Bubi ist. Die hat Ruby sich geholt, als sie ihren Rucksack vergessen hat, klar. Aber warum?
»Ist sie auch«, sagt Ruby und klingt ein bisschen angefressen. Sie nimmt die Karte an sich und wirft sie achtlos zurück auf den Schreibtisch. »Aber erst zum Vatertag!«
Ich merke, dass ich demnächst sämtliches Blut im Kopf haben werde und keinen Tropfen mehr irgendwo anders, und frage mich, ob man auch nur als Kopf leben kann.
Da erinnert sich Ruby an mich. »Hey, nur noch zwei Minuten!«
Die schaffe ich auch noch, denke ich, als die beiden plötzlich anfangen sich direkt vor meinen umgekehrten Augen umzuziehen. Gut, dass ich durch das Kopfstehen schon komplett rot bin, denn jetzt würde ich es bestimmt werden. Sie haben überhaupt keine Hemmungen, als wäre ich gar nicht da oder ein anderes Mädchen oder was weiß ich. Und ehe ich mich versehe, stehen die bei-

den nur noch in Höschen und BH vor mir. Ich muss schlucken. Super Figürchen, vor allem Ruby, und die Perspektive macht es irgendwie noch aufregender. Plötzlich spüre ich zu meinem Entsetzen, dass doch noch nicht alles Blut in meinen Kopf geflossen ist, sondern sich nun sammelt und in ein anderes Körperteil schießt, in dem es jetzt, ausgerechnet jetzt, echt nichts zu suchen hat. Ich schiele von einer zur anderen, bete, dass sie es nicht bemerken, dass sie es nicht sehen. Ich versuche wegzugucken, damit ich sie nicht mehr im Blickfeld habe und sich die Lage wieder beruhigt. Aber sie stehen einfach direkt vor mir und ich habe keine Chance.

»Eine Minute noch, eine Minute muss er noch stehen«, sagt Ruby zu Alina.

Panik steigt in mir hoch. Wen meint sie? Mich oder …? Ich versuche mich abzulenken, denke an Bonzo, denke an meine Mutter in der Volkshochschule, denke an Larry, wie er Bohneneintopf in sich reinschaufelt, denke an alles Mögliche, was irgendwie abtörnend ist. Doch komischerweise macht das alles die Sache nur noch schlimmer.

»Fünf, vier, drei, zwei, eins, fertig«, zählt Ruby ab.

Gott sei Dank. Sofort lasse ich meine Beine fallen, setze mich auf und ziehe erleichtert mein T-Shirt bis zu den Knien. Ich bin gerettet.

»Willst du dich nicht auch umziehen?«, fragt Ruby und schlüpft in ihren Ballettdress.

Von wegen gerettet.

»Ich?«

Die Mädels nicken.

»Leider keine Sachen dabei«, krächze ich und grinse schief.

Nachdem sich mein Blut wieder gleichmäßig verteilt hat und da ist, wo es hingehört, tauche ich komplett in die Welt des Tanzes ein. Ich bin total versunken und bleibe es auch die ganze Zeit. Wie benebelt lasse ich mir von den Mädchen Schritte, Positionen, Sprünge erklären, mache Dehnübungen und versuche mir die französischen ä- und ö-Wörter irgendwie zu merken. Ich

krieg's schon mit, aber ich krieg's auch nicht mit. Ich weiß nicht, wie lange wir beschäftigt sind, vielleicht Monate, vielleicht auch Jahre. Als Rubys Mutter zum Abendessen ruft, komme ich zumindest erst wieder richtig zu mir und da hält Ruby gerade meine Hand, weil ich versuche auf einem Bein auf Zehenspitze zu stehen und das andere grazil – GRAZIL! – von mir zu strecken.
»Du hast echt Talent«, sagt Ruby zu mir und ich weiß nicht genau, ob das im Allgemeinen ein Kompliment ist, im Moment und von Ruby auf jeden Fall. »Oder was meinst du, Alina?«
Alina nickt und klopft mir anerkennend auf die Schulter. Dann muss sie schnell nach Hause und ich auch. Ruby bringt uns noch raus.
»Magst du Popcorn?«, frage ich heiser und Ruby nickt.

Natürlich komme ich zu spät zum Abendessen.
»Hab mich mit Larry verquatscht«, murmle ich als Entschuldigung und baue auf meinem Teller eine Kartoffelpüreemauer. Unüberwindlich. Da kommt keiner rein, zu Ruby und mir.
Benno hat seinen penetranten Abend und behauptet, ich wäre komisch in letzter Zeit, weil ich zum Beispiel klassische Musik höre. Sofort geht eine Diskussion los, ob das gut ist oder schlecht. Und mir fällt ein, dass ich vergessen habe Ruby den Schubert von meiner Mutter zu schenken.
»Aber, gegen einen gepflegten Schubert ist doch nichts einzuwenden«, erklärt meine Mutter. »Da muss ich auch noch irgendwo eine CD haben.«
Gut, dass ich vergessen habe sie Ruby zu schenken.
»Tschaikowsky ist auch gar nicht so schlecht«, rutscht es mir raus.
Schwupp. Alle schauen mich an.
»Nehmen wir gerade in der Schule durch!«
Erleichtert wendet sich meine Familie wieder dem Essen zu.
Ich denke an Ronny und Line, an das Chaos und die Stones. Schon anders, bei Ruby zu Hause. »Mochtest du die Stones?«, frage ich meinen Vater, obwohl sie gerade über was anderes reden.

Schwupp! Wieder schauen mich alle an.
Mein Vater grinst und springt auf. »Ob ich die mochte? Ob ich die mochte? Ich liebe sie!« Er stürmt zur Anlage und legt so eine alte Stones-Platte – PLATTE!!! – auf und meine Mutter wird auch ganz aufgeregt. »Our song, honey, take our song!
Mein Vater setzt die Nadel auf. Knirsch, kratz. Meine Eltern schauen erwartungsvoll in die Ferne, Benno kriegt den Mund nicht mehr zu und dann singen die Stones. *Ruby Tuesday.* So heißt das Lied. Und so heißt Ruby. Deswegen. Wetten?

## Popcorn à la Tim

Alles ist so perfekt, als müsste es so sein und würde niemals wieder anders werden. Mit Ruby Popcorn futtern im Hinterhof! Nach meiner ersten Nachhilfestunde bei ihr lag ich mit dem größten aller möglichen Glücksgefühle im Bett, dieses Lied von den Stones in der Birne und kein Schlaf in Sicht. Ich hatte stundenlang mit Larry telefoniert und alles erzählt und Larry war sehr zufrieden.
»Projekt Ruby läuft ja hervorragend«, sagte er.
»Hast du schon mal drüber nachgedacht, wo du das Geld her nimmst für deine Ballettstunden?«
Hatte ich natürlich noch nicht, weil ich immerzu nur an Ruby dachte. Da war ich wieder mal froh, dass es Larry gab.
»Die Bäckerei Seitz sucht einen, der morgens die Brötchen austrägt. Ich denke, das solltest du machen, Alter.«

Frau Tiebel fiel aus allen Wolken, als ich in der nächsten Ballettstunde schon gleich viel besser war. Den anderen Mädels ist das Kichern vergangen, weil Frau Tiebel die ganze Zeit gesagt hat: »Nehmt euch mal ein Beispiel an unserem Tim!«
Ruby hat zufrieden gegrinst und den Finger an den Mund gehalten, weil es ein Geheimnis bleiben sollte, dass sie mir Nachhilfe gibt. Nach dem Ballett hatte ich es ziemlich eilig, wegen Fußball. Es ist leider so, dass das Ballett um 15 Uhr aus ist und das Fußballtraining um 15 Uhr anfängt. Deswegen musste ich Frau Tiebel vormachen, dass ich um 15 Uhr Mathenachhilfe habe und eher gehen muss. Ich war ziemlich glücklich, weil alles so gut gelaufen ist. Larry wartete mit dem Mofa auf mich. Als ich mich noch mal umgedreht habe, standen Ruby und Alina am Fenster der Ballettschule und ich hab gewunken.
»Was meinst du?«, hab ich Larry von hinten in den Helm gebrüllt.
»Ich könnte doch nach dem Training bei Ruby aufkreuzen und ihr Popcorn machen. Sie mag Popcorn und so vom Gefühl her könnte heute der Tag sein, an dem …!«

»Was?«, hat Larry zurückgebrüllt. »Versteh kein Wort!«
Egal, das war jetzt eh schon beschlossene Sache. Vielleicht würde mein Gefühl Recht behalten und es wäre der Tag des Kusses, des ersten von Millionen von Küssen zwischen Tim und Ruby. Nein – der Esel nennt sich immer zuerst –, zwischen Ruby und Tim. Meine Güte, schon beim Fußballtraining war ich bei dem Gedanken daran vollkommen aus dem Häuschen und ziemlich aufgedreht. Der Trainer hat wieder einen Minuspunkt in sein Logbuch geschrieben, wegen Rumalbern. Aber ich war eben gut drauf, was kümmert's die Verliebten?
Nach dem Training bin ich mit einer Tüte Maiskörner direkt zur Autowerkstatt Ronsdorfer gerast und Ruby genau in die Arme. Sie wollte gerade los zu Alina.
»Hey, Tim, hab ich dich vergessen?«
Ich hoffe nicht, hab ich gedacht, aber nicht gesagt, sondern: »Nee, ich dachte nur, ich könnte dir Popcorn machen, weil du doch gesagt hast, du magst das ganz gerne und so.«
Ruby hat mich angelächelt (!) und wir sind in die Küche, die jetzt von Line fertig gestrichen war, und zwar ganz in Pink! Eigentlich wollte Ruby noch schnell Alina anrufen und sie einladen vorbeizukommen. Aber dann hat sie es irgendwie vergessen, weil wir ziemlich viel zu tun hatten mit dem Popcorn. Und ehrlich gesagt, war mir das gar nicht so unrecht, mit Ruby allein zu sein, klar.
Ich erzählte Ruby, dass es ganz verschiedene Arten von Popcorn gibt. »Larry zum Beispiel, der macht es immer mit Paprika und in der Pfanne, weil er drauf steht, wenn ihm die heißen Maiskörner beim Platzen um die Ohren fliegen. Das ist dann Popcorn à la Larry!«
Ruby setzte sich auf die Arbeitsplatte neben dem Herd, baumelte mit den Beinen und schaute mir zu, wie ich die Maiskörner auf dem Topfboden verteilte. Öl rein, Deckel zu.
»Und Larry, das ist dein Freund?«, wollte sie wissen.
Ich erzählte ihr von Larry und war ganz begeistert, weil Ruby mir zuhörte, weil sie sich für mich interessierte, weil sie wissen wollte, wer mein Freund ist und wie der ist und so. Sie würde das doch

nicht wissen wollen, wenn ich ihr total egal wäre. Die Maiskörner fingen an im Topf herumzuspringen und ich grinste Ruby an: »Klappt. Popcorn à la Tim, entweder mit Zucker oder mit Salz. Was darf's sein?«
»Bloß kein Zucker, ich bin eh viel zu dick!«, wehrte Ruby ab.
Da musste ich ihr natürlich widersprechen, weil sie überhaupt nicht zu dick ist, sondern genau richtig.
»Genau richtig ist aber viel zu dick für eine Ballerina«, meinte Ruby. Also Popcorn à la Tim mit Salz.
Jetzt sitzen wir jeder auf einem Reifenstapel im Hinterhof, futtern Popcorn, plaudern hin und her und es ist das Allerschönste, was einem passieren kann.
»Wir müssen weiter an dir arbeiten«, sagt Ruby ernst, aber mit vollem Mund. »Du musst ein guter Baum werden in unserer Aufführung!«
»Apropos Baum«, werfe ich locker ein, weil es ja nicht schaden kann, wenn ich mal wieder etwas erzähle, was unsere Gemeinsamkeiten unterstreicht. »Larry und ich waren gestern Nacht im Schwimmbad.« O.k., der Übergang war ein bisschen holprig, aber immerhin, Kurve gekriegt. »Einfach übern Zaun geklettert und ins schwarze Nichts gesprungen. Genial ist das, musst du unbedingt mal machen.«
Ruby ist natürlich begeistert. »Längst passiert, Mann. Alina und ich machen das schon seit Jahren!«
Jetzt muss ich einen drauf setzen, klar. Ich erzähle ihr eine haarsträubende Geschichte, wie Larry und ich uns vor dem Schwimmbadwächter und seinem bissigen Schäferhund im Gebüsch versteckt haben, aber Larrys Hintern weiß wie Mehl aus dem Gehölz blinkte. Und wie wir dann eben gerade noch über den Zaun fliehen konnten und nackt mit der U-Bahn nach Hause fahren mussten.
Ruby sinkt immer tiefer in den Reifenstapel vor lauter Lachen und ich kann sie gerade noch vor dem endgültigen Verschwinden retten. Da kommt ihre Mutter mit dem Telefon. Sie ist barfuß und bimmelt, weil sie ein Kettchen mit lauter Glöckchen um

den Fuß hat. »Telefon für dich, Ruby«, sagte sie und zwinkert mir zu.
Ich weiß nicht genau, was sie mir damit sagen will, aber es hat was mit Sympathie zu tun und dass sie nichts dagegen hat, dass ich mit ihrer Tochter auf den Reifenstapeln sitze und esse. Ich grinse sie an und schenke ihr ein bisschen Popcorn à la Tim, während Ruby telefoniert, immer ernster wird und sich ihr Gummi aus den Haaren zieht. Schon sind überall Haare und ich kann gar nicht mehr weggucken.
»Es tut mir Leid, Alina«, entschuldigt sich Ruby jetzt. »Ich hab's einfach vergessen.« Dann legt sie auf, starrt ein bisschen das Telefon an und seufzt. »Ich hab vergessen Alina Bescheid zu sagen.«
»Und jetzt ist sie sauer?«, frage ich und überlege, ob ich tröstend Rubys Hand nehmen soll. Aber als ich mich gerade dafür entschieden habe, versucht sie ihre Haare wieder mit dem Gummi zu bändigen und dafür braucht man bei Ruby zwei Hände, mindestens.
»Klar«, sagt sie und wickelt eine Haarsträhne um ihren Finger, die sich wieder befreit hat. Dann erzählt sie mir von Alina, was ich eigentlich schon längst aus ihrem Tagebuch weiß. »Alina ist meine beste Freundin, verstehst du? Wir machen alles zusammen, alles, und das soll sich eigentlich auch nie ändern.«
»Bin ich schuld?«, frage ich. Einerseits wäre ich ja stolz darauf, wenn es an mir liegt, dass Ruby nicht mehr so viel mit Alina macht, weil sie lieber mit mir zusammen ist. Auf der anderen Seite ist Ruby jetzt offensichtlich traurig wegen Alina, und das will ich auch wieder nicht.
Ruby nimmt meine Hand – sie überlegt eben nicht lange – und betrachtet sie nachdenklich.
»Nein, nein … du bist nicht schuld!«
Ich halte die Luft an und versuche mir das Gefühl zu merken: Meine Hand in Rubys Hand, aber da lasst sie schon wieder los.
»Ich hätte nie gedacht, dass es Dinge gibt, die ich Alina nicht erzählen kann«, seufzt Ruby.
Jetzt wird sie es mir erzählen. Mir, Tim, ihrem besten Freund und Zuhörer …

Da kommt Bubi, Tim Bubeck höchstpersönlich, mit seiner Vespa in den Hinterhof geschoben.
»Wow, das ist doch Bubi!«, flüstere ich und hätte mir gleich darauf am liebsten die Zunge abgebissen, weil Ruby ja nicht wissen darf, dass ich auf Fußball stehe. Trotzdem bin ich natürlich komplett angestochen. Ich sitze mit dem süßesten Mädchen aller Zeiten zusammen, da kommt mein größtes Fußballidol dahergespaziert, einfach so und ganz privat. Das ist doch Wahnsinn! Ein unglaublicher Zufall! Schicksal!
Ruby starrt Richtung Bubi und ihre Haare sehen aus wie aufgeladen. Sie tastet nach meinem Arm und drückt ihn, so fest sie kann. »Du hast Recht«, flüstert sie. »Du hast Recht!«
Ich frage mich, warum sie das so aufregt. Sie hasst doch Fußballspieler! Oder?
Bubi bleibt mitten im Hof stehen, schaut sich um und entdeckt uns. »Hi«, sagt er und ich hebe lässig die Hand zur Begrüßung.
Ruby bewegt sich nicht.
»Mein Kübel ist im Arsch«, erklärt Bubi uns und kommt auf uns zu. »Hab gehört, hier wär 'ne Profiwerkstatt.«
Ich schaue zu Ruby. Eigentlich ist sie jetzt dran, mir was sagen, macht sie aber nicht. Ich will gerade antworten, irgendwas extrem Lockeres, so wie: *Klar ist das 'ne Profiwerkstatt hier, Baby.*
Da kommt Ronny aus der Werkstatt geschossen und stürzt sich auf Bubi. »Hey, das ist nicht wahr. Bubi persönlich in meinen bescheidenen Hallen, ich traue meinen Augen nicht. Mensch, ich bin dein größter Fan, stimmt's, Ruby?«
Ruby nickt ganz langsam und Ronny legt Bubi den Arm um die Schultern, als würde er ihn schon hundert Jahre kennen, und schiebt mit ihm und dem Motorroller ab Richtung Werkstatt, nicht ohne ununterbrochen zu reden. »Hör mal, mein Junge, ihr kriegt das doch hin mit dem Halbfinale, das ist doch drin, ich meine, wie steht's um dich, alles gesund, alles fit? Wir brauchen dich, das weißt du ...« Und so weiter.
Ruby schaut den beiden hinterher und ich schaue zu Ruby und wedle ihr mit der Hand vor dem Gesicht herum.

»Hey, Ruby«, sage ich. »Wie wäre es denn, wenn du jetzt aus der anderen Welt zurückkommst und mir erzählst, was du mir erzählen wolltest?«
Ruby schaut mich an, aber eigentlich durch mich durch.
»RUBY, das war ein Fuß-ball-spie-ler!« Vielleicht hilft ja ein Schock.
Ruby lässt meinen Arm los und sackt in sich zusammen. »Entschuldigung«, murmelt sie und ich weiß jetzt eigentlich nicht genau, für was. Irgendwie hat Bubi sie aus dem Konzept gebracht. Auf einmal will sie mir nicht mehr erzählen, was Alina nicht wissen darf, hat keinen Hunger mehr auf Popcorn und ist überhaupt ziemlich sprachlos.
»Hey, was ist los mit dir?«, frage ich.
Aber Ruby schüttelt nur den Kopf, so als wäre sie fassungslos. Ich glaube, ich lasse sie lieber ein bisschen allein. Ganz unauffällig, damit sie nicht denkt, sie müsste höflich sein und mich aufhalten. Ich springe von dem Reifenstapel und schaue ganz nebenbei, quasi nur so, auf die Uhr.
»Oh nein, ich komme schon wieder zu spät zum Abendessen!« Ich tue sehr entsetzt und Ruby lächelt mich schief an. Ich zucke mit den Schultern und habe ein komisches Gefühl. Was ist hier auf einmal los? »Dann geh ich mal ...«, sage ich und Ruby nickt stumm. Ich stecke die Hände in die Taschen und gehe aus dem Hof und fühle mich flau, ratlos, keine Ahnung.
»Tim?« Das war Ruby.
Ich drehe mich zu ihr um. »Ich bin froh, dass es dich gibt!«

## Schieflage

Als um vier mein Wecker klingelt, habe ich das Gefühl, als hätte ich noch kein Auge zugetan. Trotzdem kriege ich mich irgendwie und vor allem leise aus der Falle. Ich halte meinen Kopf unter die kalte Dusche, weil die Helden in Filmen das auch immer so machen und dann topfit sind, wild um sich schießen können und die Welt retten. Ich muss nur Brötchen austragen, aber selbst das erscheint mir unmöglich um diese Uhrzeit. Warum eigentlich so früh?

»Damit die Herrschaften Brötchen vor ihrer Tür haben, egal wann sie aufstehen. Dafür zahlen sie, kapiert?«, raunzt mich Bäcker Seitz an, als ich fünf Minuten zu spät vor ihm stehe und diese bescheidene Frage stelle. »Und zu spät kommen gibt's bei mir nicht! Merk dir das!«

O. k., Bäcker Seitz ist noch früher aufgestanden als ich, da kann man verstehen, dass er schlecht drauf ist. Aber andererseits kann ich doch nichts dafür, dass er Bäcker geworden ist, so was weiß man doch vorher.

Er gibt mir einen Sack Brötchen und eine Liste mit Adressen. »In einer Stunde bist du wieder hier«, sagt er.

Ich düse los in die Gegend, wo die Reichen wohnen, die sich Brötchen vor die Tür legen lassen. Der Job ist nicht schwierig. Langsam geht die Sonne auf und eigentlich ist es gar nicht so schlecht, dabei zu sein, wenn der Tag anfängt. Ich mache das für Ruby. Für wen sonst?

*Ich bin froh, dass es dich gibt,* hallt es in meinem Kopf. Damit hat sie alle komischen Gefühle verjagt, seitdem ist alles wieder gut.

Schwungvoll elegant werfe ich die Brötchentüten vor die edlen Türen und denke, dass Bubi bestimmt auch bald in so einem Haus wohnt, wenn er erst mal den DFB-Pokal gewonnen hat und er vom FC Bayern entdeckt worden ist.

Bäcker Seitz gibt mir sieben Euro. »Morgen kommste aber pünktlich!«

Und um halb sieben stehe ich zu Hause mit Brötchen auf der Matte. Da staunt sie nicht schlecht, meine verschlafene Familie.

»Und warum tust du das?«, will Benno wissen, anstatt sich zu freuen, dass es heute kein Müsli gibt. Das interessiert sie natürlich alle.
»Ich will mein eigenes Geld. Da könnt ihr ja wohl nichts dagegen haben, wenn ich schon mal ein bisschen in die harte Arbeitswelt reinschnuppere, oder?« Hab ich mir gut überlegt, da können sie nichts sagen.
»Aber nicht, dass die Schule darunter leidet«, sagt mein Vater und beißt in sein Brötchen.
Thema beendet.

Nach der Schule bringt Larry mich mit dem Mofa zur Ballettschule. »Also, immer weiter so, o.k.? Dranbleiben!«, schwört er mich noch mal ein. »Wir sehen uns beim Training!« Käppi ins Gesicht gezogen, Mofa einmal hochgeheizt und weg.
Ich hetze in die Ballettschule, weil ich schon ein bisschen spät dran bin, und ganz kurz habe ich das Gefühl, dass das hier in Stress ausartet. Wie sagt meine Mutter immer: »Man muss die Dinge in Ruhe angehen. Stress macht einen nervös und Nervosität macht einen hibbelig und wenn man hibbelig ist, geraten die Dinge schließlich und endlich immer in Schieflage.« Also, ganz ruhig bleiben!
Ruby kommt mir aus der Umkleide entgegen und hängt sich bei mir ein. »Hey, alles gut? Tut mir Leid wegen gestern!«
»Alles in Ordnung«, sage ich, weil ich das eh schon längst vergessen habe. Man kann ja mal schlechte Laune haben, oder?
Meine Umkleide ist die Toilette, weil Frau Tiebel findet, dass ich mich ja nicht mit den ganzen Mädels zusammen umziehen kann, und da gehe ich jetzt rein.
Ruby geht mit. »Dieser Bubi ist nicht mehr zurückgekommen. Ronny hat ihn natürlich vorne zur Straße rausgeschickt.« Ruby verdreht die Augen. »Zum Angeben!«
Ich nicke und müsste jetzt eigentlich meine Hose ausziehen und die Turnhose an, aber Ruby macht keine Anstalten, rauszugehen.

»Trainieren wir heute zusammen?«, fragt sie mich und ich ziehe mein T-Shirt ganz lang, damit sie die Unterhose nicht sieht beim Hosenwechsel. Warum habe ich ausgerechnet heute die labbrige mit den Sonnenbrillenbananen an?
»Klar. Müssen wir unbedingt!«, sage ich.
Ruby will gleich nach dem Ballett, aber da kann ich nicht, da muss ich zum Fußballtraining. Stress. Ich erzähle ihr was von einem Zahnarzttermin und wir machen was für später aus. Dann kommt Frau Tiebel rein und schickt Ruby raus. Frauen dürfen anscheinend dabei sein, wenn Männer sich umziehen.
Frau Tiebel will das Anmeldeformular. Ich gebe es ihr – die Unterschrift meines Vaters habe ich natürlich perfekt gefälscht – und Frau Tiebel verlangt Geld. »Ich will ja nicht drängen«, sagt sie, tut sie aber und ich gebe ihr die sieben Euro vom Bäcker Seitz als Anzahlung. Nachdem das alles geklärt ist, darf ich zum ersten Mal den Baum üben. Toll! Alina tanzt an mir herum, weil sie die Primaballerina ist, die in dem Stück irgendwas mit dem Baum zu tun hat. Fragt mich nicht, was. Zwischen Ruby und Alina läuft es nicht rund, das merkt man, obwohl sie sich anstrengen. Ich bin auch nicht richtig bei der Sache, im Kopf schon beim nächsten Termin: Fußballtraining!

Ich bin schon ziemlich erschöpft von dem ganzen anstrengenden Tag, der für mich ja immerhin um vier Uhr morgens angefangen hat. Nichts klappt, kein Ball kommt an. Schieflage.
»Ich denke, du bleibst beim nächsten Spiel mal besser auf der Bank«, sagt der Trainer. »Wir müssen sehen, dass wir deine Blockade wegkriegen.«
So weit ist es jetzt gekommen. Als Baum zwischen lauter kichernden Hühnern steh ich super da und beim Fußball sitze ich auf der Bank. Das ist so blöd, dass es schon wieder lustig ist. Auf der Fahrt zu Ruby steigern Larry und ich uns total da rein und werden immer alberner. Larry überlegt, ob er nicht als Silbertanne einsteigen sollte, dann brächten er und ich schon einen kleinen Wald auf der Bühne zusammen.

»Krüppelkiefer«, schlage ich vor.
»Bonsai!«
»Trauerweide!«
Wir malen uns aus, wie Krüppelkiefer und Trauerweide den Gegner auf dem Fußballfeld austanzen, komplett aus der Fassung bringen und den Sieg nach Hause tragen. Es ist doch Krüppelkiefern und Trauerweiden nicht verboten, Fußball zu spielen, oder? Vor der Autowerkstatt laufen uns die Tränen runter vor Lachen.
»Hilfe, ich kann nicht mehr«, keuche ich.
Da zieht Larry die Nase hoch und zeigt mit dem Kopf auf Ruby, die über den Hof der Autowerkstatt auf uns zukommt. Sie hat ein wunderschönes Kleid an, die Haare fliegen offen und wild um die ganze Ruby herum und um ihre Schulter hängt eine riesige Tasche. Sie geht langsam und sehr gerade, wie alle Ballerinas, und es sieht ein bisschen so aus, als würde sie schweben. Trotz Tasche! Larry schnalzt mit der Zunge. Das ist die höchste Auszeichnung, die man von ihm bekommen kann. Er winkt Ruby zu und knattert davon.
»Komm«, sagt Ruby und will mir irgendwas zeigen.
»Kein Training?«, krächze ich – meine Stimme, verdammt.
Ruby schüttelt den Kopf.
»Soll ich die Tasche nehmen?«, fragt der perfekte Kavalier.
Aber Ruby schüttelt wieder den Kopf und legt schützend die Hand darüber. Geheimtasche, anscheinend!
Während wir nun die Straße entlangspazieren, schaut sie mich von der Seite an. »Ich hab über dich nachgedacht, Tim«, sagt sie und ich bin ganz Ohr. »Du magst klassische Musik, du kannst gut zuhören, du kommst zufällig zu mir in die Ballettschule ...« Sie schaut mich an, zögert.
Ich schlucke. Worauf will sie hinaus? Ahnt sie etwa, dass ich ihr Tagebuch habe?
»Was ist deine Lieblingsfarbe?«
Ich überlege fieberhaft. Wenn ich jetzt Weiß sage – ihre Lieblingsfarbe –, ist sie vielleicht restlos von mir begeistert. Oder sie

ist sich endgültig sicher, dass ich ihr was vormache. Vielleicht sage ich lieber die Wahrheit. »Schwarz.«

Zu meiner Überraschung ist Ruby trotzdem restlos begeistert. »Siehst du, das hab ich gewusst, ich hab's gewusst!«, jubelt sie. »Weißt du, was wir sind?«

Ich schüttle erleichtert, aber völlig ratlos den Kopf.

»Wir sind Zwillingsseelen! Schwarz und weiß, Tänzer und Tänzerin, verstehst du?«

Ich nicke. Klar, versteh kein Wort. Klingt aber gut.

Ruby bringt mich auf den größten Platz der Stadt. Eine riesige Straße führt um ihn herum und in der Mitte steht ein Denkmal: Zwei Löwen ziehen einen Karren.

»Komm«, sagt Ruby, nimmt meine Hand und rennt mit mir über die Straße.

Ich weiß nicht, was sie vorhat, aber ihre Hand fühlt sich gut an in meiner. Das kann von mir aus so bleiben.

Ruby zieht ihre Hand weg und klettert auf einen der Löwen. »Geh du auf den anderen«, ruft sie mir von oben zu. Diese Löwen sind riesig. »Hör gut zu und schau!« Ruby drückt auf den Knopf von einem Kassettenrekorder, den sie aus ihrer Tasche gezerrt und dem Löwen aufs Haupt gestellt hat.

Ich schaue über den Platz. Der Verkehr brandet um uns herum und aus Rubys Kassettenrekorder ertönt klassische Musik. Traurige Musik. Schubert, würde ich sagen. Ich lausche und schaue und hoffe, dass ich das erkenne, was Ruby meint. Ich hab irgendwie das Gefühl, sie macht einen Test mit mir, einen Test, den ich bestehen muss. Plötzlich sehe ich, dass die Autos zu der Musik tanzen, dass die Leute dazu gehen, laufen und fahren, sich dazu unterhalten oder telefonieren. Alles bewegt sich im Takt der Musik, alles tanzt. Eine riesige Ballettaufführung. Das ist irre! Das passt genau.

Ich schaue zu Ruby. Wir lächeln uns an. Die Stadt tanzt und wir sitzen darüber auf riesigen Steinlöwen. Ruby klettert zu mir. Sie setzt sich vor mich, lehnt sich an mich. Ich habe den Test wohl bestanden. Ich spüre ihre Wärme, ich rieche ihr Haar und wir

hören zusammen und schauen zusammen. Ich vergesse alle Schieflagen und es ist so, als wären wir schon immer zusammen.
Sie dreht sich zu mir um, sie schaut mich ernst an, gleich wird sie mich küssen ...
»Ich habe mich in Bubi verliebt!«
Was? Wie bitte?
Ruby lächelt mich an. »Jetzt schau nicht so. Ich weiß ja selber, dass das eigentlich nicht geht.«
Ruby liebt Bubi?
»Ich hasse Fußball, das weißt du«, redet Ruby weiter, »und Alina auch. Wir wollten nie was mit den Jungs zu tun haben, die irgendwie auf Fußball stehen, weil die bekloppt sind, verstehst du?«
Ich nicke ganz langsam, weil ich das Gefühl habe, wenn ich mich zu schnell bewege, zerbreche ich in tausend Teile.
»Aber dann hab ich Bubi bei *Frenz & Biedenkopf* gesehen und plötzlich, zumm!, plötzlich hab ich mich total in ihn verknallt. Ich konnte nichts dagegen machen. Seine Augen, ich meine, hast du seine Augen gesehen?«
Blaue Augen, mehr nicht.
»Und wenn er dann auch noch lächelt, da fällst du tot um.«
Lächeln eben, nichts Besonderes.
Ruby schwärmt weiter von jedem einzelnen Haar, das an Bubi dran ist, aber ich höre nichts mehr, hab einen Schock. Ich sitze hier hinter meiner – MEINER – Ruby auf einem Steinlöwen und denke an alles, was wir schon zusammen erlebt haben. An alles, was ich mir eingebildet, an alles, was ich für sie getan habe. Alles ist zusammengebrochen, nichts ist mehr perfekt. Das Projekt Ruby ist zu Ende, Schluss, aus! Ruby ist in Bubi verliebt und nicht in mich. Deswegen war sie auch auf einmal so komisch beim Popcornessen. Von wegen schlechte Laune! Was habe ich mir da eigentlich eingeredet? Und deswegen hat sie eine Autogrammkarte von Bubi. Für Ronny, dass ich nicht lache, voll gelogen.

Ein kleiner Spatz landet ganz nah bei mir auf dem Löwenhintern. Ich überlege, ob es derselbe ist, der kürzlich an der Bank Kieselsteine gepickt hat, als ich aus dem Ballett geflohen war. Als ich dachte, ich hätte die Sache mit Ruby versiebt. Diesmal pickt er nicht, sondern schaut mich nur an, den Kopf schief, Hunger im Blick. Ich frage mich ernsthaft, ob das mein Spatz ist, mein ganz persönlicher Schicksalsspatz, der immer kommt, wenn alles in die Hose geht, und ob es was bringen würde, wenn ich ihn Bonzo, dem Leguan von meinem Bruder, zum Fraß vorwerfen würde. Wäre dann alles anders? Könnte ich die Dinge dann zurückspulen und noch mal von vorne anfangen, vielleicht einfach nicht Rubys Rucksack finden und alles wäre gut?
Nein. Schon allein bei der Vorstellung, Ruby nicht zu kennen, wird mir schlecht. Aber Ruby liebt Bubi.
»Und jetzt denke ich, das ist auch irgendwie Schicksal, dass ich dich kennen gelernt habe.«
Ich steige wieder in Rubys Redeschwall ein. Wahrscheinlich weil es irgendwie um mich geht, mich Esel.
»Dir kann ich das erzählen mit Bubi. Du bist anders als andere Jungs, du hörst mir zu und schickst mich nicht gleich zum Teufel. Alina würde das nie verstehen. Niemals!« Sie nimmt meine beiden Hände und lächelt mich an. »Hilfst du mir mit Bubi?«

## Larrys Beratercouch

»Aber das ist doch gut!« Larry regt mich auf, macht mich wahnsinnig. Sitzt da neben seiner blöden Beratercouch, die mein Bett ist, kaut auf einem Bleistift herum und behauptet, dass alles gut ist.
»Nichts ist gut. Ich versteh nicht, was daran gut sein soll, dass Ruby Bubi liebt. Ehrlich, das versteh ich nicht.«
Larry pikst mir mit dem Bleistift gegen die Brust. »Reg dich ab und hör zu. Der Knackpunkt ist die Sache mit Alina.«
Ich atme tief durch, versuche mich zu beruhigen. »Alina ist doch vollkommen unwichtig, pupsschnurzegal.«
Larry antwortet nicht und ich mache die Augen auf. Er sitzt da und schaut mich an. Mein Manager. Mein zukünftiger Ölmulti. Mein Freund. »Ich wiederhole, der Knackpunkt ist die Sache mit Alina«, sagt er noch mal.
Ich mache die Augen wieder zu.
»Ruby denkt, sie liebt einen Fußballer ...«
Schon muss ich wieder Einspruch erheben.
»Das denkt sie nicht nur, das tut sie. Du hättest sie mal sehen sollen! Bei mir ist sie noch nie rot geworden.«
»... kann es aber ihrer besten Freundin nicht erzählen«, redet Larry einfach weiter. »Dafür hat sie einen neuen Freund gefunden. Tim. Tim ist jemand, dem sie von Anfang an vertraut. Er ist jemand, dem sie sich nahe fühlt und dem sie alles erzählen kann. Die Betonung liegt auf *alles*. Dieser Tim wird ihr helfen Bubi zu erobern ...«
»Was? Wie?«
»... Ruby, die ja nicht doof ist, wird feststellen, was Bubi für eine Matschbirne ist, und dann zieht Tim seinen Trumpf.«
»Und der wäre?« Ich bin genervt. Larry spinnt doch.
»Trost. Tim spendet Trost. Und dann wird es ihr plötzlich sonnenklar sein: Die ganze Zeit ist sie Bubi hinterhergerannt und hat nicht gemerkt, dass der Mann ihrer Träume Tim ist.«
Ich springe vom Bett auf, renne im Zimmer hin und her. »Mensch, du bist doch komplett verrückt! Das muss ja nicht so

laufen. Ich meine, ich kann doch nicht allen Ernstes dafür sorgen, dass Ruby mit einem anderen zusammenkommt. Das ist absolut schizo.« Ich bleibe vor Larry stehen und schaue ihn an.
Aber Larry hat gerade den Radiergummi von meinem Bleistift abgebissen und verschluckt und bekommt deswegen einen Hustenanfall.
»Was ist denn, wenn Bubi gar keine Matschbirne ist? Hm, Larry, was dann?«
»Bubi ist eine Matschbirne«, röchelt Larry und schaut mich an.
Ich schaue zurück. Zwei Westernhelden, die sich anstarren. Wer zwinkert, verliert.
»Er hat *Kumpel* gesagt und wer mich *Kumpel* nennt, ist eine Matschbirne, Tim!«
»Aber er spielt super Fußball, Larry!«
»Ruby steht nicht auf Fußball, Tim!«
»Seit neuestem aber schon, Larry!«
»Das denkt sie nur …, *Kumpel*!«

## Kurze Stirn, nichts im Hirn

Schüsse aus dem Wohnzimmer!
Mein Vater guckt wieder mal irgendeine Krimiserie und regt sich fürchterlich darüber auf, dass die nichts mit der Realität, dem rauen Polizistenalltag, zu tun hat.
Warum guckt er nicht lieber *Frauenarzt Dr. Soundso*? Dann wüsste er nicht, wie die Realität aussieht, der raue Frauenarztalltag, und müsste sich nicht aufregen.
Ich liege auf dem Bett und denke an Ruby. Einerseits fühle ich mich traurig, weil alles so perfekt war und sie dann wieder alles zerstört hat. Andererseits hat Larry natürlich Recht, denn:
1. Einer, der *Kumpel* sagt, ist eine Matschbirne.
2. Ruby ist nicht doof und wird das merken.
3. So schnell gibt man nicht auf und
4. ich hab ja nichts mehr zu verlieren.
Immerhin bin ich zu ihrer Zwillingsseele aufgestiegen, ihrem Vertrauten. Der erste Schritt zur Einsicht. Der Wille zum Sieg ist gefragt und den habe ich. Absolut. Bei dem Gedanken, dass ich Bubi mit seinem eigenen, vollkommen dumpfen Spruch in den Boden stampfen werde, muss ich grinsen. Dann sitze ich auf einmal wieder mit Ruby auf dem Löwen, sie an mir, und Wärme kriecht von unten nach oben in mir hoch. Oder von oben nach unten. Egal, auf jeden Fall in die Mitte.
Da höre ich plötzlich ein leises Fiepen. Ich schiele zur Tür und sehe, wie sich ein kleines Mäuschen darunter durchzwängt und in mein Zimmer huscht. Gleich darauf poltert Benno herein und reißt dabei fast die Tür aus den Angeln. Er hat Bonzo unter dem Arm und funkelt wild mit den Augen. »Wo ist sie?«, schreit er und ehe ich was sagen kann, hat er sie schon entdeckt. »Da! Na, warte!«
Die Maus rettet sich unter mein Bett. Benno wirft sich wie ein wild gewordener Footballspieler davor und hetzt seinen verdammten Leguan auf das arme Tier. »Los, Bonzo, schnapp sie dir!«
Meine warmen Gefühle verwandeln sich augenblicklich in kalten Hass, vor allem als kurz darauf ein lautes Schmatzgeräusch

zu hören ist. »Bist du wahnsinnig?«, raunze ich Benno an. »Los, raus, und nimm bloß dieses ekelhafte Monster mit!«

»Ja, ja, reg dich ab, Brüderchen!« Benno verschwindet halb unter dem Bett, »Komm zu Papa, ja brav«, und taucht mit Bonzo wieder auf. Mit Bonzo und einer etwas verstaubten weißen Ballettstrumpfhose. »Mann, was haben wir denn da?« Benno grinst dreckig und wedelt mit dem Teil vor meiner Nase herum. Es ist die Strumpfhose aus Rubys Rucksack und Benno kommt natürlich sofort auf schmutzige Gedanken. »Wow, Respekt, Kleiner. Wusste gar nicht, dass es bei dir schon so abgeht. Ist die für dein altes Ego oder wie das heißt?«

Ich will ihm die Strumpfhose aus der Hand reißen, aber er zieht sie zurück. »Nein, warte, ich hab's: Du stehst darauf, dir Fummel anzuziehen.« Er stülpt sie sich halb über den Kopf und macht einen auf Tunte, haitaitai.

Ich überlege, ob ich ihn zuerst erwürgen und dann Bonzo vorwerfen oder ihn lebendig dem Tier überlassen soll, als auch noch meine Mutter reinkommt. »What are you doing?« Sie hat die ing-Form gelernt.

»Nothing«, sagt Benno, nimmt die Strumpfhose vom Kopf, lässt sie grinsend fallen und geht.

»Nothing«, sage ich auch und stecke sie schnell unter die Decke. Doch meine Mutter hat leider mit einem Blick alles gepeilt und setzt sich zu mir ans Bett. Sie sagt, dass sie sich alle ein bisschen Sorgen machen, weil ich immer zu spät komme, und dann das frühe Aufstehen auf einmal und so. Außerdem hat heute der Fußballtrainer angerufen und wollte wissen, was mit mir los ist.

»Nichts ist mit mir los«, stöhne ich.

»Egal, worum es geht, du kannst jederzeit mit uns reden.« Sie streicht mir durchs Haar, lächelt und geht.

Danke, Mama.

Die folgenden Tage sind mehr als stressig. Bäcker Seitz, die Schule, meine Argusaugen-Familie, Ballett, Fußball und Ruby und ihre Nachhilfe.

Ruby fiebert dem Tag entgegen, an dem endlich der Motorroller fertig ist und Bubi ihn abholen wird. Aber sie ist nicht der Typ, der wartet. Bubi ist ja auch nicht etwa zufällig in der Werkstatt von Rubys Vater aufgetaucht. Von wegen. Ruby hat zuerst versucht, beim Training näher an ihn ranzukommen. Ging aber nicht, weil er ziemlich abgeschirmt wird und weil außerdem tausend andere Mädels vor dem Stadion rumlungern und darauf warten, dass er sie anlächelt. Also hat sie sich seine Internetseite mal näher angeschaut und entdeckt, dass er eine Werkstatt für sein Moped suchte. Ein kleiner Tipp, und schon war er da. Raffiniert.

Leider kann es ewig dauern, bis Ronny endlich die nötigen Ersatzteile für den Roller bekommt. Und ewig ist mir echt zu lang. Bubi soll raus aus Rubys Kopf und deswegen beschließen Larry und ich, die Sache voranzutreiben. Wir nehmen unseren Trainer zur Seite. Vertrauliches Gespräch. Larry erklärt ihm, dass ich mir mächtig Gedanken mache über meine Blockade und so und ob es mir nicht einen Motivationsschub geben könnte, wenn wir den Senioren mal ein bisschen beim Training zuschauen dürften. Ich mache die ganze Zeit ein sehr unglückliches Gesicht. Der Trainer runzelt die Stirn.

»Schließlich ist Bubi Tims großes Vorbild«, sagt Larry.

Bei dem Gedanken wird mir schlecht. Seit ich weiß, dass Ruby in Bubi verliebt ist, ist er kein Held mehr für mich, nur noch ein jämmerlicher Wicht. Auf jeden Fall kommt mein Ekel anscheinend so überzeugend rüber, dass der Trainer alles möglich macht und seine Verbindungen spielen lässt.

Ruby ist total aus dem Häuschen, als ich mit dem Erlaubniswisch bei ihr auftauche. Es gibt sogar ein Küsschen. Mir wird ganz anders, und das verstärkt sich noch, als sie vor meinen Augen tausend verschiedene Sachen anprobiert. Wieder lässt sie hemmungslos die Hüllen fallen. Wer soll das aushalten, bitte sehr? Vielleicht ist das normal bei Hippies. Aber anständige Polizistensöhne sind das nicht gewohnt und ich hab echte Probleme, sie nicht wie der letzte Spanner anzuglotzen. Außerdem bin ich eifersüchtig, weil sie sich für Matschbirnen-Bubi so eine Mühe gibt. Nichts scheint gut genug zu sein für ihn, da kann ich sagen, was ich will.

Als wir zum Stadion fahren, hat sie wieder dasselbe an wie am Anfang. Sie sagt kein Wort, wahrscheinlich, weil sie so aufgeregt ist. Ich bin auch nervös, weil die ganze Sache für mich nicht ganz ungefährlich ist. Im Stadion kennt mich praktisch jeder und wenn mich jemand anquatscht, weiß Ruby, dass ich Fußball spiele und gelogen habe. Nicht auszudenken. Vorsichtshalber ziehe ich mir mein Käppi tief ins Gesicht und setze die ultimative verspiegelte Ray-Ban-Polizistensonnenbrille von meinem Vater auf – Ganzkörperbrille, kann man sagen, nichts zu sehen von Tim! So spazieren wir an den tausend Hühnern, die sich wie üblich nach Bubi verzehren und Ruby eifersüchtig beäugen, vorbei ins leere Stadion.

Ich überlege, ob wir uns ganz weit hinten hinsetzen, damit Bubi Ruby möglichst nicht sieht. Aber das ist natürlich nicht Sinn der Sache. Andererseits möchte ich auf gar keinen Fall erkannt werden …

»Komm, wir gehen ganz vorne hin«, raunt Ruby mir zu und zack sitzt sie und ich brauche nicht weiter zu überlegen.

Zum Glück sitze ich direkt neben einer Säule, hinter der ich mich im Notfall verstecken könnte. Ruby hat rote Wangen und sieht unglaublich süß aus. Wenn Bubi sich bei ihrem Anblick nicht auf der Stelle in sie verliebt, ist er 'ne doppelte Matschbirne. Ach was, 'ne Matschbirne hoch zehn.

Als die Jungs von den Senioren locker einlaufen, schnappt Ruby nach Luft und nimmt meine Hand. »Da ist er!«, flüstert sie und ich frage mich wirklich, was sie an dem findet. O. k., er ist ziemlich durchtrainiert, guter Körper. Aber das kann es doch wahrhaft nicht sein, was eine Frau von einem Mann will. Oder? Ich meine, sieht sie denn nicht, was Bubi für eine kurze Stirn hat?

»Kurze Stirn, nichts im Hirn«, behauptet Larry immer. Aber vielleicht weiß Ruby das nicht und sie wäre bestimmt auch nicht be-

geistert, wenn ich ihr das sagen würde. Sie muss es selber merken, Larry hat Recht.
Ruby hat ihren Blick an Bubi geheftet und lässt ihn keine Sekunde aus den Augen. Nicht beim Warmlaufen, nicht beim Spurttraining und nicht beim Elferüben. Doch er und die anderen Jungs sind so konzentriert bei der Sache, dass sie nicht ein einziges Mal zu uns rüberschauen. Rubys Blick wird immer enttäuschter, bis sie plötzlich ganz aufgeregt ist. Ein Ball rollt direkt in unsere Nähe und Bubi rennt hinterher. Mein Magen zieht sich zusammen. Gleich wird er sie sehen, gleich wird sie ihn anlächeln und sie werden sich in die Augen schauen und …
Der Trainer winkt Bubi zu sich und Schubert holt den Ball. Hans Schubert, die Nummer 14. Schnauzer, Akneface, Vokuhila – Vorne-kurz-hinten-lang-Frisur, falls hier ein paar Ahnungslose dabei sind!
Er zwinkert Ruby zu, sie verzieht das Gesicht. »Das ist auch nicht die richtige Lösung«, mault sie, »Bubi schaut nicht!«
Ich zucke ratlos mit den Schultern. Insgeheim bin ich froh, dass es so läuft, obwohl es gegen unseren Plan ist.
In diesem Moment laufen die Cheerleadermädels auf den Platz. Sechs Hühner, die die Jungs mit allem Schnickschnack anfeuern, kurze Röckchen, Puschel in der Hand, Gummikörper, und eine von den sechs ist Tine. Mist.
»O. k., lass uns gehen«, schlage ich Ruby schnell vor.
Sie bleibt jedoch wie angewurzelt sitzen und starrt auf den Platz. Die Mädels winken den Spielern zu und die winken zurück und pfeifen und johlen wie die allerletzten Machos. Auch Bubi.
»Da muss er mitmachen, sonst denken die anderen wer weiß was von ihm«, verteidigt Ruby ihn. »Eigentlich ist das nicht seine Art.«
Oh Gott, Liebe macht blind.
Während ich mich ganz klein mache und mir das Kappi noch tiefer ins Gesicht ziehe, damit Tine mich nur nicht erkennt, schaut Ruby finster zu, wie die Cheerleader ihre Beine in die Luft schmeißen und gleichzeitig wie die Irren mit den Puscheln wedeln. »Was für ein albernes Rumgehopse!«, regt sie sich auf.

»Eben, drum lass uns gehen«, probiere ich es noch mal.
Da verheddert sich Tine und knallt sauer ihren Puschel auf den Platz.
Ruby setzt sich kerzengerade hin, denn jetzt geht Bubi, ihr Bubi, zu Tine und hebt ihn wieder auf und klopft ihr tröstend auf die Schulter. Ich sehe, wie Ruby deswegen nach Luft schnappt, und ich sehe leider auch, wie Tine plötzlich zu mir rüberschaut. Genau zu mir. Schnell ducke ich mich hinter Ruby. Die wundert sich und beugt sich zur Seite. Tine schirmt ihre Augen mit der Hand ab und schaut in unsere Richtung. Ich rutsche vom Sitz und verschwinde hinter der Säule.
»Was hast du denn, Tim?«, will Ruby wissen.
»Mein Schuh«, nuschle ich und tue nun so, als müsste ich mir den Schuh zubinden. Dabei gibt es eigentlich keine Erklärung dafür, dass ich das ausgerechnet hinter einer Säule tun muss.
Ruby schüttelt den Kopf und schaut wieder auf den Platz. Ich spechte um die Säule, um zu gucken, ob Tine sich wieder der Cheerleaderei zugewandt hat. Komisch, wo ist sie denn?, denke ich, da tippt mir jemand von hinten auf die Schulter.
»Hey, Tim, was machst du denn hier?« Tine. Genau vor mir. Wie hat die mich erkannt, hinter meiner Brillentarnung? In diesem besonderen Fall macht Liebe vielleicht sehend.
Ruby schaut interessiert zu uns rüber und mir muss jetzt ganz schnell was einfallen. Larry, wo bist du?
»Ich ... ich mache mir den Schuh zu!«, stottere ich.
Tine grinst mich verwundert an. »Das sehe ich!«
Ruby steht auf und kommt zu uns. »Hi, ich bin Ruby.«
Tine mustert sie kurz von oben bis unten, dann wendet sie sich wieder mir zu.
Jetzt sagt sie es gleich, ich weiß es, irgend so was wie: *Wie war dein Fußballtraining heute?*, oder: *Willst dir wohl was für dein Fußballspiel abgucken?* Und dann wäre alles aus.
»Ich hab Tim hierher geschleift, weil ich unbedingt mal ein Fußballtraining sehen wollte«, sagt Ruby und strahlt Tine freundlich an.

Eine von den Cheerleadern bläst in eine Trillerpfeife und winkt heftig zu Tine, sie soll gefälligst wiederkommen.
Tine wirft Ruby einen unfreundlichen Blick zu. Klar, sie denkt, ich hab was mit ihr, und marschiert ab. »Na, dann noch viel Spaß!«, sagt sie schnippisch und ist weg.
Ich atme erleichtert aus und will jetzt nichts wie raus, und das geht o. k., weil Bubi und die Senioren auch vom Platz gehen.
»Eine Freundin?«, will Ruby wissen.
»Nur jemand, den ich zufällig kenne«, nuschle ich und bin echt froh, wenn wir weit weg sind.
»Tim?« Ruby bleibt stehen und hält mich am Arm fest. »Das ist meine Chance. Ich muss bei den Cheerleadern mitmachen!« Oh nein, das kann nicht ihr Ernst sein. »Meinst du, du kannst da über die was regeln?« Sie lächelt mich an und ich nicke ergeben. Es ist ihr Ernst.

## Halbfinale

Es war der schlimmste Film, den ich je gesehen habe, ehrlich. Dauernd haben sich irgendwelche Leute geküsst und dann wieder nicht mehr, weswegen alle geweint haben, und weil man sich ja trösten musste, hat man sich dann doch wieder geküsst. Aber jeder wieder irgendwen anderes und das Ganze in der Weite Afrikas, die uns durch zehnminütige Landschaftsaufnahmen näher gebracht werden sollte. Tine hat die ganze Zeit von der Seite zu mir rübergeschielt. Doch ich hab immer geradeaus auf Afrika geguckt. Alles für Ruby.

Natürlich hat Tine gemerkt, dass zwischen Ruby und mir was ist, obwohl ja nichts ist. Noch nicht. Aber das konnte ich ihr doch nicht auf die Nase binden, sonst hätte sie Ruby nie zu den Cheerleadern mitgenommen. Als der Film endlich aus war und Tine und ich heimwärts gingen, hat sie gesagt: »Ich weiß jetzt, was los ist: Du bist in Ruby verknallt, aber sie nicht in dich. Deswegen tust du alles, um sie zu erobern. Sogar mit mir ins Kino gehen!«
»Quatsch, ich gehe gern mit dir ins Kino«, habe ich behauptet. Ich vermute jedoch, dass Tine es mir nicht wirklich geglaubt hat. Trotzdem hat sie Ruby mitgenommen. Sie ist eben in mich verliebt und was macht man da nicht alles? Projekt Tim, quasi.

Ein falsches Wort von Ruby oder Tine und alles fliegt auf. Der Gedanke daran stresst mich. Ich habe Ruby gebeten, Tine nichts vom Ballett zu erzählen.

Eigentlich wollte ich Tine auch noch einschwören, bloß nicht zu verraten, dass ich Fußball spiele. »Könntest du das einfach weglassen?«

»Und warum ist das wichtig? Ich dachte, sie ist nur jemand, den du zufällig kennst?« »Ist sie ja auch!«

»Also, dann darf sie das wohl auch wissen!«

»Nein, bitte, die steht nicht auf Fußball!«

»Das kann dir doch egal sein, wenn sie nur jemand ist, den du zufällig kennst, und außerdem, warum geht sie dann zum Training?«

»Sag's einfach nicht, o.k.?«
»Was, willst du etwa deine Leidenschaft verleugnen?«
»Tine!«
»Also, ich mach doch nicht irgendwas, wenn ich es nicht verstehe.«
Seufz. Ich lass das lieber und baue darauf, dass die beiden sich eh nicht mögen und möglichst nicht miteinander reden.
Ruby ist gestresst, weil sie jetzt Ballett- und Cheerleadertraining unter einen Hut bringen muss. Das Cheerleadergehopse ist natürlich nichts für eine Ballerina wie sie. »Auf das Training könnte ich echt verzichten«, hat sie mir vorgejammert.
»Ist doch Pipifax und sonst gar nichts.«
»Willst du nun Bubi begegnen oder nicht?«
»Ja, du hast ja Recht!«
Wir saßen bei Ruby in der Küche und Line hat uns Nudeln gekocht. »Mit kreativer Soße«, hat sie mir erklärt, also Soße Marke Eigenbau. Sie hat alles Mögliche klein geschnitten. Dabei ist sie vorsichtig auf den Fersen durch die Küche gelaufen, weil sie sich gerade die Fußnägel lackiert und dann noch Sternchen draufgeklebt hatte.
Ruby saß mir gegenüber, den Kopf auf ihre Arme auf den Tisch gelegt, und schaute mich nachdenklich an. »Meinst du, es lohnt sich?«
Ich konnte ihr darauf nicht antworten, wollte nicht. Ich legte meinen Kopf auch auf die Arme auf den Tisch und dachte, dass sie diese Frage für uns alle gestellt hatte: für sich, für mich und für Tine.
Die kreative Soße war jedenfalls ziemlich lecker.

Heute hat Ruby ihren großen Auftritt, den ersten bei den Cheerleadern. Die sorgen immer für Stimmung, während die Jungs sich noch warm machen vor dem Spiel. Da sind sie sich dann ziemlich nah die Jungs und die Cheerleader, Ruby und Bubi.
Larry, die anderen aus unserer Mannschaft, mein Bruder Benno, seine Kollegen aus dem Footballteam, alles Schränke vor dem

Herrn, und ich, wir stehen in der Kurve. Von diesem Spiel hängt viel ab. Wenn die Weißen hier gewinnen, sind sie im DFB-Pokal-Halbfinale. Und das ist was. Also sind wir alle sehr nervös und ich glaube, ich bin der Einzige, der noch an was anderes denkt. An Ruby natürlich! Es geht ihr bestimmt nicht gut, auch weil wir vor dem Spiel noch zusammen im Ballett waren und da ist die Sache mit den Puscheln passiert.

Die Probe war zu Ende. Ich hatte mich schon fertig in meiner Kloumkleide umgezogen und überlegt, ob ich jetzt stolz darauf sein sollte, dass Frau Tiebel zu mir gesagt hatte: »Du bist wirklich ein ganz wunderbarer Baum geworden, Timmi!« – Mal abgesehen von *Timmi*.

Ich wartete vor der Tür bei den Mädchen auf Ruby. Sie musste sich beeilen, damit sie rechtzeitig bei den Cheerleadern war. Da ist ihre Tasche umgekippt und alles raus auf den Boden gefallen. Alles! Auch die zwei Puschel, mit denen die Cheerleader herumfuchteln und glitzern und eben puscheln. Solche Dinger haben nur die und deswegen weiß jeder, der sieht, dass Puschel aus der Tasche von jemandem fallen, dass der bei den Cheerleadern ist.

Irgendeins von den Balletthühnern hat laut geschrien: »Guckt mal da!«

Und alle haben geguckt, ich übrigens auch, nur ein bisschen, einen Spaltbreit quasi.

Ruby hat die Dinger hektisch wieder in die Tasche gestopft und war ziemlich rot im Gesicht. Ihr gegenüber stand Alina und hat sie fassungslos angestarrt. Ruby hat sie angefaucht: »Was gibt's da zu gucken?«, sich umgedreht und ist zu mir raus. Sie hat sich bei mir eingehängt, als wollte sie sagen: *Macht doch alle, was ihr wollt, ich hab meinen Tim!*, und weg waren wir.

Auf dem Weg zum Stadion war sie dann aber doch sehr still. Kein Wunder. Sie hat ihre beste Freundin in den Wind geschossen, und das war ihr bis dahin vielleicht gar nicht so klar gewesen.

Vor dem Stadion hab ich mich verabschiedet und ihr Glück gewünscht. Küsschen rechts, Küsschen links, immerhin. Ich hab so getan, als würde ich nach Hause gehen, weil Ruby natürlich nicht

wissen darf, dass ich Fußball gucke. Jetzt stehe ich hier mit Larry und den anderen und Ruby müsste gleich rauskommen.
Erst tauchen die Spieler auf und das Stadion tobt. Benno und seine Schränke brüllen sich die Seele aus dem Leib und schwenken ein riesiges Transparent: *Weiße vor, noch ein Tor!*
Larry schreit mir ins Ohr, dass mein Bruder mal wieder total phantasievoll gewesen ist und den echt originellen Spruch auf das Transparent geschrieben hat. Dann sagt er noch leise: »Jetzt müsste Ruby gleich kommen!«
Ich habe das komplette Spielfeld im Blick. Die Spieler laufen sich warm und schießen schon mal auf Probe ins eigene Tor. Bubi ist wie immer unheimlich selbstbewusst.
»Ich glaube, Bubi ist ein alter Angeber«, sage ich zu Larry und der nickt und deutet mit dem Kopf Richtung Spielfeld.
Die Cheerleader kommen. Ruby als Letzte. Sie kämpft noch mit den Puscheln. Die Nervosität! Wieder tobt das Stadion. Benno und seine Schränke pfeifen auf zwei Fingern, so laut sie können. Ruby sieht natürlich am allerbesten aus in dem kurzen Röckchen und sie ist am schönsten mit dem Pferdeschwanz, aus dem lauter Locken herausspringen, weil sie kein Pferdeschwanz sein wollen, und sie strahlt am süßesten, weil es nicht künstlich ist wie bei den anderen, sondern echt, und leider nur einem gilt: Bubi.
Tine führt die Truppe an. Die Mädels tanzen und schleudern ihre Beine in die Luft und puscheln mit den Puscheln, immer alles gleichzeitig. Larry schnalzt mit der Zunge, weil das bei Ruby besonders gut aussieht, und ich bin ziemlich stolz – warum eigentlich? Jetzt marschieren sie los in eine Richtung. Dann Kommando, Spagat, wieder hoch, umdrehen, andere Richtung. Aber was macht Ruby? Sie marschiert in die falsche Richtung – oder in die richtige, wie man's nimmt. Sie marschiert nämlich genau auf Bubi zu. »Was macht sie denn«, raunt mir Larry zu.
»Keine Ahnung«, sage ich perplex, als Ruby endlich stehen bleibt. Sie dreht sich erschrocken um, sieht ihre Kolleginnen am anderen Ende vom Spielfeld herumhopsen, wendet sich wieder Bubi zu und läuft knallrot an.

Der sagt jetzt breit grinsend irgendwas zu ihr. Die Fußballer lachen sich halb tot und zeigen auf sie. Das ganze Stadion grölt und dann marschiert dieser Arsch von Bubi auch noch an Ruby vorbei und macht einen auf Cheerleader. Er wirft die Beine in die Luft, wedelt mit den Händen, äfft sie nach und bringt das Stadion noch mehr zum Kochen. Benno und seine Footballschränke johlen und toben neben mir und endlich erwacht Ruby aus ihrer Erstarrung. Sie schleudert die Puschel weg und rennt unter tosendem Applaus des Publikums auf und davon. Arme Ruby!
Ich will sofort in die Umkleide, sie trösten.
Aber Larry hält mich zurück. »Wenn du jetzt da auftauchst, Tim, weiß sie erstens, dass du Fußball guckst«, flüstert er mir zu, »und zweitens, dass du ihre größte Blamage gesehen hast!«
Das stimmt natürlich, ich bin doof.
Larry beugt sich zu mir. »Das ist das Beste, was uns passieren konnte. Jetzt will sie Bubi nie mehr wiedersehen. Ist ihr viel zu peinlich, für immer, verstehst du?«
Ich nicke.
»Sie wird sich schön zu Hause verkriechen und dann tauchst du auf«, flüstert Larry weiter.
Klar, dass ich erst nach dem Spiel bei Ruby auftauchen kann, weil sie ja denkt, dass ich denke, dass sie dann erst zu Hause ist. So erlebe ich noch mit, wie die Weißen gewinnen und alle vollkommen aus dem Häuschen sind, weil wir jetzt das Halbfinale erreicht haben. Ich freu mich auch, natürlich. Aber sobald es geht, mache ich mich aus dem Staub, muss zu Ruby. Arme Ruby!

## Kumpel

Ruby hat sich in ihrem Zimmer eingeschlossen.
»Das hat sie noch nie getan, Tim, was machen wir denn jetzt?«
Line ist ziemlich aufgeregt.
»Hey, Sternchen«, versucht Ronny sie zu trösten. »Sie wird sich schon wieder beruhigen. Das ist halt manchmal so, wenn man erwachsen wird. Oder, was meinst du, Tim?«
Ich nicke und Ronny stößt mich freundschaftlich in die Seite.
»Haste das Spiel gesehen? Wir sind weiter! Bubi hat natürlich das entscheidende Tor geschossen, hab ich gleich gewusst. Der lässt ja auch seinen Kübel bei mir reparieren. Und vor dem Spiel, das war echt zum Schießen, hast du's gesehen, da hat sich so ein Cheerleadermädel verlaufen. Das ganze Stadion hat getobt ...«
Line unterbricht ihn. »Jetzt lass Tim in Ruhe. Du weißt doch, dass er nicht auf Fußball steht.«
Ich bitte sie, mich mit Ruby allein zu lassen, und sie dackeln Hand in Hand ab.
Sie sind wirklich anders, Line und Ronny. Er hat seine eigene Tochter nicht im Fernsehen erkannt. Aber das liegt wahrscheinlich daran, dass er niemals vermutet hätte, dass Ruby als Cheerleader auftritt. Wenn mein Vater mich als Baum sehen würde, würde er mich wahrscheinlich auch nicht erkennen. Hoffentlich.
Ich klopfe leise an Rubys Tür. Nichts. »Ruby«, flüstere ich, »ich bin's, Tim!«
Leise dreht sich der Schlüssel im Schloss und ich mache vorsichtig die Tür auf. Ich weiß nicht, warum man in solchen Momenten alles leise macht und flüstert und so. Wahrscheinlich weil der andere eh schon verletzt ist, und da will man auf keinen Fall, auch nicht mit Geräuschen, in den Wunden bohren. Außerdem ist es doch beruhigender, wenn einer leise ist.
Ruby sitzt auf ihrem Bett, ein Haufen Elend, in sich zusammengesunken. Die Haare fallen ihr über das Gesicht, weil sie den Kopf hängen lässt. »Bubi ist so ein Arschloch, Tim. Das kannst du dir

gar nicht vorstellen. Kein bisschen Gefühl, null, nichts!« Ruby ist
stinksauer und verzweifelt, beides gleichzeitig.
Ich mache die Tür zu und setze mich neben sie. Als ich sie in den
Arm nehme, fängt sie an zu heulen. Ich sage nichts, streichle sie
nur ein bisschen. Das ist auch echt zum Heulen, wenn einem so
was Peinliches passiert. Das ist fast schlimmer, als zu den Hühnern in den Ballettsaal zu fallen. Und jetzt mal ehrlich: Von mir
aus kann sie noch ein bisschen weiterheulen. Es ist ziemlich
schön mit Ruby im Arm. Aber nicht weitersagen!
Als sie sich einigermaßen beruhigt hat, schaut sie mich mit ihren
verheulten Augen an. »Wollen wir Popcorn à la Tim machen?«,
fragt sie und ich finde, das ist eine sehr gute Idee.
Wir gehen in die Küche. Während ich die Maiskörner in den
Kochtopf schütte, erzählt Ruby mir von ihrem Desaster im Stadion. »Es lief alles wie geschmiert, aber plötzlich schaue ich hoch
zum Publikum und da steht Alina und guckt mich an. Kein Ausdruck im Gesicht, aber ich weiß natürlich, was sie gedacht hat.
Sie hat in der Umkleide die Puscheln gesehen und jetzt wollte sie
sich davon überzeugen, ob ich echt so tief gesunken bin. Das hat
mich aus der Bahn geworfen und ich bin in die falsche Richtung
gelaufen, direkt auf Bubi zu. Unglaublich peinlich.«
Die Maiskörner knallen im Topf.
»Sollen wir heute mal mit Zucker?«, frage ich Ruby.
Sie schaut mich verwundert an, weil sie erst gar nicht versteht,
was ich meine, so versunken ist sie schon wieder in ihr Horror-
erlebnis.
»Das Popcorn«, helfe ich ihr weiter und sie nickt zerstreut. Ich
schütte den Zucker ins Popcorn und dann gehen wir raus in den
Hinterhof zu unseren Reifenstapeln.
»Die haben sich alle über mich totgelacht!«, jammert sie.
Als sie erzählt, welche Nummer Bubi mit ihr abgezogen hat, kommt
mein großer Auftritt. Ich rege mich total über ihn auf, mache ihr
klar, dass er der allerletzte Fußballmacho ist, die größte Matschbirne auf Erden. Viel muss ich gar nicht sagen, denn sie erkennt es ja
selber. Larry ist echt genial. Er hat alles genau vorhergesehen.

1. Ich werde Rubys Vertrauter.
2. Sie checkt, dass Bubi 'ne Matschbirne ist.
3. Ich spende Trost.
4. Und, zack!, erkennt sie, dass ich der Richtige bin.

Die Punkte eins bis drei hake ich im Kopf ab, jetzt ist Punkt vier angesagt. Irgendwie habe ich das Gefühl, dass er in greifbarer Nähe ist. Während wir auf den Reifenstapeln sitzen und Popcorn in uns reinstopfen, beruhigt sich Ruby langsam. Ich merke, wie sie mich immer wieder von der Seite anguckt. Sie will mir irgendwas sagen, das spüre ich. Irgendwie ist da eine Wärme zwischen uns. Ruby stupst mit ihrem Fuß an meinen und ich stupse zurück, ganz leicht, ganz zärtlich, als könnte jede Berührung zwischen uns eine Explosion hervorrufen. Mein Mund wird trocken, immer trockener, ich krieg das elende Popcorn kaum mehr runter, meine Hände fangen an zu schwitzen, mein Magen dreht durch.

Wieder schaut Ruby mich an. Jetzt, jetzt, kommt es.

»Ich bin so froh, dass ich dich habe!«, sagt sie und ich denke: Ja, red weiter, sag mir, dass du mich willst, ich dich auch, ich dich auch. – Da sehe ich auf einmal Bubi in den Hof schlendern.

Das Popcorn bleibt mir im Hals stecken und ich kriege den größten Hustenanfall meines Lebens. Allerhöchste Erstickungsgefahr. Ruby klopft mir auf den Rücken und sieht ihn plötzlich auch.

Er geht zur Werkstatt und ruft: »Hallo, ist jemand da?«

Saublöde Frage, natürlich ist jemand da, sonst wäre die Werkstatt geschlossen und an der Tür würde ein Schild hängen: *Komme gleich wieder*, oder so. Aber anscheinend ist bei Ronny alles anders, es ist nämlich tatsächlich keiner da. Vielleicht hat er Line zu einem Beruhigungseis eingeladen. Also kommt Bubi zu uns.

Ich merke, wie sich Ruby anspannt. Alles ist wie im Film. Showdown im Werkstatthof. Zuerst hab ich gedacht, wie blöd, sich wieder genau hierhin zu setzen, hier ist er doch schon letztes Mal erschienen. Erstes Rubybubitim'sche Schicksalsgesetz: Immer wenn Ruby und Tim auf den Reifenstapeln sitzen, kommt Bubi. Aber jetzt denke ich, es macht nichts, umso besser, gleich wird

Ruby ihn für immer zum Teufel schicken oder zum FC Bayern München, falls das nicht dasselbe ist.

»Sorry, ich wollte meinen Kübel abholen ...«, sagt Bubi zu mir, dann schaut er Ruby an. »Hey, bist du nicht die Kleine aus dem Stadion?«

Los, Ruby, zeig's diesem unsensiblen Schwachkopf! Jetzt! Ich sehe, wie sie die Faust ballt, gleich wird sie explodieren.

Da lächelt Bubi sie entschuldigend an. »Hör mal, es tut mir Leid, dass ich mich da so doof benommen habe, ehrlich. Das war total unsensibel.«

Ruby starrt ihn an.

Glaub ihm nicht, Ruby! Mach ihn fertig!

»Ich meine, das kann doch jedem mal passieren. Du bist ja auch neu bei denen, oder?«

Ruby? Lass dich nicht einwickeln, Ruby!

Ruby nickt und klettert vom Reifenstapel. »Ich kann dir deinen Kübel ... «, KÜBEL, sie benutzt sein Scheißwort, »... nicht geben. Aber du kannst gerne gucken, ob er schon repariert ist. Ich weiß nicht, wo mein Vater steckt!«, sagt sie und hat sich plötzlich total im Griff.

Ich huste einmal kräftig, eigentlich wegen meiner Stimme, aber beide denken, ich will was sagen.

Ruby scheint sich erst jetzt überhaupt wieder an mich zu erinnern. »Das ist Tim, ein Freund von mir, und ich bin Ruby!« Sie streckt ihm die Hand hin und Bubi drückt sie mit seinem Strahlemannlächeln von einem Ohr zum anderen.

»Auch Tim, angenehm.«

Ein Freund von mir! Klingt ja super. Genau das, was ich immer sein wollte für Ruby: *ein* Freund. Ich komme sie trösten, ich weiß Rat in jeder Not, ich mache ihr Popcorn und höre ihr zu – und der? Bubi lacht sie aus, macht sich vor allen Leuten über sie lustig, sonst nichts. Null Komma nichts und sie empfängt ihn mit offenen Armen. Wahrscheinlich muss man so sein, ein rücksichtsloser Macho, dann liegen einem die Mädels zu Füßen, dann liegt einem Ruby zu Füßen.

»Lass mal«, sagt Bubi gerade, »dann komme ich eben ein andermal wieder.« Er lächelt Ruby an.
»Willst du nicht mal einen Kaffee mit mir trinken gehen?«
Ruby starrt ihn an. Sag Nein! Denk an Punkt vier!
»Ja, gerne«, sagt Ruby und bringt ihn noch aus dem Hof raus.
»Tschüss, Kumpel«, verabschiedet sich Bubi von mir.
Ich fühle mich wie betäubt, wirklich, wie vor den Kopf geschlagen, schaue ihnen zu, wie sie sich in der Toreinfahrt noch weiter unterhalten. Langsam klettere ich von dem Reifenstapel herunter und stelle die Schale mit dem Popcorn ordentlich auf den Boden.
Ruby lacht in der Toreinfahrt. Ich schaue mich um, wie ich hier sonst noch rauskommen könnte. Denn das ist es, was ich auf einmal nur noch will: weg von hier, weg von Ruby, für immer, ohne ein Tschüss. Ich entdecke ein altes Auto, das an der Mauer des Hinterhofs steht, klettere darauf, weiter auf die Mauer und springe auf der anderen Seite wieder runter. Wie ein Dieb oder ein Mörder, der von der Polizei verfolgt wird. Dabei bin ich nichts dergleichen, nur ein gefühlstauber Kumpel, Rubys und Bubis Kumpel. Ich stehe in einem fremden Hinterhof und wundere mich nicht, als ich einen Schwarm Spatzen sehe. Ich wundere mich wirklich nicht, dass ich die ausgerechnet jetzt wieder treffe. Aber es macht mich wütend. Die sitzen da und picken irgendwas auf, wie immer, tun so, als wäre nichts, tun so, als hätten sie nichts damit zu tun. Das geht nicht und ich merke erst jetzt, dass mir die Tränen runterlaufen. Schreiend renne ich durch die Spatzen und zeternd fliegen sie davon.

## Larrys Beratercouch

»Nein, Larry, echt nicht, ich lege mich nicht hin!« Er will unbedingt die Beratercouchnummer abziehen. »Ich brauche keine Beratung mehr!«

Larry sitzt auf einem Stuhl neben meinem Bett, das normalerweise die Beratercouch ist, futtert die Schnittchen, die meine Mutter für mich gemacht hat, und schreibt etwas auf seinen Block. »Patient verweigert die Beratung!«, spricht er laut mit.

Ich finde das gerade gar nicht lustig, sitze auf dem Boden an der Wand. »Das Thema ist abgeschlossen, o. k.? Über R. müssen wir nicht mehr sprechen, nie wieder. Nicht über R. und über nichts, was mit R. zu tun hat!«

»Meinst du, ihr Vater könnte mein Mofa aufmotzen?« Larry zieht seinen Strumpf aus und untersucht beiläufig den Zwischenraum zwischen erstem und zweitem Zeh.

»Klar, Ronny kann alles …«

Larry grinst, weil er mich reingelegt hat, und ich hasse ihn kurz. »Du warst so nah dran, Alter«, redet er auf mich ein. »Du hast doch keine Ahnung, wie das ausgeht mit B. und R.«

Genervt stehe ich auf und hole mir ein Schnittchen, bevor Larry mit seinen Zehzwischenraumfingern alle durchgeprüft hat. »Ich möchte auch keine Ahnung davon haben, verstehst du!«, schnauze ich ihn an.

Larry klopft mit der Hand auf mein Bett. »Jetzt komm schon, leg dich hin!«

»Nein!«

»Los!«

»Nein, ich will nicht!«

»Timmi!«

»Nein, nein, nein, nein, nein!«

Larry fuchtelt beschwichtigend mit den Händen in der Luft herum. »Ist ja gut!«, und auf seinen blöden Block schreibt er: *Patient in störrischer Phase, empfehle Einweisung in die Klapse.*

## Die Sache mit dem Monster

Natürlich habe ich daran gedacht, noch einmal mit Ruby zu sprechen und alles zu klären. Vielleicht hat sie Bubi in der Toreinfahrt auch gesagt, dass sie zwar gerne mit ihm Kaffee trinken geht – wer würde da Nein sagen, bei so einem berühmten Fußballspieler? –, dass sie aber eigentlich in mich verliebt ist und sich nur noch nicht getraut hat es mir zu sagen.
Schön wär's, ist aber bestimmt nicht so und deswegen habe ich beschlossen, dem Monster in die Augen zu schauen. Dem Tschüss-Ruby-Monster, der Lass-die-Finger-davon-Bestie, dem Ruby-liebt-mich-nicht-Ungeheuer.
Natürlich hat meine Familie mit den Argusaugen bemerkt, dass ich am Boden war, bevor ich die Sache mit dem Monster erledigt hatte. Einmal hat mich mein Vater zur Seite genommen, nachdem meine Mutter ihm das ganze Abendessen lang eindeutige Zeichen gemacht hatte. Sogar ich wusste, was auf mich zukommen würde, obwohl ich wieder damit beschäftigt war, Kartoffelpüreemauern hochzuziehen. *Heimliche Zeichen leicht gemacht*, den Kurs sollte meine Mutter mal belegen.
Benno ist gleich mitgekommen zum vertrauten Gespräch, weil er total neugierig ist. Doch mein Vater hat ihn weggeschickt. »Das ist eine Sache zwischen Vater und Sohn.«
Benno hat geschmollt, er wäre doch auch sein Sohn. Das fand aber keiner lustig.
Meine Mutter glaubte, dass ich verliebt bin. Und das hatte sie natürlich meinem Vater gesteckt, der jetzt ein Wort von Mann zu Mann mit mir sprechen sollte: über die Liebe an sich und die erste Liebe im Besonderen. Aufklärung, Verhütung. Die Frau, das unbekannte Wesen, und die richtige Umgangsweise mit ihr. Trennungsschmerz und was es sonst noch so alles gibt.
Wir setzten uns aufs Wohnzimmersofa.
Mein Vater ließ jeden Finger einzeln knacken und starrte auf den schwarzen Fernseher. »Deine Mutter meint, du bist verliebt?«, fragte er schließlich.

»Nö!«

»Dann hat sich die Sache ja erledigt!« Er machte den Fernseher an. »Weißt du eigentlich, wo meine Sonnenbrille abgeblieben ist?«

Später kam Benno in mein Zimmer, wie immer ohne anzuklopfen, und hat fürchterlich kumpelhaft getan, so nach dem Motto: *Du, ich bin da Spezialist und ich geb dir jetzt mal 'nen heißen Tipp.* Dabei hab ich Benno noch nie mit einer Frau gesehen. Nur mit Leguanen.

Meine Mutter hat dauernd Schnittchen gebracht und solche Sachen. Dabei hat sie mir zugezwinkert und alle haben es nett gemeint. Auch Larry. Aber ich wollte nur meine Ruhe. Bis ich endlich dem Monster in die Augen schauen konnte. Ruby ist für mich gestorben! Also habe ich Rubys Rucksack genommen, bin zum Fundamt und hab ihn dort irgendjemandem in die Hand gedrückt, damit er ihn für mich abgibt. Vorsichtshalber, damit sie auf keinen Fall rauskriegen kann, dass ich ihn hatte. Dann bin ich zum Bäcker Seitz und hab ihm die Klamotten vor die Füße geschmissen.

»Du kannst mich doch jetzt nicht hängen lassen«, hat er gemotzt, konnte ich aber, locker. Schließlich brauche ich kein Geld mehr für irgendeine bekloppte Ballettschule.

Und weil ich gerade dabei war, alles aus dem Weg zu räumen, was mir auf die Nerven ging, bin ich in die nächste Zoohandlung und habe Leguanfutter gekauft, totes Leguanfutter wohlgemerkt. Das habe ich Benno auf den Tisch geknallt. »Ich will nie wieder hören, wie eine Maus stirbt!«

Benno hat mich total erstaunt angeschaut.

»Klar?«

Er hat das Futterpaket genommen und genickt.

»Klar!«

Jetzt sitze ich hier in meinem Zimmer und vor der Wohnungstür steht Ruby und redet mit meiner Mutter. Ich hör's genau, sie ist es. Ich halte mir die Ohren zu und hoffe, dass sich meine Mutter an meine Anweisungen hält: Sollte ein Mädchen nach mir fra-

gen, sowohl am Telefon als auch an der Tür, dann bin ich nicht da. Ich nehme die Hände wieder von den Ohren.
»Oh, I'm sorry, he is not at home«, sagt meine Mutter.
Thanks, Mom.
»Können Sie ihm ausrichten, dass ich ihn dringend sprechen muss?« Vorsichtshalber schickt Ruby noch ein »I must speak with him« hinterher. Sie hat ja keine Ahnung, was das mit dem Englischgeplapper meiner Mutter auf sich hat. Ob sie nicht vielleicht aus England kommt und kein Wort Deutsch versteht, obwohl sie schon seit hundert Jahren hier wohnt. Wenn ich so drüber nachdenke, muss ihr meine Mutter genauso verrückt vorkommen wie mir Line.
Ich beobachte heimlich durchs Fenster, wie Ruby verschwindet. Da geht sie hin, denke ich, ziehe meine Fußballklamotten an und bin froh. Ist doch alles besser so:
1. Ich muss nicht mehr zum Ballett.
2. Ich muss nicht mehr zum blöden Bäcker Seitz.
3. Ich hab den Kopf frei und denke nicht mehr ständig an Ruby.
Obwohl ich mich schon frage, was sie so dringend mit mir besprechen will. Wahrscheinlich will sie ihrem Kumpel erzählen, wie toll es mit Bubi läuft, wie gut er küssen kann und so weiter. Aber ihr Kumpel will davon nichts wissen.
Meine Mutter kommt rein.
»Hab's schon gehört«, rufe ich, bevor sie den Mund aufmachen kann.
Sie geht aber nicht wieder raus, sondern schaut mich prüfend an.
»Du könntest doch wenigstens mal hören, was sie zu sagen hat.«
Ich schüttle den Kopf. Auf gar keinen Fall.
»Heute Vormittag hat übrigens jemand von einer Ballettschule *Tiebel* angerufen. Die Dame wollte wissen, ob du krank bist und wann du wieder zur Probe kommst.«
Ich schlucke. Danke, Frau Tiebel. Und was sage ich jetzt?
Meine Mutter lacht. »Ist das nicht witzig? Da denkt jemand, mein Sohn geht zum Ballett! Ich habe ihr gleich gesagt, dass sie sich bestimmt verwählt hat.«

Ich lache auch und mache mich davon. Hallo, Fußball, die Krise ist vorbei, der alte Tim ist wieder da, der Mittelfeldspieler mit den guten Ideen.
Larry wartet schon mit seinem Mofa und los geht's.
»Pass auf, Larry, heute wird's super«, brülle ich ihm von hinten in den Helm. »Der Trainer wird Augen machen, von wegen Blockade und so.«
»Versteh nichts«, brüllt Larry zurück.
Aber das wird er ja sehen, da wird er sich wundern.
Ich laufe mich ganz locker warm und winke Tine zu, die wie immer am Rand sitzt und uns zuschaut. Mir zuschaut. Ich lege mich mächtig ins Zeug, aber nichts klappt, absolut nichts. Jeder Pass geht daneben, keine Flanke kommt an, kein Ball landet im Tor, auch nicht beim Elfmetertraining, nicht mal da. In der Umkleide später rege ich mich fürchterlich auf. Das kann doch nicht sein! Jetzt ist doch wieder alles wie früher!
»Vielleicht das Unterbewusstsein?«, sagt Larry.
Ich weiß genau, was er meint. Quatscht er mich doch echt hintenrum wieder auf Ruby an und antwortet nicht, als ich ihm erkläre, dass ich einer der wenigen Menschen bin, die kein Unterbewusstsein haben. Warum auch nicht, wenn er einer ist, der nicht furzt? Eigentlich wollen wir nach dem Training zu mir, doch dann sitzt Tine draußen auf Larrys Mofa.
»Runter da«, pampt Larry sie an.
Sie schneidet ihm eine Grimasse und fragt mich, ob ich mit ihr Eis essen gehe.
»Keine Zeit«, sagt Larry.
»Warum eigentlich nicht?«, sage ich.
Ich ziehe mit Tine ab und drehe mich nicht nach Larry um, weil ich genau weiß, dass er mir nachschaut und den Kopf schüttelt. Bei Ruby war das was anderes, aber Tine kann er nicht leiden. Wahrscheinlich denkt er, ich mach's mir jetzt leicht oder so. Oder er denkt, ich will mich bloß ablenken. Oder, dass ich ihm was beweisen will, von wegen Unterbewusstsein und so. Soll er denken, was er will. Ich weiß es auch nicht.

Tine lädt mich ein. Dagegen kann man schon mal nichts sagen, finde ich. Wir setzen uns draußen an einen Tisch, löffeln unser Eis und schauen den Leuten zu, die vorbeigehen.
»Was ist eigentlich mit deiner Freundin?«, fragt Tine.
»Welche Freundin?«
Tine zieht die Stirn kraus. »Ruby. Die kommt gar nicht mehr zum Training.«
»So, wie die sich angestellt hat«, sage ich locker, merke aber gleich, dass es irgendwo in mir drin wehtut, als ich das sage – aber nicht im Unterbewusstsein.
»Und was ist nun mit ihr? Seht ihr euch noch?« Tine kann wirklich penetrant sein. Was geht sie das eigentlich an?
Ich schüttle den Kopf.
»Gehst du deswegen mit mir Eis essen? Um dich abzulenken?«
Warum müssen Mädchen eigentlich immer alles ganz genau wissen?
»Quatsch«, blaffe ich sie an, da sehe ich plötzlich Ruby. Noch ist sie weit weg, aber gleich wird sie an uns vorbeigehen. Dann wird sie mich ansprechen und fragen, warum ich einfach verschwunden bin und nicht mehr ins Ballett komme und ob sie irgendwas falsch gemacht hat. Ich springe auf und zerre Tine am Arm. »Komm, weg hier«, krächze ich und da ist sie wieder, die Sache mit meiner verlorenen Stimme.
»Wieso denn? Was hast du denn?«, fragt Tine seelenruhig.
Haue ich eben alleine ab, hinter die nächste Ecke. Ich drücke mich ganz platt an die Hauswand und warte. Jetzt müsste sie eigentlich vorbei sein. Vorsichtig wage ich einen Blick und schiele rüber.
Oh nein! Ruby steht bei Tine und sie reden miteinander. Tine, bitte, mach jetzt keinen Fehler, bitte, nur ein Mal, für mich. Tine zuckt mit den Schultern und Ruby geht weiter. Ich schaue ihr nach, ihr und dem rosa Rucksack auf ihrem Rücken. Hat sie ihn also bekommen. Dann kann sie ja jetzt wieder in ihr Tagebuch schreiben. Ob sie etwas über mich schreibt? Warum hat sie wohl die Haare offen? Komm, Ruby, mach sie noch einmal, diese Bewegung, bei der ich nie weggucken konnte! Wenn ich mit ihr nicht

abgeschlossen hätte, würde ich jetzt denken, dass wir doch Zwillingsseelen sind, weil Ruby genau in diesem Moment versucht ihre Haare in das Gummi zu zwängen.
»Was war denn das für 'ne Nummer?« Tine steht vor mir und will schon wieder was wissen.
»Was hast du ihr gesagt?«, krächze ich und zwinge mich Ruby nicht mehr hinterherzuschauen.
»Dass ich nicht weiß, wo du bist.«
Danke, Tine.
»Aber das kostet was.«
Ich schaue sie fragend an. Da steht sie und streckt mir allen Ernstes ihre dünnen Lippen zum Kuss gestülpt entgegen. O.k., alles hat seinen Preis.

## Zu spät

Der Tag der Tage. Der Tag, auf den wir alle gewartet haben. DFB-Pokal-Halbfinale! Es wird schwer werden, aber Bubi ist in Hochform derzeit – wäre ich auch an seiner Stelle. Das Stadion brodelt, ist restlos ausverkauft. Wir sind natürlich dabei, stehen in der Kurve und singen, dass die Weißen den anderen die Lederhosen ausziehen sollen. Benno und seine Schränke, unsere gesamte Fußballmannschaft plus Trainer, Larry und ich. Tine kommt erst zum Spielbeginn, weil sie ja vorher noch ihren Cheerleaderauftritt hat.

Larry hat sich immer noch nicht wirklich daran gewöhnt, dass sie jetzt oft dabei ist. »Was findest du an dem dummen Huhn?«, hat er mich neulich auf dem Weg zum Training gefragt.

Ich hab versucht ihm zu erklären, dass sie wirklich ganz nett ist. Aber wie soll man das jemandem klarmachen, wenn er es nicht selber findet? Da kann man noch so viele gute Eigenschaften aufzählen: direkt, findet Fußball gut, Holz vor der Hütte, steht auf mich. Larry steckt irgendwie immer noch im Projekt Ruby. Das weiß ich, obwohl wir nicht mehr darüber sprechen.

Wir haben zu dritt ein Transparent gemacht fürs Halbfinale und wollten natürlich ein bisschen origineller sein als Benno und seine Schränke mit ihrem uralten Weiße-vor-noch-ein-Tor-Fetzen. Wir saßen in meinem Zimmer und haben hin und her überlegt. Was reimt sich auf Weiße? Scheiße. Passt aber in dem Fall nicht. Larry hat mindestens fünfzehn fettige Kartoffelpuffer in sich reingestopft, bis ihm endlich die geniale Idee kam: Wir lassen das Transparent einfach ganz weiß. Da kapiert jeder, was wir meinen. Ich bin mir nicht sicher, ob er faul und überfressen war und deswegen keine großen Schriftzeichen mehr auf das Laken malen wollte. Aber die Idee war brillant und wir waren früher fertig als geplant.

Als wir das Transparent jetzt im Stadion aufrollen, kriegt Benno einen ziemlichen Lachkrampf und zeigt es seinen Schränken: »He, schaut mal! Larry und Tim haben vergessen was auf ihr Transparent zu schreiben.«

Alle grölen.
Larry schaut mich an und schließt langsam die Augen. Das heißt: Reg dich nicht auf, Alter, ganz ruhig und gar nicht beachten. War ja klar, dass dein Bruder das nicht versteht.
Tine und die Cheerleader hüpfen auf den Rasen und machen ihren Tanz. Das Stadion tobt und jubelt und die Stimmung ist echt unglaublich. Als sie fertig sind, laufen die Mannschaften ein und Larry und ich springen mit unserem Transparent wie die Wilden herum und feuern die Weißen an. Auch weil sie sich die Haare alle weiß gefärbt haben, und das finden wir natürlich genial. So zeigen sie, dass sie von den Weißen sind, alle zusammengehören und gewinnen wollen, jawohl.
Tine kommt mit ihrem kurzen Röckchen und dem dünnen, blonden Zopf zu uns. Sie ist noch ziemlich außer Atem und ich lege ihr den Arm um die Schultern. »Warst gut!«
Tine lächelt, dann pfeift der Schiedsrichter das Spiel an und es geht gleich total rasant los. Wir singen und springen so lange, bis die anderen ein frühes Tor schießen. Davon müssen wir uns erst mal erholen und die Weißen anscheinend auch. Die kriegen jetzt nämlich gar nichts mehr auf die Reihe.
Unser Trainer schreit rum: »Das gibt's doch nicht, man kann sich doch nicht so aus der Bahn werfen lassen!«
Benno und die Schränke brüllen: »Weiße vor, macht ein Tor!«
Tine und Larry und ich steigen mit ein, aber es nutzt vorerst alles nichts. Die Halbzeit rückt näher. Gleich muss Tine wieder zu den Cheerleadern, da drängelt sich plötzlich jemand ziemlich ruppig durch die Menge. Alle schimpfen und wir gucken, um zu sehen, was da los ist. Larry schnalzt mit der Zunge und grinst.
Es ist Ruby. Sie ist knallrot im Gesicht und sie sieht richtig sauer aus. Ihre Locken tanzen wütend um sie herum und ihre Augen blitzen und dieses ganze Ruby-Wutpaket kommt genau auf mich zu.
Ich nehme schnell den Arm von Tine weg und lasse das Transparent fallen. Macht der Gewohnheit. Ruby soll ja nicht wissen, dass ich auf Fußball stehe, aber anscheinend hat sie es irgendwie rausgekriegt.

Sie bleibt genau vor mir stehen und funkelt mich an.
»Ruby, was machst du denn ...?«, will ich ein lockeres Gespräch anfangen.
Da sprudelt es nur so aus ihr heraus. »Das tut überhaupt nichts zur Sache und wenn, dann müsste ich dich das fragen, wo du doch Fußball angeblich nicht leiden kannst, und auf einmal sehe ich dich im Fernsehen ...«, laut, »... wie du ein riesiges Transparent schwenkst und irgendwelche Fußballer anfeuerst ...«, immer wütender und immer lauter, »... Tust die ganze Zeit so, als wärst du mein Freund, und verschwindest dann ganz plötzlich, einfach so, ohne Grund.«
Ich will sie unterbrechen. »Ruby!«
Sie lässt mich nicht. »Davon abgesehen, was glaubst du denn, wer jetzt bei unserer Aufführung den Baum tanzen soll? Aber ist ja klar, war ja alles bloß gelogen. Du interessierst dich überhaupt nicht fürs Ballett, du stehst ja auf Fußball.«
Ich schiele nach rechts und links. Alle hören gebannt zu und spätestens jetzt fällt ihnen die Klappe runter.
»Ballett?«, fragt Benno und ringt nach Fassung.
»Und dann fängst du auch noch mit der was an.« Ruby nickt mit dem Kopf Richtung Tine.
»Obwohl du schwul bist.«
Schwul?
»Schwul?«, schreit Benno und die anderen prusten los.
Ich packe Ruby am Arm und zieh sie weg, nichts wie weg hier. Sie reißt sich los, folgt mir aber trotzdem.
Wir zwängen uns an den Leuten vorbei und gehen runter in den Gang, wo die Würstchenstände sind. Hier ist es leiser und vor allem hört uns keiner zu. Ruby verschränkt die Arme, schaut mich kalt an.
Ich hole Luft, versuche mich zu beruhigen. »Ich bin nicht schwul, erstens, und zweitens habe ich dir vielleicht was vorgemacht, ja. Aber nur, weil ich dir gefallen wollte, weil ich in dich verliebt war. Und du? Rennst dieser Matschbirne von Bubi hinterher, knutschst jetzt wahrscheinlich Tag und Nacht mit ihm rum und

meinst, du hättest ein Recht hierher zu kommen und mich total zu blamieren!«
Die Zuschauer draußen jubeln, woraus ich schließen kann, dass die Weißen ein Tor geschossen haben, egal.
Ruby hat keine Miene verzogen. »B. ist eine Matschbirne, da hast du Recht. Das habe ich leider viel zu spät gemerkt. Aber vielleicht wäre alles anders gekommen, wenn du ehrlich gewesen wärst. Wenn du mich auch nur einen kleinen Hauch hättest merken lassen, dass du mich magst, nur so viel ... « Sie zeigt eine erbsengroße Strecke.
»Du hast es bloß nicht bemerkt, weil du gleich gedacht hast, ich bin schwul«, sage ich. »Wie kommst du überhaupt auf so eine Scheißidee?«
»Ein Typ, der zum Ballett geht, ist schwul. Das sagt Alina auch. Außerdem bist du ständig mit deinem Freund abgezogen, Larry oder wie der heißt.«
Ruby wirkt plötzlich zerbrechlich.
Ich nehme ihre Hand und mir wird überall ganz warm, auch weil sie die Hand nicht wegzieht. »Ruby, das ist echt schlecht gelaufen, das alles ...«
Jetzt nimmt sie ihre Hand doch weg und versteinert wieder. Kein Zugang, Tür zu. »Du bist einfach ... feige.«
Ich starre sie an. Sprachlos.
Sie wurschtelt ihre Haare in das Gummi. »Und so einen will ich nicht!« Ruby dreht sich um und geht weg. Energische Schritte. Lauf-mir-bloß-nicht-hinterher-Schritte.
Ich bleibe stehen. Draußen ertönt der Halbzeitpfiff. Kurz darauf kommen die Leute aus dem Stadion und strömen an mir vorbei zu den Würstchenständen. Ich bleibe immer noch stehen. Was soll ich auch machen? Plötzlich taucht Tine vor mir auf, voll der verächtliche Blick, knallt mit eine und marschiert von dannen.
Verdammte Scheiße!

## Larrys Beratercouch

»Hat sie irgendwas gesagt, woraus du schließen könntest, dass sie dir, sagen wir mal, zugetan ist?«
Ich liege auf meinem Bett, das zugleich Larrys Beratercouch ist, habe die Augen zu und schüttle den Kopf. Larry hat Ruby doch gehört. Das klang ja nun wirklich nicht nach Zugetanheit oder wie das heißt.
»Wenn jemand so wütend wird, wie Ruby es war, wegen jemand anderem, und derjenige ist auch noch – nennen wir es – ein Mann, dann kann man mit ziemlicher Sicherheit davon ausgehen, dass dieser jemand, in diesem Fall Ruby, dem Mann, in diesem Fall dir, zumindest zugetan ist.«
Ich schnaube. Larry spinnt.
»Du hast Ruby enttäuscht. Sie hat dich für etwas ganz anderes gehalten, als du bist ...« Larry pikst mich mit dem Bleistift.
Ich mache die Augen auf. »Hm?«
»Wie kommt sie eigentlich darauf, dass du schwul bist? Wie hast du das denn hingekriegt?«
Ich mache die Augen wieder zu. »Irgendjemand hat mir den genialen Tipp gegeben, zum Ballett zu gehen. Und da gehen nur Schwule hin, glaubt Ruby!«
»Blödsinn!«
»Außerdem hat sie mich immer mit meinem Freund gesehen.«
»Ist mir da was entgangen?«
»Mit *dir*!«
Larry lässt den Bleistift fallen.
Ich grinse ihn an. »Hab mir schon oft gedacht, dass du so was Laues an dir hast.«
Larry knickt die Hand ab und macht einen auf Tunte. Fistelstimme. »Och, Schätzchen, jetzt hast du mich erwischt. Komm, kuscheln!« Er schmeißt sich auf mich aufs Bett und knutscht mich wild ab.
»Weg!«, brülle ich und stoße ihn runter.
»Aber Timmi, jetzt sei doch nicht so.« Larry rückt nach.

»Finger weg!«, schreie ich und falle vom Bett.
Larry fängt an zu lachen und ich kann auch nicht anders, bis Larry plötzlich meint, dass wir das auf jeden Fall wieder hinkriegen mit Ruby. »Sie ist jetzt zu stolz und wird sich auf keinen Fall bei dir melden«, sagt er und geht wieder in Beraterhaltung. »Und du denkst, da ist eh nichts mehr zu retten, und meldest dich deswegen auch nicht. Wenn sich keiner meldet, passiert nichts, goldene Regel. Also muss einer anfangen, und das bist du!«
»Die hört mir doch gar nicht mehr zu«, seufze ich.
»Du wirst den Baum tanzen!«, sagt Larry und strahlt mich triumphierend an, weil er wieder mal so eine gute Idee hatte.
Larry, wach auf! Ruby findet, dass ich ein Arschloch bin. Davon abgesehen bin ich bei der guten Tiebel einfach nicht mehr erschienen, hab sie hängen lassen. Was also soll das Ganze?«
Larry kaut an dem Bleistift und schaut mich aus kleinen, prüfenden Schlitzaugen an. »Ich denke, ihr seid ...«, jetzt macht er wieder seine Fistelstimme, »... Zwillingsseelen?«
Ich mache Schlitzaugen zurück. Will er mich verarschen?
Larry erhebt seinen Ölmulti-Zeigefinger. »Einsatz ist gefragt, der Wille zum Sieg!«

## Der Baum und die Tänzerin

Die Aufführung ist in einem Saal, der irgendwo hinten an *Tiebels Ballettschule* dranhängt. Die Bühne ist riesig und so richtig mit schweren Samtvorhängen, die automatisch auf- und zugehen. Dann schaut man in einen noch viel riesigeren Zuschauerraum, der aussieht, als könnten vier Millionen Menschen darin Platz finden, um den Baum zu sehen. Und der Baum bin ich.
Frau Tiebel war nicht sauer, nur froh, dass ich wieder aufgetaucht bin. Leider war keine Probe mehr angesetzt und so muss ich ins kalte Wasser springen und den Baum aus meiner Erinnerung tanzen. On arriär, an avong, fondü, frappe e piuret dedong oder so. Ich habe eine enge braune Strumpfhose an – könnte man auch gleich nackt dastehen, weil sich unter der blöden Strumpfhose alles abzeichnet – und meine Arme sind die Äste. Deswegen muss ich sie weit ausstrecken und mich im Wind wiegen, der nicht weht, wobei das Blattwerk milde raschelt, das überall an meinem Oberteil dran ist. Außerdem hab ich noch einen Blätterkranz im Haar. Das ist die Krone – und die Krönung. Wirklich, ich komme mir überhaupt nicht albern vor, haha.
Die jüngeren Ballettklassen haben ihre Auftritte. Applaus von vier Millionen dringt zu uns in den Raum hinter der Bühne, in dem wir auf unseren Einsatz warten. Einmal denke ich, ich höre Benno »Bravo!« rufen, aber das kann ja nicht sein.
Natürlich wollten nach dem Spiel – habe ich schon erwähnt, dass Bubi verloren hat, hähä? – alle wissen, was das mit Rubys Auftritt auf sich hatte. »Du bist doch nicht schwul, Tim?« und »Du gehst doch nicht zum Ballett, oder?«
Ich hab bloß abgewunken und behauptet, die Kleine hätte 'nen Knall. Das haben sie mir sofort geglaubt, weil keiner, aber wirklich keiner jemals annehmen würde, dass ich, Tim, der trickreiche Mittelfeldheld, zum Ballett gehe und schwul bin. Nee, Bennos Bruder schwul? Niemals! Natürlich hat Benno die Geschichte beim Abendessen sofort erzählt. Das brannte ihm auf der Zunge, da konnte mein Vater noch nicht mal *Hallo* sagen, so schnell

schoss es aus Benno raus. Sie haben beide gelacht bei der Vorstellung, dass das jemand auch nur annehmen könnte von mir, Tim, Sohn eines Polizisten, Bruder eines Footballspielers. Ich denke, warum eigentlich nicht, und meine Mutter war merkwürdig still und hat mich nachdenklich angeschaut. Sicher kam es ihr komisch vor, zumindest die Sache mit dem Ballett, weil Frau Tiebel ja schon mal angerufen hatte. Aber sie sagte nichts. Vielleicht hat sie einen Kurs gemacht über Momente, in denen ich meinen Mund halten sollte, auf jeden Fall danke, Mama!
»Höchste Zeit, dass wir die Sache mit deinem Bizeps angehen«, sagte Benno und zeigte mit seinem Messer auf mich.
Ich hab nur genickt und an den nächsten Tag gedacht, den Tag meines ersten öffentlichen Ballettauftritts und meiner Begegnung mit Ruby.
Ich weiß ja nicht, was sie mit Bubi erlebt hat, wie sie zu der Erkenntnis kam, dass der nichts weiter ist als eine Matschbirne, aber sie hat es gemerkt. Larry hat Recht behalten. Ich weiß auch nicht, ob sie jemals wieder mit mir spricht, und irgendwie ist es jetzt auch komisch, weil ich ihr gesagt habe, dass ich in sie verliebt bin. Wir begegnen uns praktisch ganz neu, aus einer anderen Perspektive. Ganz abgesehen davon frage ich mich, ob eine braune Strumpfhose, unter der sich alles abzeichnet, das richtige Outfit ist, um ein Mädchen zurückzuerobern.
»Oder meinst du nicht, Tim?« Benno riss mich aus meinen Gedanken.
Ich hatte nicht zugehört. Es ging irgendwie um Bonzo, den Leguan, der viel besser aussieht und viel fitter ist, seit er das tolle Futter von mir frisst. Und Benno überlegte, ob er später nicht mal die deutschlandweite Alleinvertretung für totes Leguanfutter übernehmen soll. Na ja, und so weiter, völlig uninteressant.
Zwischen Alina und Ruby scheint es wieder besser zu laufen. Sie flüstern miteinander und schauen zu mir rüber, wie ich mich als Baum warm dehne. Alina hat sich bei einer Probe einen Bänderriss zugezogen. Jedenfalls ist ihr Bein dick verbunden und sie lehnt auf einer Krücke. Und Ruby, Ruby ist jetzt die Primaballe-

rina und wird um den Baum herumtanzen, ganz nah bei mir. Sie hat mich noch kaum eines Blickes gewürdigt und wenn, dann nur eines abfälligen. Aber sie sieht wunderschön aus in ihrem rosa Tutu und irgendwie hat sie es tatsächlich geschafft, all ihre Haare in das Gummi zu zwängen. Ich seufze unter meinem Blätterkranz.
Wieder brandet Applaus auf. Dreizehn vor Aufregung rot glühende zehnjährige Ballerinas huschen überglücklich gackernd nach ihrem Auftritt in unseren Raum und Frau Tiebel gibt uns das Zeichen, dass wir nun dran sind. Ich zupfe aufgeregt an meiner Strumpfhose herum, betrete die Bühne und gehe in Position. Noch ist der Vorhang geschlossen. Ich rede mir innerlich gut zu, ich werde es schaffen, werde es hinter mich bringen. Ruby muss mich in dem Stück schmachtend angucken, weil sie nämlich den Baum anhimmelt. Und vielleicht, vielleicht kann sie mir ja doch noch verzeihen.
Frau Tiebel zwängt sich durch die schweren Samtvorhänge vors Publikum. Alle machen »Pssst« und sie hält eine kurze Ansprache, in der sie nicht vergisst zu betonen, dass sie die große Freude hat, das erste Mal auch einen männlichen Tänzer dabeizuhaben. Danke, Frau Tiebel, vielen Dank. Alle klatschen. Frau Tiebel kommt zu mir und klopft mir ermutigend auf die Schulter. »Du machst das schon, Timmi.«
Bleibt mir ja auch nichts anderes übrig.
Ich strecke elegant meine Äste aus. Langsam und ganz ohne Geräusch geht der Vorhang auf. Ich versuche zu erkennen, wie viele Leute nun Zeuge meiner Blamage werden, aber noch ist alles dunkel und ich kann sie nur spüren und husten hören.
Musik – Schubert – und Licht. Ich wiege mich im Wind. Dann kommt Ruby auf die Bühne, tanzt engelsgleich herum, bis sie endlich zu mir, ihrem verehrten Baum kommt. Ich wiege mich zu ihr hin – nehmen wir an, der Wind wird stärker.
»Es tut mir Leid, Ruby!«, flüstere ich und Ruby tanzt wieder weg von dem Baum, weil sie in dem Stück schüchtern ist und sich nicht traut, dem Baum ihre Liebe zu gestehen – gibt's das über-

haupt, dass eine einen Baum liebt? –, oder weil sie nichts hören will von mir. Egal, ich gebe nicht auf, jetzt nicht mehr! Ich versuche eine Drehung, die an der Stelle kommen soll. Der Baum lockt die Tänzerin. Es gelingt sogar ganz gut, zumindest falle ich nicht um und ein aufgeregtes Raunengeht durchs Publikum. Die Tänzerin lässt sich anlocken, obwohl Ruby das wahrscheinlich eher nicht so in den Kram passt.
Ich strecke ihr meine Äste entgegen. »Ich muss mit dir reden«, wispert es aus meinem Blätterkranz.
Noch einmal nimmt die Tänzerin Abstand, windet sich elegant, um ihren inneren Kampf darzustellen, und der Baum wiegt hin und wiegt her. Die Musik wird lauter, die Geigen brausen auf und jetzt kommt die Stelle, an der die Tänzerin nicht mehr widerstehen kann, der Baum streckt sich ihr entgegen.
»Ich liebe dich, Ruby!«, raunt es verwegen aus dem Gehölz und die Tänzerin nimmt den Ast, schmiegt sich an den Stamm, Ruby schaut mich an und – lächelt. Lächelt, obwohl sie an der Stelle nicht lächeln soll. Lächelt, weil ich sie liebe. Lächelt, weil sie mich vielleicht auch ein bisschen mag. Lächelt ihr wunderschönstes Ruby-Lächeln! Die Tür ist wieder auf und in mir läuten tausend Glocken.
Die Musik braust und jetzt wird es im Zuschauerraum hell, so hell, dass ich das erste Mal das Publikum sehen kann. Es tobt, es klatscht, es freut sich, dass der Baum und die Tänzerin zueinander gefunden haben – viel zu früh übrigens. In der ersten Reihe entdecke ich Larry. Und meine Eltern mit Benno und seinen Schränken. Den Trainer. Und meine ganze Fußballmannschaft. Sie klatschen und johlen, rufen meinen Namen im Chor und Larry grinst mich übers ganze Gesicht an und zuckt mit den Schultern. Das heißt so viel wie: Sorry, ich musste es tun!
Ruby drückt meine Hand. Im Hintergrund gackern sich die anderen Tänzerinnen einen ab. Alles Hühner – außer Ruby.

**Materialien**

# Inhalt

**Materialien**

### I  Typisch?
| | | |
|---|---|---|
| 1 | Typisch Mädchen – Typisch Junge? | 198 |
| 2 | 2. Januar – Meine Klasse | 200 |
| 3 | Die Jungs geben den Ball nicht ab | 202 |
| 4 | Girls' Day: „Auch Jungs täte so ein Tag gut" | 204 |
| 5 | Zwischen Ballett und Bagger | 206 |

### II  Freundschaften
| | | |
|---|---|---|
| 1 | 18. Mai – Beste Freundinnen | 208 |
| 2 | Bist du eine gute Freundin? | 209 |
| 3 | „Ein Freund war jemand, den man dreimal hintereinander anrufen konnte." | 213 |

### III  Kluge Ratgeber?
| | | |
|---|---|---|
| 1 | Annähern – Anmachen – Anbaggern | 215 |
| 2 | Sprich dich aus beim Dr.-Sommer-Team: Soll ich mit ihm gehen? | 220 |
| 3 | „Zeig ihr, dass du sie magst." | 222 |

### VI  Die Autoren — 224

# I Typisch?

## 1 Typisch Mädchen – Typisch Junge?

Girls' Day bei BASF
(© mecom, dpa Stratmann, Hamburg)

Ballettlehrerin mit Ballettschüler
(© Corbis, Tom Stewart, Düsseldorf)

I Typisch?

## 2  2. Januar – Meine Klasse

Die meisten aus meiner Klasse sind ziemlich cool. Einige sind cool, weil sie die richtigen Klamotten tragen. Andere, weil sie die richtige Musik hören. Die übrigen sind cool, weil sie kiffen, bis Musik und Klamotten keine Rolle mehr spielen. Manchmal wünschte ich, ich würde zur letzten Gruppe gehören. Nicht, dass ich Kiffen cool fände, doch es hilft zu vergessen, dass es Claudia Fischer gibt.

Claudia ist vor einem Jahr aus Hannover hierher gezogen und hat spontan beschlossen, meine beste Freundin zu werden. Ich habe mich mit Händen und Füßen gewehrt, doch diese Frau lässt einfach nicht locker. Sie ist anhänglich wie ein Straßenköter, den man mal versehentlich gefüttert hat. Vielleicht liegt's daran, dass ihre Eltern geschieden sind. Jedenfalls habe ich sie jetzt an der Backe und wie's aussieht, werde ich sie wohl auch so schnell nicht mehr los.

Das gilt leider auch für Niko. Ich weiß nicht warum, aber auch er hat sich an meine Fersen geheftet. In Sachen „Nerven" macht er Claudia echt Konkurrenz. Nikos erklärtes Berufsziel ist DJ oder Musiker – auf jeden Fall aber Star. Er wartet schon ziemlich lange auf seinen großen Durchbruch, doch bis jetzt deutet nichts darauf hin, dass der sich in absehbarer Zeit einstellen wird. Vielleicht liegt's daran, dass es eigentlich nur einen einzigen Menschen gibt, der wirklich an Niko glaubt, und das ist er selbst.

Bei Sabine ist das ganz anders. Sie geht ebenfalls in meine Klasse, hat lange blonde Haare und immer 'nen ganzen Fanclub um sich rum. Den größten Teil ihrer Schulzeit verbringt sie mit Tratschen – am liebsten während des Unterrichts. Und da sie nie zwei Sachen auf einmal machen kann, hätte sie letzte Woche in Chemie beinahe die ganze Schule in die Luft gejagt. In Chemie war Sabine noch nie 'ne Leuchte. In allen anderen Fächern übrigens auch nicht. Dafür ist sie aber in Sachen Jungs ziemlich erfolgreich. Wie viele Typen sie schon hatte, weiß ich nicht, und da Sabine nicht bis drei zählen kann, weiß sie es wohl nicht mal selbst.

Meine Klassenkameradin Ulla hingegen weiß nicht nur sehr genau, wie viele Typen sie schon hatte, sondern auch, wie viele sie in nächster Zeit haben wird: keinen! Ulla ist ziemlich unförmig. Dazu kommt, dass sie Probleme mit den Drüsen hat. Oder anders ausgedrückt: Sie stinkt nach Schweiß. Immer. Tja, das macht ihr das Leben nicht gerade leichter. Aber Ulla macht sich nichts draus. Sie ist so, wie sie ist, und sie hat sich damit abgefunden. Außerdem ist sie uns sowieso um Längen voraus, denn sie hat schon jetzt, mit erst 16 Jahren, herausgefunden, was der Sinn ihres Lebens ist: Kugelstoßen! Der Erfolg unserer Kugelstoßmannschaft steht und fällt mit Ulla. Das liegt vor allem daran, dass sie das einzige Mitglied ist. Bis jetzt konnte sie niemanden an unserer Schule für ihren Sport begeistern. Auch nicht Stefan, den Mops, der zumindest die körperlichen Voraussetzungen dafür mitbringen würde. Doch Stefan hat andere Hobbys. Seine Lieblingsbeschäftigungen sind Essen und Frauen anbaggern. Für Letzteres bringt er übrigens nicht die körperlichen Voraussetzungen mit, doch das scheint ihm bislang entgangen zu sein. Als der liebe Gott das Selbstbewusstsein verteilt hat, muss er ganz vorne gestanden haben. Das an sich ist ja okay, doch leider hat er anscheinend neben Sabine gestanden, als es um die Verteilung von Dummheit ging.

Tja, und dann ist da noch Daniel. Der kriegt irgendwie nichts auf die Reihe. Er schwänzt dauernd den Unterricht, und ich kann mich nicht erinnern, dass er jemals selbst die Hausaufgaben gemacht hat. Na ja, vielleicht liegt's daran, dass er dauernd auf seinen kleinen Bruder aufpassen muss. Oder dass er zu der Sorte Jungs gehört, die Stunden damit verbringen, stumpfsinnig Bälle in einen Korb zu werfen. Wenn man davon absieht, ist Daniel aber eigentlich ganz nett ...

**Aus: Sylvia Hartmann: Mein Leben & ich.**
**Alex' geheimes Tagebuch. RTL – Egmont vgs., Köln 2003, S. 9–11.**

## 3   Die Jungs geben den Ball nicht ab

Zickig die einen? Cool die anderen? Auf einem TAGBLATT-Fragebogen für Schulklassen verrieten Mädchen, was ihnen an Jungs nicht gefällt, und Jungs, was ihnen an Mädchen nicht gefällt. Die Antworten zeigen: Die alten Klischees sind unverwüstlich. Die Sehnsucht aber auch.

**Was Mädchen an Jungs nicht gefällt:**
Sie spielen meistens kindisch mit dem Ball rum und ärgern Mädchen. Sie müssen immer cool sein und angeben. Außerdem mischen sie sich immer in Dinge ein, die sie nichts angehen. *(Klasse 8)*

Ihr großes Mundwerk und ihre blöden Sprüche. *(Klasse 8)*

Dass sie es in machen Fächern für selbstverständlich halten, besser zu sein als Mädchen. Versuchen sich immer als das stärkere Geschlecht zu produzieren. *(Klasse 10)*

Die coolen Sprüche, Jungs denken nur an das Eine. Die Hälfte der Jungs sind arrogant. Jungs wissen nicht, was Liebe ist. Jungs behandeln uns wie Dreck. Jungs denken nur an Autos. Jungs denken, wir stehen auf sie. Wir hassen Jungs, die so dumm rumstehen. Jungs denken nicht mit dem Kopf, sondern mit etwas anderem. Die meisten Jungs sind aber nicht ... *(Klasse 8)*

Ändern schnell ihre Meinung, zu dick, streberhaftes Aussehen, Gelhaare, Goldkettchen, schüchtern, Machoauftreten, Besserwisser, ungepflegtes Aussehen, schlechtes Benehmen. *(Klasse 8)*

Blöde Anmache. *(Klasse 7)*

Wir würden lieber schreiben, was uns an Jungs beziehungsweise Mädchen gefällt, aber wenn Sie so fragen: Wir finden es nicht gut, wenn ein Junge angibt, grob oder eifersüchtig ist. Er sollte kein Macho-Typ sein und von Mädchen nicht gleich zu viel wollen. *(Klasse 8)*

**Was Jungs an Mädchen nicht gefällt:**
Ihr Getue, die dicke Schminke.
*(Klasse 8)*

Dass sie sich mitten im Unterricht Briefchen schreiben und ständig herumalbern. Immer gleich petzen und sich wie Hühner oder Kleinkinder aufführen. *(Klasse 8)*

Ihre Lästerei und ihre Zickigkeit und dieser New Yorker Fishbone Style. *(Klasse 8)*

Dass sie gleich beleidigt sind und immer was zu Essen von uns wollen. *(Klasse 8)*

Mädchen sind Kichererbsen. Dass die Mädchen rauchen. Manche Mädchen stiften die Jungs an, etwas zu tun, was nicht besondert gut ist. Mädchen sind arrogant und eingebildet. Mädchen denken, sie wär'n es. Die Mädchen wissen, was Liebe ist. Die Mädchen wollen Gleichberechtigung, dann sollen sie auch zur Bundeswehr. Wie können wir nur an das Eine denken, wenn die meisten schwul sind. *(Klasse 8)*

Bevorzugung. Sie fühlen sich benachteiligt, wegen nichts.
*(Klasse 10)*

Dürfen zu spät kommen und kriegen keine Strafe.
*(Klasse 10)*

Dick mit engen Kleidern, zickig, eingebildet, aufgetackelt.
*(Klasse 8)*

Sie kratzen. *(Klasse 8)*

Die sind blöd und manchmal nicht freundlich. *(Klasse 7)*

Dürfen zu spät kommen und kriegen keine Strafe.
*(Klasse 10)*

Die sind blöd und manchmal nicht freundlich. *(Klasse 8)*

Wir finden es nicht gut, wenn ein Mädchen zickig oder launisch ist. Sie sollte nicht gleich schreien, kratzen oder zwicken, wenn man mit ihr Spaß macht. *(Klasse 8)*

**Schwabisches Tagblatt,**
**10. 08. 2002**

## 4 Girls' Day – „Auch Jungs täte so ein Tag gut"

**Am Girls' Day sollen Mädchen Technik-Berufe kennen lernen. Und was machen die Jungs? Sie sind nur in Brandenburg mit dabei.**

VON NICOLA HOLZAPFEL

Der 22. April gehört den Mädchen. Bereits im vierten Jahr laden Arbeitgeber am Girls' Day Schülerinnen ein, um ihnen frauenuntypische Berufe nahe zu bringen. So wollen die Initiatoren, darunter das Bundesbildungsministerium, Mädchen dazu bringen, bei der Berufs- und Studienwahl stärker technische Berufe wie Fachinformatiker oder Mechatroniker sowie Ingenieur- und naturwissenschaftliche Studiengänge zu berücksichtigen.

Das Interesse seitens der Schülerinnen und Unternehmen ist enorm. In diesem Jahr werden mehr als 100.000 Mädchen mitmachen. Bundesweit sind mehr als 5.000 Veranstaltungen geplant.

„Bei den Mädchen gibt es einen speziellen Bedarf, weil ihr Berufsspektrum wesentlich stärker eingeengt ist", sagt Waltraud Cornelißen vom Deutschen Jugendinstitut (DJI).

„Aber auch den Jungs täte so ein Tag gut. Viele sind beruflich sehr unentschlossen. Dazu kommt, dass die Berufe im klassisch handwerklich-industriellen Bereich schwinden werden und der Dienstleistungsbereich zulegt. Daher sind die traditionellen Berufsentscheidungen der Jungs genauso problematisch. Auch sie sollten sich breiter orientieren."

In Brandenburg fand man das auch und hat kurzerhand den Girls' Day umgetauft in „Zukunftstag für Jungen und Mädchen".

Brandenburg ist bislang das einzige Bundesland, das am Girls' Day auf Gleichberechtigung setzt.

„Wir sind davon überzeugt, dass das der richtige Weg ist", sagt Günter Baaske, Brandenburgs Arbeits- und Gleichstellungsminister. „Man sollte den Tag nicht auf Mädchen reduzieren, sondern Jungen und

Mädchen die Augen öffnen für Berufsbilder, die bislang geschlechtstypisch besetzt sind."
Bereits zum zweiten Mal sind nun auch die Jungs zum Praxis-Tag eingeladen. Sie sollen vor allem soziale Berufsfelder kennen lernen. Vergangenes Jahr waren schon ein Drittel der Teilnehmer männlich. „Es geht darum, sich frühzeitig Gedanken zu machen über den Berufsweg. Sich zu fragen, in welche Richtung will ich überhaupt gehen?", sagt Baaske.
Die Idee des Girls' Day stammt aus den USA. Dort nehmen Eltern ihre Kinder an einem Tag im Jahr in die Arbeit mit, damit sie die Berufswelt kennen lernen. „Früher hatten Kinder einen stärkeren Bezug zur Arbeitswelt", sagt Jugendforscherin Cornelißen. „Heute sind die Arbeitsplätze so sehr abgeschottet von der Welt der Kinder und Jugendlichen, dass die jungen Leute gar keine Vorstellungen mehr von vielen Tätigkeiten haben."
Beim Kompetenzzentrum „Frauen in Informationsgesellschaft und Technologie", das den Girls' Day organisiert, ist derzeit nicht geplant, den Tag auf die Jungs auszuweiten. Immerhin gibt es regionale Arbeitskreise sowie einzelne Pädagogen, die Programme für Jungs machen. „Da muss eine Lösung gefunden werden, weil es in den Schulen auch Probleme gibt. Die Schulen müssen klären, was sie mit den Jungs an diesem Tag machen", sagt Cornelißen vom DJI. „Es wäre die sinnvollere Konstruktion, den Tag für Jungs und Mädchen zu organisieren, so dass beide Einblicke ins Erwerbsleben gewinnen und ihr Berufsspektrum erweitern können."

**Süddeutsche Zeitung,
22. 04. 2004**

## 5 Zwischen Ballett und Bagger

**Vater und Sohn in verschiedenen Welten**
Das alte Vorurteil, Ballett sei nichts für „echte Kerle", ist längst überholt. Trotzdem: Meistens sind es die Mädchen, die sich für Ballett und Tanz interessieren. Wie geht ein Vater mit der Situation um, dass sein kleiner Sohn nicht wie andere Jungen Feuerwehrmann oder Zugführer, sondern Tänzer werden will und völlig verschiedene Interessen verfolgt als er selbst?
Ballett ist unumstritten Knochenarbeit: Außer Balletttänzern verbrauchen lediglich Fußballprofis, Triathleten und Marathonläufer beim Training ähnlich viel Energie für den Aufbau ihrer Muskeln. Beim klassischen Balletttraining wird der ganze Körper gefordert. Das erfordert ein konsequentes Training. Und wer es im Ballett zu etwas bringen möchte, muss früh die Weichen in die richtige Richtung stellen und sich von Kindesbeinen an seiner Leidenschaft widmen.
Adrian ist erst zehn. Im Gegensatz zu anderen Kindern weiß er jedoch schon lange, was er werden möchte: Balletttänzer! Von klein auf begeistert er sich für das Ballett und klassische Musik und möchte unbedingt eines Tages sein „Hobby", das schon längst mehr als eine Freizeitbeschäftigung geworden ist, zum Beruf machen. Nicht kontrastreicher könnte das Leben von Adrians Vater aussehen: Der arbeitet als Baggerführer auf dem Bau und interessiert sich für alles Technische. „Alles, was fahren kann oder Maschinen angeht, bediene ich gerne", sagt er und betont dadurch den krassen Unterschied. Vater und Sohn – sie leben in einer für den anderen völlig fremden Welt. Wie kommen sie damit zurecht, dass sie so verschieden sind?
„Irgendwann musste ich lernen, damit umzugehen, dass er andere Dinge schön findet als ich und dass er sich für andere Dinge interessiert."
Bei allen Unterschieden in ihren Interessen – eines haben Vater und Sohn gemeinsam: Die Leidenschaft für das, was sie tun. Adrians Vater begeistert sich für seine Bagger und lebt richtiggehend

auf in seinem Beruf. Ähnlich geht es dem Sohn, Adrian tanzte schon als Kleinkind. Er lebt für das Ballett, ist äußerst begabt und seine Hartnäckigkeit hat seine Eltern überzeugt, ihn zum Ballettunterricht zu schicken.

Anfangs waren die Eltern skeptisch. Adrians Tanzbegeisterung wuchs ihnen über den Kopf, als sie realisierten, dass das kein Kinderballett mehr war.

### Spott unter Mitschülern

In der Schule wird Adrian von seinen Mitschülern verspottet und als „Schwuler" beschimpft, seine Eltern leiden mit ihm. Adrian aber hält unbeirrt an seiner Liebe zum Tanzen fest. Als sie irgendwann die Wohnung renovieren, fragen die Eltern ihren Sohn, wie er sein Kinderzimmer gestalten will. Einen Blumenkasten und eine Ballettstange mit Spiegel wünscht er sich – und das ist ein Moment, wo alle spüren, dass es Adrian Ernst ist mit dem Tanzen.

Nach langem Bitten und Betteln nimmt Adrian bereits seit drei Jahren Ballettunterricht am Friedrichsstadtpalast, aber jetzt soll der Zehnjährige auf Empfehlung seiner Lehrerin an die Staatliche Ballettschule in Berlin gehen. Die Lehrerin hält ihn für außerordentlich begabt. Sie täuscht sich nicht. Die harte Aufnahmeprüfung bestehen nur ganz wenige, Adrian schafft es. Natürlich sind die Eltern stolz, als Adrian bald schon im „Nussknacker" mittanzen darf.

**von Uschi Hansen zur ZDF-Sendung 37°: Adrian will tanzen vom 30. 06. 2003**

# II Freundschaften

## 1    18. Mai – Beste Freundinnen

Heute haben wir in der Schule über unsere Klassenfahrt gesprochen. Dieses Jahr soll es nach München gehen. Claudia war natürlich wahnsinnig aufgeregt. Sie hat gleich erklärt, dass sie mit mir das Zimmer teilen möchte, da sie schließlich meine beste Freundin ist. Ich sagte Claudia zum x-ten Mal, dass sie nicht meine beste Freundin ist und dass ich auch keine beste Freundin brauche. Claudia meinte, dass ich da aber die Einzige sei. Jeder hat schließlich eine beste Freundin. Ich gebe zu, da hat sie Recht. In meiner Klasse haben wirklich fast alle Mädels eine. Aber warum? Hat man als Sechzehnjährige nicht schon genug mit sich selbst zu tun? Warum müssen sich diese wandelnden Hormonbomben auch noch zusammentun? Claudia glaubte es zu wissen. Sie sagt, es gibt drei gute Gründe, warum man eine beste Freundin braucht. Erstens, weil sie dir zuhört, zweitens, weil sie deine Geheimnisse für sich behält, und drittens, weil sie immer da ist, wenn du sie brauchst. Ich erklärte Claudia, dass sie, wenn das so ist, keine sehr gute beste Freundin ist. Erstens, weil sie nicht zuhören kann, zweitens, weil sie Geheimnisse nicht für sich behalten kann, und drittens, weil sie immer da ist, wenn man sie nicht braucht.

**Aus: Sylvia Hartmann: Mein Leben & ich.**
**Alex' geheimes Tagebuch. RTL – Egmont vgs., Köln 2003, S. 70.**

## 2 Bist du eine gute Freundin?

Woran liegt es eigentlich, dass manche Mädchen jede freie Minute mit ihrer Clique zusammenstecken, während andere allein daheim sitzen und sich fragen, was sie falsch gemacht haben? Was musst du tun, um eine Freundin zu finden, die deine Geheimnisse für sich behält und deine Sorgen mit dir teilt? Wie findest du Anschluss an eine Clique? Unser Test hilft dir dabei, wenn du alle Fragen ehrlich beantwortest.
Bitte lies dir die Fragen genau durch, ehe du ankreuzt. Aus der Tabelle am Ende des Tests entnimmst du die Punktezahl für jede einzelne Antwort. Zum Schluss zählst du deine Punkte zusammen und liest in der Auswertung nach.

**1** *Du erfährst eine tolle Geschichte über euren Klassensprecher, die noch keiner weiß. Was fängst du damit an?*
 **a** In der Pause erzähle ich allen, was ich herausbekommen habe.
 **b** Ich berichte die Story, verrate aber nicht, wem sie passiert ist.
 **c** Ich halte den Mund, denn im Grunde geht mich das Ganze nichts an.

**2** *Eine Klassenkameradin ist bekannt dafür, dass sie sich Dinge ausleiht, die sie nie zurückgibt. Wenn sie dich bittet, ihr deinen neuen Füller zu leihen, sagst du:*
 **a** Bitte, hier hast du ihn.
 **b** Tut mir Leid, ich habe ihn heute nicht dabei.
 **c** Nein, ich möchte dir meinen Füller nicht leihen.

**3** *Deine Freundin hat deine Lieblings-CD ruiniert. Wie reagierst du?*
 **a** Macht nichts, ich finde die Songs sowieso öde.
 **b** Kein Problem, du kaufst mir einfach eine neue CD.
 **c** Vergiss es, aber wenn du besser aufgepasst hättest, wäre das nicht passiert.

**4** *Deine Freundin hat sich überraschend mit einem anderen Mädchen angefreundet, das du nicht ausstehen kannst. Was tust du?*
   **a** Ich ziehe mich zurück und breche den Kontakt zu ihr völlig ab.
   **b** Die Sache ärgert mich, aber ich halte den Mund.
   **c** Ich stelle meine Freundin vor die Wahl. Sie muss sich zwischen mir und dem anderen Mädchen entscheiden.

**5** *Deine Freundin hat sich in einen Jungen verliebt, der sie garantiert unglücklich machen wird. Wie reagierst du darauf?*
   **a** Ich treffe sie weniger oft, denn ich habe keine Lust zuzusehen, wie sie in ihr Unglück rennt.
   **b** Ich versuche, sie zu warnen und ihr die Augen über den Knaben zu öffnen, ehe es zu spät ist.
   **c** Ich benehme mich wie immer und tue so, als wüsste ich von nichts.

**6** *Wie weit muss das Vertrauen gehen, das dir eine gute Freundin/ ein guter Freund entgegenbringen soll?*
   **a** Er oder sie soll mir absolut alles erzählen.
   **b** Er oder sie muss selbst entscheiden, was ich wissen soll und was nicht.
   **c** Ich will gar nicht alles von meinen Freunden wissen.

**7** *Deine beste Freundin ist total pleite. Mit welchen Worten würdest du ihr Geld leihen?*
   **a** Ich freue mich, wenn du es nimmst.
   **b** Mach keinen Wind, du hast mir doch auch schon oft aus der Klemme geholfen. Das ist nur ein Ausgleich dafür.
   **c** Das hast du nun davon, du hättest eben sparsamer sein sollen.

**8** *Deine Freundin hat einen tollen Pulli, den du dir schrecklich gern für eine Party ausleihen würdest. Was tust du?*

**a** Ich gebe ihr deutlich zu verstehen, dass der Pulli super zu meinen neuen Jeans passen würde.
**b** Ich bitte sie ganz einfach direkt darum.
**c** Wenn sie ihn mir nicht von selbst anbietet, dann muss ich leider darauf verzichten.

**9** *Du begleitest deine Freundin beim Klamottenkauf. Sie entdeckt einen Minirock, der ihr absolut nicht steht. Machst du sie darauf aufmerksam?*
**a** Nein. Wenn ihr der Rock gefällt, würde ich ihr sagen, dass er gut aussieht.
**b** Ich versuche sie zu überzeugen, dass sie ihn besser nicht kaufen sollte.
**c** Ich halte meinen Mund.

**10** Was hältst du so im Allgemeinen von deinen Klassenkameraden und deinen Freunden?
**a** Die meisten von ihnen sind wesentlich hübscher und intelligenter als ich.
**b** Die meisten sind eigentlich eher doof.
**c** Wir passen ganz gut zusammen.

| Punkte | | | |
|---|---|---|---|
| **1** | a=1 | b=2 | c=3 |
| **2** | a=2 | b=1 | c=3 |
| **3** | a=3 | b=2 | c=1 |
| **4** | a=2 | b=3 | c=1 |
| **5** | a=1 | b=3 | c=2 |
| **6** | a=1 | b=3 | c=2 |
| **7** | a=2 | b=3 | c=1 |
| **8** | a=1 | b=2 | c=3 |
| **9** | a=1 | b=2 | c=3 |
| **10** | a=2 | b=1 | c=3 |

**21 bis 30 Punkte:** Gratuliere, du bist eine Freundin, die sich jedes Mädchen wünscht. Man weiß genau, woran man bei dir ist. Du nennst die Dinge offen und ehrlich beim Namen. Trotzdem vermeidest du es, mit deiner Wahrheitsliebe andere zu verletzen. Du versuchst, auch eine Absage in freundliche Worte zu kleiden. Viele Mädchen beneiden dich um deine Selbstsicherheit und deine Fähigkeit, schnell Kontakte zu knüpfen. Sicher gerätst du nie in Gefahr, als Mauerblümchen ein einsames Schattendasein zu führen.

**15 bis 20 Punkte:** Obwohl du Freundinnen hast, zählst du vermutlich nicht zu den Mädchen, um die sich alles dreht. Du hast deinen Platz in der Clique und triffst dich auch ab und zu mal mit anderen im Cafe oder im Kino. Aber manchmal hast du sicher selbst das Gefühl, dass nicht alles so ist, wie es sein sollte. Möglicherweise liegt es daran, dass du den anderen ihre Fehler gern unter die Nase reibst und hin und wieder auch eine Portion Schadenfreude bei dir mit im Spiel ist. Vorsicht, dass du dich damit nicht selbst ins Abseits stellst! Ein bisschen mehr Nachsicht und Verständnis für die Schwächen anderer würden deiner Beliebtheit bestimmt gut tun. Versetz dich auch mal in die anderen, dann fällt es dir leichter, auch bei Auseinandersetzungen eher mit Humor und nicht mit bissigen Sprüchen zu reagieren.

**10 bis 14 Punkte:** Du musst irgendwann einmal sehr verletzt worden sein. Du errichtest zwischen dir und möglichen Freunden eine hohe Barriere. Warum hast du so viel Angst davor, dich auf eine Freundschaft einzulassen? Fürchtest du, dass man dich ausnützt, auslacht oder kränkt? Du hast dich in eine gefährliche Mischung aus Passivität und Pessimismus geflüchtet. Das Leben ist – wie ein dummer Spruch so schön sagt – immer lebensgefährlich. Es wird höchste Zeit, dass du dein Herz in beide Hände nimmst und endlich den Mut findest, dich auf richtige Freunde einzulassen. Ein Lächeln genügt oft, um ein Gespräch in Gang zu bringen. Keine Bange, du schaffst das mit Sicherheit!

**Aus: Gaby Schuster: Reine Mädchensache.**
**Mit allen wichtigen Infos und Tipps.**
**Loewe Verlag, Bindlach 2004, S. 22.**

## 3 „Ein Freund war jemand, den man dreimal hintereinander anrufen konnte."

Damals brauchte ich dringend einen Freund: Ein Freund war alles in jener Zeit. Etwas mit den Eltern zu unternehmen war unwürdig geworden, allein sein hatte noch nicht den Reiz, den es heute für mich hat. Was man nicht mitteilen konnte, war nicht. Es gab uns nur im Spiegel von anderen. Die Länge der Telefonliste, die wir alle in einem Notizbuch führten, entschied über die Bedeutung unseres Daseins. Wir fragten jeden, den wir trafen, nach seiner Telefonnummer und gaben unsere eilfertig her. Dann warteten wir auf Anrufe. Es war besser, angerufen zu werden als anzurufen. In dieser Falle saßen wir alle. Gemessen an unseren Telefonlisten war es sehr ruhig bei uns zu Hause. Wir warteten. Am Abend zählten wir Anrufe. Je häufiger man von seinen Erlebnissen berichten konnte, desto wirklicher war das, was man erlebt hatte. Wir wollten uns vervielfältigen, um jemand sein zu können.

Vielleicht sollte ich nur von mir sprechen. Ich weiß nicht, ob es bei den anderen auch so war mit den Anrufen. Damals war ich davon überzeugt, weil es sonst so schwer auszuhalten gewesen wäre, nehme ich an. Ein Freund war jemand, den man dreimal hintereinander anrufen konnte, eigentlich nach jedem Gedanken, nach jeder Fahrt um den Block mit dem Fahrrad. Nur ein Freund konnte einem ununterbrochen das Gefühl geben, da zu sein. Und wie herrlich es sein musste, dreimal hintereinander angerufen zu werden. Ich sehnte mich danach. [...]

Hier ist Ludwig, sagte er, als er das erste Mal bei mir anrief. Das war zwei Wochen, nachdem er tropfnass in unserem Klassenzimmer gestanden hatte. Auf der Brücke sind gerade sieben Laster hintereinander vorbeigefahren, das ist Rekord, sagte er, ein wenig atemlos, als sei auch er zum Telefon gerannt. Ich wusste nicht, was ich sagen sollte. Moment, sagte Ludwig, ich glaube, da kommt der nächste. Hör doch, sagte er. Ich hörte ein Rauschen. Acht, sagte Ludwig, acht hintereinander, das ist gigantisch. Nicht

schlecht, sagte ich. Ach, hörte ich, jetzt war's nur ein Auto, na ja, acht sind neuer Rekord. Super, sagte ich. Okay, sagte er, tschüss dann, und legte auf. Ich ging zurück in mein Zimmer, legte mich auf das Bett und machte weiter mit dem Computerspiel, das ich unterbrochen hatte. [...]
Ich war nicht weit gekommen mit meinen Überlegungen, als das Telefon wieder klingelte. Ich stürzte in den Flur.
Noch mal Ludwig, sagte er, vier Motorräder, das ist auch selten, komischer Tag heute. Find ich auch, sagte ich. Irgendwie, sagte Ludwig. Dann schwiegen wir. Schweigen am Telefon ist komisch. [...]
Nach einer halben Stunde klingelte erneut das Telefon. Diesmal nannte er nicht mehr seinen Namen, sondern fragte gleich, ob ich morgen nach der Schule mit ihm nach Hause fahren wolle, ich könnte auch bei ihm schlafen. Es war nicht ganz leicht, meine Mutter davon zu überzeugen, dass es unbedenklich ist, gleich beim ersten Besuch über Nacht zu bleiben, aber ich sagte ihr, dass wir in kurzer Zeit sehr gute Freunde geworden sind.
Meinst du, fragte ich, er würde sonst dreimal hintereinander hier anrufen?

**Aus: Dirk Kurbjuweit: Zweier ohne.**
**Verlag Kiepenheuer & Witsch. Köln 2003, S. 14–20.**

# III Kluge Ratgeber?

## 1   Annähern – Anmachen – Anbaggern

Du bist bis über beide Ohren in den süßen Typen aus der Parallelklasse verliebt, und irgendwie hast du das deutliche Gefühl, dass er dich auch ganz gerne sieht. Einer von euch beiden müsste endlich den Anfang machen – du vielleicht? Die Frage ist nur: wie? Unser Test verrät dir, ob du die Kunst der Anmache beherrschst, den guten alten Flirt!

**1** *Der Jugendclub ist heute besonders öde.*
*Du hast deine Freundin schon zum Nachhausegehen überredet, als plötzlich ein Typ hereinspaziert, der haargenau wie dein Traumprinz aussieht. Wie bringst du es fertig, dass er dich bemerkt?*
  **a** Ich versuche, so nahe wie möglich an ihn heranzukommen und seinen Blick festzuhalten. Dann lächle ich ihn strahlend an und hoffe, dass er ein Gespräch mit mir beginnt.
  **b** Ich lasse mich von meiner Freundin gegen ihn schubsen und entschuldige mich wortreich bei ihm.
  **c** Ich sage: „Hallo, bist du neu hier? Ich habe dich noch nie gesehen", und erzähle im folgenden Gespräch ganz beiläufig, wer ich bin und wo ich wohne.

**2** *Auf der letzten Party hast du fast die ganze Zeit nur mit einem Jungen geredet und getanzt. Danach hörst du kein Wort von ihm. Was tust du, um dich bei ihm in Erinnerung zu bringen?*
  **a** Warten. Ich bin keines von den Mädchen, die einem Jungen hinterherlaufen.
  **b** Ich versuche, ihn in der Schule oder irgendwo anders abzufangen, und spiele ihm vor, dass ich ganz überrascht bin, ihn zu sehen, weil ich gar nicht mehr an ihn gedacht habe.
  **c** Ich ärgere mich über den Blödsinn und beschließe, ihn auf der Stelle zu vergessen.

**3** *Bei einer öden Familienfete langweilt sich auch ein entfernter Cousin von dir, den du bisher immer grässlich gefunden hast. Als dir aufgeht, dass er tatsächlich mit dir flirtet, denkst du dir:*
   **a** Ob er sich geändert hat? Ich kann ihm ja mal eine Chance geben.
   **b** Ausgerechnet der! Dann schon lieber Tante Friedas Rheumastorys anhören!
   **c** Ein Supertyp, den habe ich völlig falsch eingeschätzt. Ich könnte mich glatt verlieben.

**4** *Du triffst dich das erste Mal mit einem Jungen, den du schon lange sehr sympathisch findest. Leider schüttest du dir vor lauter Aufregung die Cola über dein T-Shirt. Wie rettest du die Situation?*
   **a** Ich verschwinde für ein paar Minuten in der nächsten Toilette und versuche, die Flecken zu beseitigen.
   **b** Ich lache über meine Ungeschicklichkeit und tupfe die Cola mit einem Papiertaschentuch etwas ab. Kann doch jedem mal passieren.
   **c** Am liebsten würde ich vor lauter Scham im Boden versinken. Sobald es möglich ist, setze ich mich mit dem Versprechen ab, mich später wieder zu melden.

**5** *Du bist mit eurem Klassensprecher befreundet. Mitten im Schuljahr bekommt ihr eine Neue, die vom ersten Tag an mit deinem Freund flirtet. Was tust du dagegen?*
   **a** Ich denke mir einen fiesen Streich aus, der ihr klar macht, dass sie sich mit mir nicht anlegen darf.
   **b** Ich knirsche mit den Zähnen und schwöre Rache, aber mehr fällt mir im Augenblick nicht dazu ein.
   **c** Gar nichts. Ich weiß, dass mein Freund mich mag und mir auch treu ist. Ich vertraue ihm.

**6** *An welchem Ort würdest du dich am liebsten mit einem Jungen treffen, mit dem du dich das allererste Mal verabredest?*

**a** In einem Lokal oder einem Café, das zu meinen üblichen Stammtreffs zählt.
**b** In einem ganz besonders heißen Schuppen, den ich schon seit langem mal von innen sehen wollte.
**c** Ich überlasse es lieber dem Jungen, den Treff zu bestimmen.

**7** *Möchtest du einen Freund haben, der in dieselbe Klasse geht wie du oder in derselben Firma arbeitet?*
**a** Das wäre mir unangenehm, weil ich immer das Gefühl hätte, dass die anderen uns beobachten und lästern.
**b** Das fände ich prima, dann sind wir auch zusammen, wenn wir arbeiten müssen.
**c** Ich würde unsere Freundschaft geheim halten. Ich möchte nicht, dass die anderen etwas davon erfahren. Das geht nur uns beide etwas an.

**8** *Du gehst mit deinem neuen Freund im Stadtpark spazieren. Klar, dass ihr einen besonders einsamen Weg sucht. Plötzlich bricht eine große, herrenlose Dogge aus dem Gebüsch und galoppiert euch entgegen. Du suchst Schutz bei deinem Freund und siehst, dass er selbst Angst hat. Was tust du?*
**a** Mitzittern. Hunde über Dackelgröße sind mir einfach nicht geheuer.
**b** Ich bleibe ruhig stehen und versuche keine Angst zu zeigen. Vermutlich ist das Kalb ausgerückt und will nur mit uns spielen.
**c** Ich bin echt sauer. Von meinem Freund erwarte ich, dass er mich beschützt.

**9** *Der letzte Bus fährt dir vor der Nase weg. Es ist Nacht, und außer dir sitzt nur noch ein netter Typ im Wartehäuschen. Wie reagierst du?*
**a** Ich frage ihn verzweifelt, ob er eine Ahnung hat, was wir jetzt tun können.

**b** Ich ärgere mich erst, dann mache ich mich zu Fuß auf den Weg. Ich kann ja hier nicht übernachten.

**c** Ich frage den Jungen, in welche Richtung er muss und ob wir uns nicht gemeinsam ein Taxi leisten können, wenn er bei mir in der Nähe wohnt.

**10** Ein Knabe aus eurer Clique hat deine Freundin und dich zu einem Grillfest eingeladen. Als ihr das Gartenhäuschen erreicht, in dem das Fest steigen soll, stellt ihr fest, dass nur zwei Jungs auf euch warten. Bist du empört?

**a** Anfangs schon, aber dann machen wir eben das Beste aus dem Fest.

**b** Ganz und gar nicht. Das ist doch eine tolle Idee, damit wir endlich mal allein sind.

**c** Ich veranstalte einen Riesenzirkus und verdrücke mich sofort wieder. So eine Unverschämtheit!

**Auswertung:**
Um zu erfahren, wie es um dein Flirttalent steht, musst du zusammenzählen, wie oft du a, b oder c gewählt hast. Unter dem am häufigsten gewählten Buchstaben kannst du nachlesen, wie du abgeschnitten hast. Hast du jeden Buchstaben ungefähr gleich oft gewählt, überlege noch mal, ob du auch wirklich immer ganz ehrlich geantwortet hast. Kann es sein, dass du so unterschiedlich reagierst und eine Mixtur aus allem bist?

**a Mehr Eigeninitiative ist nötig:**
In deinen romantischen Träumen ist immer alles perfekt. Der richtige Junge, die richtige Stimme, die richtige Umgebung, tolle Musik, Happyend! Schade, dass du im Alltag dann so zugeknöpft und unsicher reagierst. Wenn du an einen Jungen gerätst, der selbst gegen seine Hemmungen kämpfen muss und darauf wartet, dass du ihm mit einem kleinen Zeichen signalisierst, dass du interessiert bist, wird nie etwas aus euch. Auch wenn er dir noch so sympathisch ist, du wartest immer, bis er die Initiative ergreift

und den ersten Schritt tut. Tut er es nicht – Pech für euch beide. Schade, auch wenn du noch so schüchtern oder stolz bist, ein kleines Lächeln, ein Blick, der etwas länger dauert, damit vergibt man sich nichts. Wage doch einfach einmal einen Versuch!

**b Deine Tricks haben es in sich!**
Sobald dir ein Junge ins Auge sticht, gehst du die Sache wie ein Feldherr an. Der Zufall hat in deinen Plänen nichts zu suchen, du willst gewinnen, und deswegen lässt du dich auf kein Risiko ein. Du informierst dich genau über dein Opfer, denn du möchtest keine Fehler machen und hast ein bisschen Angst, dass die Sache außer Kontrolle gerät. Gegen deine Art, einen Jungen zu erobern, ist nichts einzuwenden, solange du auch deinem Herzen ein Mitspracherecht einräumst. Dein Talent, andere ein bisschen zu manipulieren, darf dich nicht dazu verführen, dich auf diese Weise selbst zu bestätigen. Du könntest sonst leicht in den Ruf kommen, die Jungen nur an der Nase herumzuführen, und das willst du doch nicht – oder?

**c Der Flirt steckt dir im Blut!**
Du kannst gar nicht anders, als zu lächeln, wenn dir ein Typ gefällt. An deinen guten Tagen bist du von einer so ansteckenden Fröhlichkeit, dass du alle um dich herum mitreißt. Man kann dir einfach nicht böse sein, auch wenn du manchmal einfach drauflosflirtest, ohne dir etwas dabei zu denken. In deinem Übermut taust du sogar Typen auf, die normalerweise die Zähne nicht auseinander bekommen.
Bist du jedoch einmal fest mit einem Jungen zusammen, musst du aufpassen, dass du mit deiner Art nicht seine Eifersucht weckst. Die wenigsten vertragen es, wenn ihre Freundin vom Eismann bis zum Busfahrer jeden Typen anstrahlt, als wäre er die absolute Krone der Schöpfung.

**Aus: Gaby Schuster: Reine Mädchensache.**
**Mit allen wichtigen Infos und Tipps.**
**Loewe Verlag, Bindlach 2004, S. 63–70**

## 2 Sprich dich aus beim Dr.-Sommer-Team:
## Soll ich mit ihm gehen?

Margit und Michael vom Dr.-Sommer-Beratungsteam der BRAVO-Redaktion nehmen Stellung zu deinen Problemen. Schreib ans Dr.-Sommer-Team, Redaktion BRAVO, Charles-de-Gaulle-Str. 8, 81737 München

*In meine Klasse geht ein total süßer Junge (15), in den ich mich schon am ersten Schultag verliebt habe. Nachts träume ich oft von ihm, und morgens gehe ich mit Schmetterlingen im Bauch zur Schule. Er hat mich auch schon zweimal gefragt, ob ich mit ihm gehen will (er wäre mein erster Freund), doch ich habe jedes Mal abgelehnt. Meine Freundinnen sagen nämlich, dass er ein totaler Macker und Angeber ist. Ich habe Angst, dass er mich auslachen und mir wehtun könnte. Was soll ich bloß tun?*

*Rosanna, 15, Landsberg*

**Dr. Sommer-Team:**
**Finde selbst heraus, ob er wirklich so schlimm ist wie sein Ruf!**

Liebe Rosanna, du befürchtest, dass dich der Junge, in den du so sehr verliebt bist, verletzen könnte. Deshalb hast du seine Angebote bisher abgelehnt. Das war der beste Schutz, den du dir selbst geben konntest. Auf diese Weise hast du dich möglicherweise vor Verletzungen bewahrt. Wenn bloß dieses Kribbeln im Bauch nicht wäre, stimmt's? Es zeigt dir ebenso wie dein Verliebtsein und deine Träume, dass du sehr großes Interesse daran hast, ihn näher kennen zu lernen. Doch deine Angst steht dir im Weg und hemmt dich. Ist sein Ruf das Einzige, was dich daran hindert, ja zu sagen? Oder hast du nicht auch ein bisschen Bammel davor, was jetzt auf dich zukommen könnte? Schließlich wäre er dein erster Freund. Verständlich, dass du dann vielleicht noch etwas zögerst. Offensichtlich ist er in dich verliebt, er hat dich schon zweimal gefragt, ob du mit ihm gehen willst. Und dazu hat er sicher auch seinen Mut zusammennehmen müssen, was meinst du? dir gegenüber scheint er sich noch nicht als Macker und Angeber verhalten zu haben. Vielleicht sind deine Freundinnen ja nur neidisch und gönnen dir nicht, dass du mit ihm zusammenkommst. Finde also selbst heraus, ganz vorsichtig, ob die Gerüchte stimmen. Lass dich langsam ein kleines Stück weiter auf den Jungen ein. Aber hör weiterhin auf dein Herz und schütz deine Grenzen. Das bedeutet, dass du ihm klar sagst, wie weit du gehen willst – und wo Schluss ist. Du kannst dir dazu so lange Zeit lassen, wie du brauchst. Erst wenn du spürst, dass du ihm vertraust, lass dich weiter auf ihn ein. Stellt sich heraus, dass er seinem schlechten Ruf gerecht wird, zögere nicht, Schluss zu machen. Wenn nicht – genieße dein Verliebtsein und die schöne Zeit!

**BRAVO 48/1998**

## 3 „Zeig ihr, dass du sie magst."

### Zufälle schaffen

Allererste Regel im Umgang mit dem Mädchen ist: Zeig ihr, dass du sie magst. Menschen, denen du offen begegnest und denen du deine Zuneigung zeigst, sind empfänglicher für verliebte Signale. Je öfter ihr euch seht, desto leichter wird dir das gelingen. Bemüh dich deshalb, Zufälle zu schaffen. Passe sie nach dem Klavierunterricht ab, oder warte vor der Schule auf sie. Vielleicht bemerkt sie, dass der ganze Aufstand nur ihr gilt. Na und? Sie wird sich freuen. Schließlich will jeder gemocht werden.

### Interessiere dich für ihre Angelegenheiten

Setz dich im Bus neben sie und interessiere dich für das, was sie im Leben so macht. Unterhalte dich mit ihr über ihre Lieblingsgruppen und das letzte Konzert, den bevorstehenden Urlaub, den Stress im Mathe-Unterricht. Themen, über die ihr euch unterhalten könnt, gibt es wie Sand am Meer – wenn du ihr nur gut genug zuhörst.

### Signale senden

Ganz wichtig ist natürlich, dass du selbst die Signalsprache der Verliebten beherrschst. Überprüfe dein eigenes Verhalten und Gebaren: Bist du immer eindeutig? Kann deine Angebetete erkennen, dass du sie magst?

### Steh zu deinen Gefühlen

Nichts findet sie ätzender, als wenn du deine Gefühle nicht öffentlich zeigst. Kichere deshalb nicht über sie, wenn du mit Freunden zusammenstehst, oder – noch schlimmer – lästere nicht über sie, um deine Gefühle zu verstecken. Viele Jungs glauben, es sei uncool, verliebt zu sein, zumal wenn sie unter ihren Freunden die einzigen Verliebten sind. Vielleicht findet der Rest deiner Clique das „Subjekt deiner Begierde" kindisch, tussihaft oder hässlich. Na und? Du bist schließlich in sie verliebt, also steh auch dazu!

**Du kannst die Liebe nicht erzwingen**
Viele Jungs glauben, sie bräuchten nur „schnipp" zu machen und die Mädels flögen auf sie. Sie geben mit ihren Liebesabenteuern an und brüsten sich mit ihren unzähligen Eroberungen. Hier ist Vorsicht geboten! Dieses Verhalten eignet sich nicht zur Nachahmung.
Mädchen werden gern umworben, so wie Jungs auch! Hab also Geduld, und versuche nichts zu erzwingen. Auch wenn dich deine Kumpels vielleicht drängen, gib euch die Zeit, die ihr braucht.

Aus: Tim Husd: Reine Jungensache.
Der Ratgeber mit vielen coolen Tipps.
Loewe Verlag, Bindlach 1997, S. 149–150.

# IV  Die Autoren

**Thomas Brinx** (geboren 1963) ist in Ringenberg am Niederrhein groß geworden, wo er vor allem viel Fußball gespielt hat. Die Schule schaffte er nebenbei mit links und ging danach nach Landshut, um Keramiker zu werden.

**Anja Kömmerling** wurde 1965 in München geboren und ist dort auch aufgewachsen. Nach dem Abi wollte sie vor allem nichts Kreatives werden – davon gab es in ihrer Kindheit genug – und machte eine Friseurlehre. Das war aber nicht das Richtige, deshalb ging sie nach Frankfurt zum Studieren. In dieser Zeit machte sie bei einem Praktikum ihre erste Bekanntschaft mit dem Kinderfernsehen.

1988 lernten sich Anja Kömmerling und Thomas Brinx im Urlaub in Südfrankreich kennen; seitdem schreiben sie zusammen Geschichten, zuerst fürs Radio, für die Augsburger Puppenkiste und dann vor allem fürs Fernsehen; einige Kinderbücher waren auch schon dabei.
Anja Kömmerling lebt heute in Düsseldorf, Thomas Brinx in Bonn.

**www.thienemann.de**